21世纪经济管理新形态教材·电子商务系列

电商企业社会创新与创业

主　编◎苗　苗　　蒋玉石　　孙福权
副主编◎康明惠　　邓馥郁　　孔祥彬　　宋　艾
　　　　胡思佳　　赵　云　　范太胜　　潘　津
　　　　池灵达　　王　苹
参　编◎郁榕睿　　蒋湘玉　　赖靖靖　　郑　萍
　　　　陈　菲　　武　俊　　张笑芸　　易　博

清华大学出版社
北京

内容简介

本书系统研究了电商企业社会创新与创业的发展历程、相关理论、评价体系以及未来发展方向，分为四篇共 11 章。明道篇包括电商企业社会创新与创业的起源与发展、企业社会责任六大主要理论。优术篇涵盖电商企业社会创新与创业和企业社会责任的关系、企业影响力投资、电商企业社会创新与创业、生产运营管理和财务治理的关系。升华篇包含电商企业社会创新与创业评价体系、电商企业社会创新、创业与人力资源管理和市场营销管理的关系。践行篇介绍电商企业社会创新与创业的发展趋势以及新时代中国特色的电商企业社会创新与创业探究与启示。

本书可作为高等院校经济管理类专业的教学用书，也可作为企业家、创业者的自学教材。

本书封面贴有清华大学出版社防伪标签，无标签者不得销售。
版权所有，侵权必究。举报：010-62782989，beiqinquan@tup.tsinghua.edu.cn。

图书在版编目（CIP）数据

电商企业社会创新与创业 / 苗苗，蒋玉石，孙福权主编 . —北京：清华大学出版社，2024.1（2025.3重印）
21 世纪经济管理新形态教材 . 电子商务系列
ISBN 978-7-302-62751-7

Ⅰ. ①电… Ⅱ. ①苗… ②蒋… ③孙… Ⅲ. ①电子商务—商业经营—高等学校—教材 Ⅳ. ① F713.36

中国国家版本馆 CIP 数据核字（2023）第 031239 号

责任编辑：徐永杰
封面设计：汉风唐韵
责任校对：王荣静
责任印制：曹婉颖

出版发行：清华大学出版社
网　　址：https://www.tup.com.cn，https://www.wqxuetang.com
地　　址：北京清华大学学研大厦 A 座　　邮　编：100084
社 总 机：010-84370000　　邮　购：010-62786544
投稿与读者服务：010-62776969，c-service@tup.tsinghua.edu.cn
质量反馈：010-62772015，zhiliang@tup.tsinghua.edu.cn

印 装 者：三河市人民印务有限公司
经　　销：全国新华书店
开　　本：185mm×260mm　　印　张：17.5　　字　数：290 千字
版　　次：2024 年 1 月第 1 版　　印　次：2025 年 3 月第 2 次印刷
定　　价：59.80 元

产品编号：096211-01

前　　言

党的二十大报告指出,创新是第一动力,是建设现代化经济体系的战略支撑。这正是新时代、新使命、新征程赋予我们的新任务。要实现这一目标,就要建设强大的、能够承担这一光荣任务的创新型人才队伍并培养一批具有社会责任感的企业。建设创新型人才队伍,教育是基础;提高整体社会福利,电商企业社会创新与创业是途径。本书是为培养、开发学生具备电商企业社会创新与创业能力,提高企业社会责任和开辟企业创新渠道而编写的一本教材。

电商企业社会创新与创业涵盖现代化建设的方方面面,包括企业影响力投资、生产运营管理、财务治理、人力资源管理和市场营销管理等。只有推动企业实施社会创新改革,才能更有效地促进产业结构调整、发展方式转变,才能建设成资源节约型、环境友好型社会,才能推动国民经济又好又快地发展。本书就其中几个主要方面进行深刻阐述,形成本书的第一个亮点。

本书对电商企业社会创新与创业方式从理论上做了细致的分析和归纳,特别就各种创新方式的有机结合和交互使用做了生动论述。电商企业社会创新与创业不仅和创新者的创新能力及社会责任感有关,而且与创新环境有着十分密切的关系。本书对影响电商企业社会创新与创业的社会环境和文化环境两方面进行了讨论,归纳出达成电商企业社会创新与创业活动顺利开展各种环境应具备的条件,实际上是对制度、体制、机制、文化、政策提出的要求,这是本书的第二个亮点。

本书从中国的实际出发,立足于培养学生的社会创新能力,着眼于培养高级创新、创业且具有社会责任感的人才,在理论与实践、历史与现实、思辨与实证的结合上,采用深入浅出的手法,对思维、创新、企业社会责任等有关理论做了重点阐述,文字通俗易懂、层次分明、概念清晰,有较强的可操作性。本书的出版,必将对培养社会创新型人才,提高电商企业社会创新与创业能力,建设和谐、创新型国家发挥积极作用。

苗苗

2023 年 8 月 22 日

目 录

明道篇

第1章 导论 ········· 002
   1.1 电商企业社会创新与创业的产生与发展 ········· 004
   1.2 企业承担社会创新的原因和意义 ········· 011
   1.3 电商企业社会创新与创业的认识误区和实践误区 ········· 018

第2章 企业社会责任的主要理论 ········· 025
   2.1 范式转换理论 ········· 027
   2.2 共益导向理论 ········· 030
   2.3 扎根理论 ········· 032
   2.4 霍夫斯泰德框架理论 ········· 038
   2.5 利益相关者网络视角理论 ········· 040
   2.6 可持续发展理论 ········· 043

优术篇

第3章 电商企业社会创新与创业与企业社会责任 ········· 052
   3.1 电商企业社会创新与创业的内涵 ········· 054
   3.2 电商企业社会创新与创业和企业社会责任的关系 ········· 062
   3.3 电商企业社会创新与创业给企业带来的机遇和挑战 ········· 063
   3.4 电商企业社会创新与创业和企业社会责任目标 ········· 065

第4章 结果导向下的企业影响力投资 ········· 073
   4.1 企业影响力投资 ········· 075

4.2　企业结果导向 …………………………………………… 076
　　4.3　企业经营目标与结果导向的关系 …………………………… 079
　　4.4　电商企业社会创新与创业中结果导向需防范的几种倾向 ……… 079

第 5 章　企业社会责任与生产运营管理 …………………………… 082
　　5.1　企业社会责任与企业经营的关系 …………………………… 084
　　5.2　企业社会责任与企业产品定位和设计 ……………………… 087
　　5.3　企业社会责任和企业产品质量管理 ………………………… 094

第 6 章　电商企业社会创新与创业和财务治理 …………………… 097
　　6.1　企业社会责任与财务治理 …………………………………… 099
　　6.2　企业社会责任与融资行为 …………………………………… 104
　　6.3　电商企业社会创新与创业及投资行为 ……………………… 109
　　6.4　电商企业社会创新与创业及盈余管理 ……………………… 116

升华篇

第 7 章　电商企业社会创新与创业评价指标体系 ………………… 124
　　7.1　电商企业社会创新与创业理念及战略评价指标 …………… 126
　　7.2　电商企业社会创新与创业推进管理评价指标 ……………… 129
　　7.3　经济价值创造评价指标 ……………………………………… 136
　　7.4　社会价值创造评价指标 ……………………………………… 140
　　7.5　环境价值创造评价指标 ……………………………………… 151
　　7.6　合规透明运营评价指标 ……………………………………… 156

第 8 章　电商企业社会创新与创业及人力资源管理 ……………… 164
　　8.1　电商企业社会创新与创业及员工管理 ……………………… 167
　　8.2　电商企业社会创新与创业及股东管理 ……………………… 176
　　8.3　电商企业社会创新与创业下人力资源管理问题的解决途径 … 181

第9章 电商企业社会创新与创业及市场营销管理 ············ 187
9.1 电商企业社会创新与创业及企业营销 ················ 189
9.2 企业营销中的伦理问题 ······················ 197
9.3 营销决策的电商企业社会创新与创业评价 ·············· 204

践行篇

第10章 电商企业社会创新与创业创新的推进与发展 ············ 216
10.1 电商企业社会创新与创业的推进 ·················· 218
10.2 电商企业社会创新与创业创新的主要内容 ·············· 220
10.3 电商企业社会创新与创业的发展趋势 ················ 223

第11章 中国特色的电商企业社会创新与创业 ··············· 234
11.1 中国社会企业四大标准 ······················· 237
11.2 中国电商企业社会创新与创业的发展历程、现状及问题 ········ 240
11.3 "四个全面"战略与中国电商企业社会创新与创业的探究 ······· 246
11.4 六步行动法则与社会价值共创的途径 ················ 248
11.5 习近平新时代中国特色社会主义经济思想对中国电商企业社会
创新与创业的启示 ························· 257

参考文献 ································· 262

明道篇

第1章 导论

🔍 知识目标

1. 了解电商企业社会创新与创业的概念、要素和特征。

2. 了解企业社会责任和电商企业社会创新与创业的异同。

3. 了解电商企业社会创新与创业的产生与发展历程。

4. 了解企业承担社会创新的主要原因。

5. 掌握电商企业社会创新与创业的必要性,以及电商企业社会创新与创业对社会和企业的双重价值。

🔍 能力目标

1. 结合现有知识储备对当前社会的电商企业社会创新与创业形态进行评论。

2. 将企业承担社会创新的主要原因与实际情况进行匹配。

3. 明确电商企业社会创新与创业在理论与实践之间的关系。

🔍 思政目标

1. 塑造企业肩负起社会责任的价值取向。

2. 树立企业解决社会问题的大局思维。

3. 树立企业追求自身利益与创造社会价值相统一的理念。

思维导图

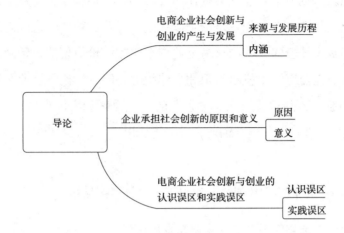

引导案例

阿里巴巴是世界上最大的 B2B（企业对企业）交易平台、亚洲访问人次最多的在线拍卖站点，而且在并购雅虎中国之后成为访问人次位居世界第十二位的网站。这一并购也使得阿里巴巴成为谷歌、eBay 及亚马逊等全球网络精锐公司为数不多的几个值得信任的对手之一。

阿里巴巴绝非仅仅是这些美国公司在中国的一个"仿制品"。实际上，很多美国公司还曾借鉴过阿里巴巴的经营理念。

一方面，为解决中国庞大的用户群体在互联网交易中可能出现信任缺失的问题，阿里巴巴是第一个把收费服务引入网络社区和社交网络的企业，如今这两个领域发展速度都非常快。2003 年，阿里巴巴增建了淘宝网，实现了即时通信功能。

另一方面，在在线付款方面，阿里巴巴也适应中国社会的发展情况。阿里团队认识到大多数中国人都没有信用卡，于是就引入 Alipay（支付宝），它可以在到货之前将所付金额一直交由第三方保管。这一降低货款交付风险的技术被广为接受，增强了消费者网上购物的信任，促进了更多交易产生。

思考：阿里巴巴的发展模式是否来源于承担社会创新？请具体谈谈社会创新对它的影响。

资料来源：郑作时. 阿里巴巴——天下没有难做的生意 [M]. 杭州：浙江人民出版社，2007.

本章的主要内容是认识电商企业社会创新与创业的来源和历史发展，明确电商企业社会创新与创业是企业社会责任的实践形式，将电商企业社会创新与创业定义为电商企业社会创新与创业是指企业在生产经营过程中，通过创新能力和组织管理能力，解决社会问题的同时为企业带来实际的价值创造，帮助读者对电商企业社会创新与创业有一个概略认识和总体把握。同时讨论了企业愿意承担社会创新的原因和意义，并对普遍意义下企业的认识误区和实践误区进行分类讨论，以期读者对电商企业社会创新与创业有进一步认识。

1.1　电商企业社会创新与创业的产生与发展

1.1.1　电商企业社会创新与创业的来源与发展历程

1. 电商企业社会创新与创业的来源

1973 年，"现代管理学之父"彼得·德鲁克（Peter F. Drucker，1909—2005）在《管理：使命、责任、实务》①一书中首次提出了企业社会创新（corporate social innovation, CSI），他认为社会创新的含义至少有：①技术创新与社会创新对应，技术创新能推动社会创新的进程，同时社会创新也能通过技术创新产生实际的社会效果，但社会创新较技术创新能产生更大的社会效益。②社会创新实质上具备社会功能，政府和非营利组织是公共政策的领军组织，将社会创新应用于政府和非营利组织能够有效解决社会问题。③创造性地提出企业社会创新与创业观，在企业社会责任理论的基础上，认为服务并解决社会问题能够帮助企业取得利润。

1999 年，肯特（Kanter）在德鲁克的基础上首次提出了电商企业社会创新与创业的说法②，并基于部分在电商企业社会创新与创业方面取得成功的优质企业经验总结了电商企业社会创新与创业的特征：①在社会实际需求导向下，企业会主动寻求新的机遇，并解决社会问题，在这个过程中为企业创造实际的经济效益。②多方利益相关者为共同的目标进行深度的合作，最终创造的利益各方共享。

2. 电商企业社会创新与创业的发展

在电商企业社会创新与创业提出之前，企业参与解决社会问题的行为被概括

---

① 德鲁克. 管理：使命、责任、实务 [M]. 北京：机械工业出版社，2009.
② KANTER R M. From spare change to real change: the social sector as Beta site for business innovation[J]. Harvard business review, 1999, 77（3）: 122-132.

为一个广为人知的理念，即企业社会责任（corporate social responsibility，CSR）。第二次世界大战之后，美国经济高速发展，许多商人在利益的浪潮中变得唯利是图，部分基督教信徒发现了这种失衡的发展模式，于是企业社会责任思想应运而生。美国学者鲍恩（Bowen）被誉为"现代企业社会责任之父"，在1953年创造性地从企业管理者角度对企业社会责任进行阐述，考虑了企业高层的社会责任履行。[①]

而后卡罗尔（Carroll）在1979年提出企业社会责任的理论框架，认为企业社会责任至少应当包括经济、法律、道德和慈善四部分[②]，该框架被沿用至今。卡罗尔提出的社会责任金字塔图如图1-1所示。

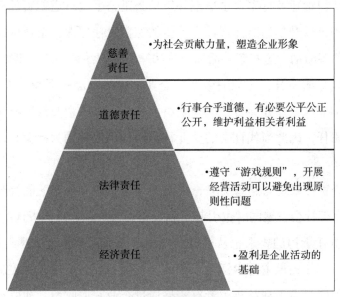

图1-1 卡罗尔提出的社会责任金字塔图

（1）基础性的经济责任。企业作为营利组织，追求利润最大化才是企业的基本责任，因此在本质上企业的经济责任是积极有序地生产合格健康的产品或提供可靠并满足需求的服务，如果企业有悖其经济责任的履行而导致失业或离职，最终会对社会产生压力。另外，企业在具备一定的经济实力后，能够有更多的资金或资源投入社会责任承担中去，早期企业履行社会责任基本等同于慈善性质的捐赠，只有具备经济实力的企业才能避免这种责任承担给利益相关者带来的负面影响或损失。

---

① BOWEN H R. Social responsibilities of the businessman[M]. New York：Harper and Borthers，1953.
② CARROLL A B. A three-dimensional conceptual model of corporate performance[J]. Academy of management review，1979，4（4）：497-505.

（2）必要性的法律责任。企业可持续运营需要遵守所在国家或地区的法律法规，在资质认证、税收管理、组织架构及环境标准等诸多方面符合政策和制度要求，承担法律责任是企业开展正常生产经营活动的必要条件。

（3）合理性的道德责任。道德与法律不同，没有强制约束力，但企业的道德责任是企业文化和社会公德的集中体现，要求企业有正确的经营理念。如果企业在经营过程中违背道德责任，虽然不一定会受到法律的制裁，但一定会受到社会舆论的影响，最终体现在对企业品牌价值的抑制作用上。

（4）社会价值体现的慈善责任。在企业正常生产经营履行经济责任、遵守法律法规履行法律责任及行事合乎情理并维护公正公平履行道德责任后，企业的社会责任承担则可以升华到能体现社会价值的慈善责任层面，企业可以依据自身情况选择实施慈善活动，这些慈善活动不受法律、道德约束，甚至不被人们所预期，但是通过承担慈善责任，可以有效塑造企业的声誉和品牌形象。随着时代变化，环境保护愈加成为企业社会责任的重要组成部分，多数企业都选择从环境保护入手践行社会责任，因此当代社会的企业社会责任可以重构为社会、市场、环境及发展四个维度。①

企业社会责任最初与慈善关联，大多关注与企业发展无关的社会问题，如环境、扶贫等，但社会发展同时也引起了利益相关者对企业社会责任的深层次思考，对企业社会责任承担的要求也从最开始不损害企业利益转变为尽可能从中获益。企业履行社会责任的最主要内涵是承担社会发展的经济责任，并提高整个社会的生活质量，但同时由于利益相关者有资格通过企业获取收益，如股东拥有企业资产的所有权，企业社会责任应当包含增加企业利润这一层面的含义。因此借鉴世界企业发展委员会对企业社会责任的定义，将企业社会责任定义为企业致力于持续为经济发展作出贡献、提高整个社会的生活质量，并为利益相关者创造企业利润的组织行动与决策。

本质上，电商企业社会创新与创业是企业社会责任的实践新形势，领先的企业率先从传统的企业社会责任阶段过渡到电商企业社会创新与创业阶段。电商企业社会创新与创业改变了原有企业社会责任承担的固有思维，要求企业对社

---

① 买生，匡海波，张笑楠.基于科学发展观的企业社会责任评价模型及实证[J].科研管理，2012，33（3）：148-154.

会责任承担的认知从负担转变为机遇,即在解决社会责任的过程中同时为企业创造价值。

1.1.2 电商企业社会创新与创业的内涵

1. 电商企业社会创新与创业的定义

社会创新是以创新性思维开展社会实践的过程,是具有社会属性的特定主体通过确立特定的社会目标,提供创新的解决方案,并与利益相关者共同生产、实施,以解决社会问题、创造共享价值及推动社会变革的过程。社会创新的主体可以是政府,也可以是企业和人民。而电商企业社会创新与创业则是在微观企业视角下所探讨的新的社会责任承担体系。Kanter(1999)在提出电商企业社会创新与创业时从微观企业角度对其进行了解释,认为企业将社会问题作为实践基础,在其中探索企业新的需求,并针对社会问题和新的发展需求提出解决办法。也有学者从价值创造、战略等方面进行界定,有关电商企业社会创新与创业的研究中,定义层面尚无统一的定论,但基本达成了一个共识,即电商企业社会创新与创业同时以承担社会责任和追求企业利润为目标。本书将电商企业社会创新与创业概括为,电商企业社会创新与创业是指企业在生产经营过程中,通过创新能力和组织管理能力,解决社会问题的同时为企业带来实际的价值创造。

2. 电商企业社会创新与创业的要素

一般来说,电商企业社会创新与创业的要素主要包括创新主体、创新能力、创新客体及创新效果,具体分析路径可以概括为创新主体依靠多种类创新能力作用于创新客体,从而产生创新效果。

(1)创新主体。创新主体是指实施电商企业社会创新与创业的行为人,主要包括企业及其利益相关者。企业作为一个独立的整体,是电商企业社会创新与创业的最主要创新主体,引导整个电商企业社会创新与创业的进程。企业的利益相关者主要包括内部利益相关者和外部利益相关者。

①内部利益相关者。内部利益相关者是指企业内部的职工、管理者、所有者等,内部利益相关者利益的实现与企业的绩效息息相关,现有研究表明电商企业社会创新与创业与企业绩效呈正相关。

②外部利益相关者。外部利益相关者是指下游客户、上游供应商、经销商、政府、非营利组织等。电商企业社会创新与创业理论认为,企业在实施电商企

社会创新与创业时,不仅能够避免利益相关者的利益受到损害,还能从中为其创造利益,利益相关者会出于不同的目的推进电商企业社会创新与创业的过程,如消费者消费偏好向新型实用、带公益属性的产品,企业创新需要供应商提供大量的原始材料,政府及非营利组织希望企业主动协助参与解决社会问题。

(2)创新能力。创新能力是指企业为实现既定目标,通过获取和利用知识技术、整合外部资源改进产品(或服务)的具体能力或技术组合,主要体现与反映企业不断创新和盈利的能力。企业的创新能力包括管理创新能力、流程创新能力、产品创新能力和营销创新能力。管理创新能力和流程创新能力属于前端创新能力,从企业管理的角度出发,而产品创新能力和营销创新能力属于后端创新能力,从客户需求的角度出发。

①管理创新能力。管理创新能力是指企业通过组织架构革新、管理制度设计等管理技术相关的创新手段提高企业自身的管理能力,管理创新能力作用于企业价值创造的路径主要有完善企业文化、形成正确的经营价值观、建立优质经营策略、控制管理层腐败等方面。管理创新能力是电商企业社会创新与创业能力的重要组成成分,企业管理能力统筹所有的生产运营活动,管理创新能力与电商企业社会创新和创业结合的重点是将社会公益责任及企业核心产品对接,形成系统的公益责任承担制度,分配专人对相关内容进行管理,形成绿色、健康、合理的企业社会责任承担制度。

②流程创新能力。流程创新能力是指企业通过设计实用的生产经营流程、剔除不必要的冗杂流程、简化审批程序、引入新型流程管理软件等方式对传统流程进行的创新创造,并引入绿色经营的理念,在流程控制中实现生态流程创新,以减小实际运营对环境的负面影响。

③产品创新能力。产品创新能力是指企业对新产品的研发和对原有产品的改进等基于产品价值挖掘的创新能力,产品创新是企业最重要的创新能力,能帮助企业形成核心竞争力,产生实际竞争优势,从而获得更大的利润,社会创新与企业产品创新能力结合的重点是,利用企业的产品创新能力将生产绿色环保、节能降耗、符合消费者实际需求的产品。

④营销创新能力。营销创新能力是指企业采用新型的策划销售方式来吸引获得更多的客户群,营销创新能力是展现企业创新能力和企业社会责任承担的重点,而电商企业社会创新与创业中的营销创新能力不仅应该将扩大产品销量为目标,

同时应结合相关社会责任的呼吁进行。

（3）创新客体。创新客体是指体现企业创新能力的实际对象，包括产品、平台、解决方案、客户、客户体验、价值获取、流程、组织、供应链、渠道、网络、品牌等，其中最主要的是产品、客户、流程和渠道。在电商企业社会创新与创业层面，这些创新客体不同于企业单纯为了盈利而进行的创新，作为企业承担社会责任的载体，电商企业社会创新与创业更关注其带来的社会效应，即在为企业创造经济价值的同时，能够为社会带来一些促进发展的正向效应。

①产品。针对产品创新，电商企业社会创新与创业是一种综合创新，可以从多个维度展开，而产品创新是其关键维度之一。企业通过创新开发出具备社会责任属性的新产品或服务，电商企业社会创新与创业概念下的产品创新除了创收的要求外，还力求达成为客户带来更好的体验、提升人民整体生活质量、消耗更少的资源等目标，即企业可以通过产品创新，开发出具有一定社会责任属性的新产品或服务，以创造企业和社会都能分享的共同价值。这种带有社会责任属性的产品开发，将社会问题纳入企业新产品开发战略，显著区别于一般新产品开发。

②客户。针对客户创新，企业通过客户管理等创新手段挖掘新的客户"蓝海"，包括低收入人群、确实需要帮助及弱势群体等，维护社会稳定的同时也满足了获得利润的目标，关注金字塔底层、聚焦低收入市场就是一种典型的客户创新。

③流程。在流程创新角度，企业可以改善内部运作流程，降低企业成本的同时实现生态保护的社会目标。引入新元素后，绿色有效的供应链得以实现，企业能够实现削减成本的目标，同时对企业资源的整合及效率的提高都有促进作用，即共同实现降低成本和生态保护。

④渠道。针对渠道创新，企业可以改变产品投入市场和到达目标客户群的通道或创造性地构建新的通道，在获取商业收益的同时积极推进社会问题的解决，也能促进消费者对企业的文化和价值观产生认同，从而加强消费者与企业间的情感链接。

（4）创新效果。创新效果包括企业创新效果和社会创新效果，企业创新效果是指电商企业社会创新与创业对企业产生的效果，而社会创新效果则是指电商企业社会创新与创业对社会产生的效果。

①企业创新效果。企业创新效果是指企业实施社会创新为企业带来的实际利益流入，体现在盈利能力提升、品牌号召力加强、客户满意度提高等诸多方面，

是基于企业商业价值的角度。企业是以营利为目的的组织，追求利润是其立身发展之本，过去谈到慈善和社会责任，企业的利益相关者大多认为是直接损害企业利润的行为，但越来越多的优质企业实现了企业效益和社会效益并重，如蚂蚁金服创造性地实现了金融、共享和公益三种属性结合，打造出不同于其他金融企业的"绿色金融"理念，以大众能够接受的方法普及环保，对外承担了社会责任，对内增强了核心竞争力和品牌号召力。

②社会创新效果。社会创新效果是指企业实施社会创新为社会带来的整体价值提升，体现在增加就业机会、有效节约资源、保护环境、提高人民生活质量等多个方面。在本质上，电商企业社会创新与创业是为解决社会层面的相关问题、满足社会需求和创造社会价值的行之有效的创造性活动，参与解决社会问题是企业进行社会创新的主要驱动因素。随着我国企业的社会责任意识加强，在政府、消费者及学术研究的共同推动下，更多的企业主动参与到电商企业社会创新与创业中，并积极向社会公开其电商企业社会创新与创业的成果，以推动就业为例，在国家的号召下，越来越多的企业在不断进行电商企业社会创新与创业的过程中找到了新的发展机遇，从而产生了大量的就业机会，部分企业还专门为应届毕业生及残疾人士设立绿色通道，致力于维护社会稳定。从价值共创的角度分析，企业承担社会责任不仅能够减少社会矛盾，积极承担社会责任的态度也能对企业声誉和品牌形象产生影响，消费者的认同感也会随之提升，并且有利于吸引合作伙伴。

3. 电商企业社会创新与创业的特征

由于电商企业社会创新与创业的目的是实现社会和企业的共赢，因此电商企业社会创新与创业的特征同时具备独立性和社会性，主要包括以下五个方面。

（1）企业与社会共赢。电商企业社会创新与创业的概念发展促使企业摒弃原有的固有思想，使企业和社会双方同时获益成为可能，企业运用创新的思维与方法来获取商业利益，同时促进社会问题的解决与社会福祉的增加，以实现企业微观层面与社会宏观层面的战略需要。

（2）电商企业社会创新与创业是企业社会责任的深层次发展。企业社会责任实际是电商企业社会创新与创业的驱动力，企业可以将承担社会责任视为企业新机会的来源，以前企业承担社会责任时并没有期望利益回报，但在实践中企业很可能会获得意料之外的发展。电商企业社会创新与创业概念提出后，现有意义下的企业社会责任承担并不是单纯的慈善行为，对企业而言更是发展机遇和战略投资行为。

（3）多元化创新模式。电商企业社会创新与创业并不是单一层次的创新，而是包含产品、技术、营销、组织流程等范围的整体性创新，企业可以根据企业的实际情况选择适合企业的创新模式。

（4）开放式创新模式。电商企业社会创新与创业需要企业打破原有的"给钱做慈善"的思路，积极整合内外部资源，推动企业达成追求企业利润和实现社会责任承担的双重目标。

（5）利益相关者驱动。利益相关者是电商企业社会创新与创业过程的主要参与者和实现者，利益相关者广泛、深入地参与其中能够帮助电商企业社会创新与创业获得持续动力。早期的企业社会责任承担更多源于所有者的主观想法或政府的硬性要求，而随着现代企业日益广泛的社会影响和日趋激烈的市场竞争变化，当前促使企业进行电商企业社会创新与创业的利益相关者并不仅仅是政府和所有者，利益相关者的范围更加广泛。

1.2 企业承担社会创新的原因和意义

1.2.1 企业承担社会创新的原因

企业作为电商企业社会创新与创业的行为主体，产生该行为的驱动因素很多，按影响因素的内外部性划分为内部动因和外部动因。

扩展资源1-1

1. 内部动因

内部动因是指从行为主体内部产生的推动因素，包括组织文化、企业盈利能力、资源特性、企业规模、知名度及利益相关者等。

（1）组织文化。组织文化是塑造内部员工行为和关系的规范与企业内部所有人共同遵循的价值观，这种价值观同时是企业经营管理的集中体现，对维系企业成员的统一性和凝聚力有正向作用，这些作用包括：①认同凝聚作用，在企业发展过程中，企业文化发展能够帮助员工树立起与企业经营价值一致的观念，有助于带动企业管理层和员工层积极参与到社会责任承担中，包括抗震救灾、爱心助学、爱心扶贫等活动，在新冠肺炎疫情中，有强烈爱国热情的企业纷纷响应，带动员工一起为打赢抗击灾情的阻击战贡献力量。②规范员工行为作用，企业文化建设同时是企业对员工的"软约束"，如果企业文化建设中重视企业社会责任的承担，能够增强员工的使命感与责任感，除配合企业开展各类慈善活动外，致力于生产绿色合规、能更好地服务消费者的产品，最终创造出良好的管理责任体系，即为企业负责、为客户负责和为环境负责。

（2）企业盈利能力。企业盈利能力是企业进行承担社会创新的基础和前提，也是重要的驱动因素，本质上企业盈利能力和电商企业社会创新与创业呈现正相关，盈利能力强的企业更倾向于承担社会责任，并有能力投入大量资源和资金到创新活动中，同时电商企业社会创新与创业的双重收益特性会反过来加强企业的市场竞争地位，为企业的营收能力、品牌价值带来正向影响，最终形成"企业执行社会创新—盈利能力提高—社会创新进程加快—利润水平增长"的闭环影响，如图1-2所示。

图1-2　盈利能力与企业创新的闭环影响

（3）资源特性。不同行业中的企业具有不同的资源，这些资源是企业参与社会创新的重要保障，包括行业内关键性创新技术、大量的市场需求、市场价值较高的创新成果、强劲的市场开拓能力、极具吸引力的商业模式及强大的运营平台等，这些资源辅助企业在行业中取得竞争地位，从而产生更大的利润，因此具备足够特殊性资源的企业会主动参与社会创新。同时不同资源特性的企业与社会创新的结合方式不同，如阿里巴巴、腾讯等互联网龙头企业更偏向于创造性地将自身的平台与社会责任结合，而如雀巢、美的等制造型企业，则更偏向于将产品与社会创新结合，中国石油等资源不可复制型企业更偏向于直接承担慈善责任。

（4）企业规模。一般认为，企业规模越大，企业越愿意承担社会责任，同时执行社会创新的可能性也越大。一方面,规模效应能够降本增效,提高企业的利润率,企业投入创新研发的资源越多;另一方面,马斯洛需求理论认为,低层次的需求满足后,会向高一层级的需求发展,该理论同样也适用于企业,规模大的企业对企业价值的追求并不仅仅局限于会计利润,而进一步追求其他方面的价值和行业领先地位。

扩展资源1-2

(5)知名度。企业知名度越大,消费者期待越高,这种期待会从产品的质量、实用性、性价比衍生到对社会问题的关注层面,尤其是在经济生活水平提升后,网络舆论发展会对企业的知名度产生影响,企业的行为会被无限放大,并与其他企业进行对比,参与社会创新会使企业品牌价值产生正效应,同时不参与也会使企业品牌价值产生负效应,甚至该负效应会强于正效应。

(6)利益相关者。电商企业社会创新与创业的利益相关者是指能够影响社会创新实现,在社会创新推进的过程中具有利益和权力诉求的所有个体或群体,利益相关者是推动企业承担社会创新的重要因素,这些利益相关者在社会创新过程中都具有社会利益和社会权力,社会利益是指企业在解决社会问题过程中实现社会绩效,而社会权力是指能够影响企业经营的权力,包括决策权、监督权和投票权等。具体来说,电商企业社会创新与创业的利益相关者包括政府、社区、社会组织、员工、媒体、合作机构、投资者、供应商和客户等,利益相关者的利益和权力是否被满足将直接影响其是否对电商企业社会创新与创业有积极的态度并推动其实现。

2. 外部动因

外部动因是指除企业自身因素外的宏观环境及市场环境因素,包括政策影响、宏观经济因素、行业因素及消费者购买意愿等。

(1)政策影响。政府政策对企业承担社会创新有直接影响,按政府政策的强制与否可分为强制性政府政策和激励性政府政策。

强制性政府政策主要包括:①遵守国家和地方的法律法规。②生产合规安全的产品。③保障员工的人权与自由、节能环保等基础生产运营类政策。这些政策促使企业被动地进行安全生产,同时注意环境卫生,但不能促进企业主观上进行社会创新活动。强制性政府政策更偏向于法律法规的硬性规定,如果企业不执行,很可能面临严重的处罚。

激励性政府政策包括对主动承担社会责任的企业提供税收优惠、提供政府补助、政府建设项目让利型招标等，激励性政策能够促使企业为获取经济利益而主动作为。

（2）宏观经济因素。国内生产总值（GDP）能够衡量宏观经济因素对电商企业社会创新与创业的影响，因为国内生产总值能够衡量国家或者是地区的经济状况，早期我国国民经济水平较低，国内生产总值指标较低，企业以追求利润谋得生存为主要目标，而鲜有将创新能力与社会责任承担结合起来的行为。改革开放后，我国国内生产总值增幅明显，促进一大批优质企业产生的同时，人民生活质量显著改善，购买商品时不仅关注其实用性，对品牌的认知也更加敏感。在经济实力增强和群众需求改变的共同影响下，GDP增速提高，越来越多的企业参与社会创新的力度也有所加大。

（3）行业因素。行业对电商企业社会创新与创业的影响主要包括行业竞争的激烈程度、行业内大部分企业对社会创新的执行程度等。行业竞争越激烈，企业越想迅速建立起核心竞争力，取得市场支配地位，从而保证可持续发展，这样的竞争会带动企业创新能力的提高，同时积极承担社会责任也会为企业带来消费者的认可。另外，当行业内大部分企业都着力于引入创新思维以解决社会问题时，也会促使企业执行社会创新。

（4）消费者购买意愿。企业积极或高水平的社会责任承担会激发消费者的购买意愿，而电商企业社会创新与创业最主要的目的是解决社会问题，因此电商企业社会创新与创业与消费者购买意愿之间的影响路径同样能够形成正向的闭环效应，即"积极的社会创新—客户认同感—消费者购买意愿"，客户认同感的产生一方面来源于对企业承担社会责任的认可，另一方面来源于对创新思维、创新产品的认可，因此企业可能为获得正向的消费者购买意愿而执行电商企业社会创新与创业，但这种思路并不是提倡电商企业社会创新与创业的正确思路，而有点"本末倒置"。

1.2.2　企业承担社会创新的意义

伴随社会发展，多样化社会需求与多元化社会问题共生，人类急需新的思路、新的制度、新的方式方法来应对不断涌现和变化的社会挑战。社会创新在促进技术创新、拓展创新领域、激发社会创新活力、提升社会自主变革能力等方面都具有独特的价值，企业作为社会创新的主要主体，承担社会创新对社会和企业都有着重要的战略意义。

1. 企业承担社会创新对社会的意义

企业承担社会创新最关键的意义在于辅助政府等机构解决了社会问题，对社会的发展、稳定、和谐起到至关重要的作用，主要包括以下几个方面。

（1）实现社会的全面协调可持续发展。企业的生存发展依赖于社会的健康发展，社会为企业提供了必要的物资、人力及文化等生产运营的资源。在这个意义上，社会赋予了企业生存和发展的权利及条件，企业应当承担必要的义务，即提供社会所需的物资和精神产品、促进社会的全面进步等，企业与社会共生，本质上企业就是社会性组织，创造性行为能够使社会获益，促进社会和谐、稳定地向前发展。

（2）有利于节约资源、保护环境。人口增长和工业化经济进程加快，21世纪我们生存的环境面临巨大的压力，企业是资源使用和消耗的主体，将创新点引入社会责任承担过程中，一方面可以通过流程、技术创新降低企业自身的资源消耗；另一方面能够将创新技术和创新产品用于环境、生态保护，并有利于呼吁社会各界人士节约资源、保护环境。

（3）有利于解决社会就业问题。电商企业社会创新与创业对解决社会实际就业问题的作用点主要包括两方面：①企业创新本身会创造出新的岗位，岗位需求增大，就业率也就随之提高。②企业出于维护社会稳定的目的向残疾人士、应届大学毕业生提供岗位。前者是电商企业社会创新与创业的最主要形式，而后者更偏向于纯慈善性质的企业社会责任承担，以创新为主要介质创造新的技术、新的流程，从而创造出更多的岗位，依靠企业的慈善责任行为解决一小部分人的就业问题并不能扩及全社会，而创新能够释放出更多的岗位需求，具备长期效应。

（4）有利于推进社会创新进程。虽然企业是社会创新的主要主体，但其他主体同样具有重要战略意义。企业的创新意识和服务社会意识能够激励其他主体参与到社会创新中，从而提高社会整体的创新意识和参与解决社会问题的意识。

2. 企业承担社会创新对企业发展的意义

电商企业社会创新与创业和企业社会责任最大的不同在于电商企业社会创新与创业强调该过程对企业的反馈作用，而不是单方面付出，因此电商企业社会创新与创业对企业的正向反作用也十分显著。

（1）有利于塑造企业的组织文化。企业文化是指企业的价值观、信念、仪式、处事方式等组成的特有文化形象,电商企业社会创新与创业对企业组织文化的塑造作用体现在以下几个方面。

①电商企业社会创新与创业能够加强企业文化的凝聚力,电商企业社会创新与创业最主要的价值是解决社会问题,实现社会价值,因此企业承担社会创新能够改变利益相关者原有的利益至上、以自我为中心的价值观念,树立起以企业、社会为整体的价值共向性,这种共同的价值取向和精神信念能够形成强大的组织向心力,带动企业向更高的目标前进。

②企业文化的核心是重视和尊重人的价值,承担社会创新能够向员工传递出企业的责任意识,如对弱势群体的帮扶、促进大学生和残疾人士就业等举措,从而有利于激发企业内部员工工作的积极性,使得员工可以更好地进行创新,为企业创造利润,同时企业的组织文化中创新性的熏陶除了能够促使员工辅助企业整体承担社会创新外,也会影响员工作为单独主体进行创新。

③由于企业是推动社会进步的重要部门,企业组织文化会影响到整个社会的价值观念。一方面,企业的组织文化发展需要跟上社会发展的速度和整体价值观,随着物质生活水平提高,社会价值观有了质的飞跃,单纯趋利避害的企业发展目标与社会发展不适配,承担社会创新能够向社会传递出正向和谐的价值观,表明企业为解决社会问题而做出的努力。另一方面,企业文化影响企业的社会创新观念,企业承担社会创新也有助于建设企业文化。

(2)有利于企业寻找新的发展机遇。早期企业通过慈善的方式承担社会责任会增加企业的负担,影响企业实际经营效益,但电商企业社会创新与创业概念下的社会责任承担过程会为企业创造新的发展机遇,有利于企业在快速经济发展和激烈行业竞争中找到新的利润增长点。此时,承担社会创新利远大于弊,如腾讯通过科技创新、产品创新、模式创新,改变了原有的公益模式,不仅增进社会福祉,同时也为企业带来了可观的经济利益流入,保障了其未来的可持续发展。

(3)有利于企业拓展市场。企业的市场开拓程度会直接影响企业是否能可持续地获得盈利。电商企业社会创新与创业对于企业市场开拓的促进作用可以总结为:①企业可以进行科技创新,先进科技的运用能力能够帮助企业迅速建立起竞争力,强化当前市场的市场份额。②企业通过经营管理创新,树立起正确的生产经营观念,并通过流程、组织等创新降低企业成本,有利于增强客户的认同度,产生品牌效应。③企业对社会责任的积极承担会影响到员工的工作积极性,能让员工感受到企业"以人为本"的经营理念,体现了企业对人的重视,有利于员工全身心投入并支持企业的社会创新过程,并致力于市场拓展。

(4)有利于提升竞争力和树立良好形象。时代的发展除带来物质条件满足之外,还改变了消费者的消费偏好,"道德消费"观念日趋成熟,消费者的购买意愿从早期关注商品本身价值到更加注重商品的附加价值,如部分消费者在购买商品时更乐意选择购买低碳产品、拒绝皮草产品、选购环保节能型产品等。这一消费趋势来临后,将企业创新与社会责任结合起来能够实现产品差异化,获得客户认同后,企业的竞争力增强,并且能得到社会各界的广泛认同。也就是说,虽然电商企业社会创新与创业和企业社会责任承担一样会给企业带来如经营成本、研发费用增加等负面影响,但是也能带给企业消费者认同、企业形象塑造等积极效应。同时电商企业社会创新与创业能够向社会展现内部团结和谐、积极进取、奋发创新的良好形象,从而提升企业的市场竞争力。

(5)有利于激发企业的创新能力。企业所需要承担的社会责任随着企业和社会的发展而不断变化,因此也就要求企业进行不断的创新和企业管理的创新,从而为企业谋取更多利益。企业承担社会创新能够提高企业整体的创新能力。创新是企业生存和长久发展的原动力,企业承担社会创新的某个创新点能够带动企业整体创新能力,从而获得长久的可持续发展,如企业管理创新会带动产品、流程、组织等多个方面的创新力发展,艾尔弗雷德·马歇尔认为管理是最值得获得利益的要素,由于风险与收益共生,企业参与管理的同时也会产生相应的管理风险,管理创新对于电商企业社会创新与创业来说至关重要。

(6)有利于企业获取外部支持。企业对外的社会责任承担包括合规和适度解决其他社会问题两方面,合规是指企业生产发展过程中有生产安全可靠的产品、提供安全可靠的服务、遵守法律法规、节约资源、保护环境等,企业的组织创新、和流程创新能够很好地履行这些责任,这些责任的履行会受到社会各方力量的支持,相反则会受到抵制,从而不利于企业生产经营;而适度解决其他社会问题是指企业出自主观的意愿,主动解决偏远地区人群就业、扶持弱势群体、提供资金支持等行为,这些行为对企业来说是附加的,相应能够得到更多的认可,除了从消费者角度分析利润的可靠增长以外,企业还会受到其他利益相关者,如政府等部门的大力支持,可以在企业与外部关系中获得主动权,甚至获得来自外界的各种奖励,如荣誉称号和政策优惠等,这样更有利于企业的发展。

1.3 电商企业社会创新与创业的认识误区和实践误区

1.3.1 电商企业社会创新与创业的认识误区

电商企业社会创新与创业的认识误区是指对于社会创新、电商企业社会创新与创业内涵或概念上存在模糊和误解之处,对电商企业社会创新与创业存在认识误区会导致企业不愿意承担社会创新,因此厘清相关误区至关重要。

1. 关于企业创新的认识误区

(1)企业创新就是单纯的研发或者技术创新。企业创新是一个广泛的概念,并不能局限于企业某一方面,诸如管理创新、流程创新、渠道创新等均属于企业创新的范畴,而非仅仅是产品创新。另外,研发投入只是产品创新的前端投入,不一定产生实际的创新产品,因此研发费用的增加并不代表企业创新的成功率一定会提升,相反针对控制内部研发费用的管理创新反而会给企业带来更大的利益流入。同时过度追求技术创新可能导致对客户端的关注度不足,从而忽视了客户的实际需求,基于客户需求而开展的销售策划创新、产品功能创新反而可以增加客户的认同感。

(2)企业创新一定产生结果。企业创新产生的预期收益与实际风险并存,如果以一定获取巨大成果的目的投入大量资源,以期超过竞争对手,获得支配地位,这种误区并不可取。实际上,企业创新是风险极大的一种投资,面临极大的不确定性,并且实践证明企业创新的成功率较低,只有小部分企业能够取得创新的预期效果。

(3)过分强调创新的独特性,认为创新就是创造新的事物。广义的创新认为对现有技术、管理、流程和组织的改进也是创新的重要组成部分,如德国企业创造新事物的能力较强,有发达的工业水平,但日本企业创新能力相对不强,但有着较强的创造模仿能力,其产品同样在世界范围内较为畅销。因此发现并创造新事物是企业快速取得竞争力的有力武器,但对既有成果的模仿改进,同样属于创新。

(4)为了创新而创新,不考虑实际需求。不考虑企业实际情况和市场实际需求的创新是无效创新:①可能企业并不能支撑大量的研发投入,中途撤销项目,导致前期投入失效,产生资源浪费。②无论创新的产品是否丰富,但市场没有需求,创新就得不到认可,也就不能产生价值,因此企业创新要以企业实际情况和企业实际需求为导向。

（5）创新忽视企业的系统性和组织性。部分企业的组织形态较为扁平，每个部门之间缺少沟通，在创新初始化阶段，创新活动很可能是某个部门牵头，但企业的创新活动需要企业整体进行协调，取得企业内外部各个方面的支持，而不是哪个部门牵头的创新就是哪个部门的事。正确的企业创新应该超越单个部门的局限，以保障创新活动的顺利开展和成功率。

2. 关于电商企业社会创新与创业内涵的认识误区

（1）关于电商企业社会创新与创业主体的认识误区。①解决社会问题主要是政府部门的职责，企业作用不大。一直以来，企业的商业逐利行为被独立在公共政策和道德之外，但企业的社会地位和职责也在不断变化。企业处于经济和社会发展的最前沿，往往比政府部门更加敏感于某些经济和社会问题，政府虽然对解决社会问题有主要责任，但是仅局限于政府的调节作用并不能打造出稳定和谐的社会问题，社会问题的解决效率也有待商榷，因此企业主动对社会问题有所承担，能够将企业创新的正效应发挥到最高。与此同时，政府社会创新会增加社会成本，通过承担社会创新，企业可以期望减少政府调节，有利于建立自由竞争的市场秩序。在社会创新层面，政府部门更适合充当激励和统筹的角色，激发企业承担社会创新的主动性，如《国务院办公厅关于优化学术环境的指导意见》（国办发〔2015〕94号）[1]、《科技部 全国工商联印发〈关于推动民营企业创新发展的指导意见〉的通知》（国科发资〔2018〕45号）[2]等文件都以引导者的身份引导企业积极承担社会责任，支持企业开展公益性、探索性、创新性学术活动，激励大胆创造发明，鼓励提出新观点、新方案和新途径等激励意见。②承担社会创新是大企业的事，小企业没有责任和义务。企业是社会性组织，所需的资源来源于社会，社会性是其最主要的性质，但很多企业在社会创新方面持旁观态度，特别是小型企业，他们通常认为自身资源和实际能力无法支撑巨额的资金投入，即经济实力不足，从而形成惯性，将经济实力不足作为借口推卸社会责任，同时认为生产质量合格的产品、按期按数额纳税就是履行了对社会的全部责任，不具备主动解决社会问

---

[1] 国务院办公厅. 国务院办公厅关于优化学术环境的指导意见[EB/OL].[2020-08-01]. http://www.gov.cn/zhengce/content/2016-01/13/content_10591.htm.

[2] 科技部，全国工商联. 科技部 全国工商联印发《关于推动民营企业创新发展的指导意见》的通知. [EB/OL]. [2020-08-01]. http://www.gov.cn/gongbao/content/2018/content_5338239.htm.

题的义务,而社会责任是政府的事。我国电商企业社会创新与创业理论在企业社会责任承担的基础上开始发展,但仍然形成了国有企业明显高于民营企业、外资企业明显高于国有企业的尴尬局面,社会问题的解决需要全社会共同参与,并不是企业、政府、其他组织的任何一个,同样也不是大企业的全部责任。

(2)企业进行社会创新的主要目的是盈利。企业进行社会创新的最主要目的是通过将创新引入企业的生产经营,解决社会实际问题,即实现社会价值。而电商企业社会创新与创业是企业社会责任的发展新形势,企业能够在完成解决社会问题的目标后寻求到新的机遇,从而实现电商企业社会创新与创业的另一个目标,即追求企业利润。但许多企业为了追求企业利润或者其他方面的利好,如以承担社会责任为噱头获取多方关注、政府有关税收等的支持、消费者认可等,虽然其在获取利益的同时确实带动了部分社会问题的解决,但主次颠倒,并不能实现电商企业社会创新与创业的最终价值。

(3)并未完全理解电商企业社会创新与创业的必要性。电商企业社会创新与创业的概念不如企业社会责任概念传播广泛,部分企业对企业社会责任的刻板印象即是单纯的慈善行为,而电商企业社会创新与创业兴起后,只有少部分大型企业会引起重视,实际上电商企业社会创新与创业是企业和社会共赢的手段,企业应当理解并接受其重要性,在企业内部设置专门的机构或负责人,专门负责推进本企业社会责任的培训和实践机制的创新,加强与社会其他部门的沟通和合作,及时把握社会热点和社会需求,为电商企业社会创新与创业提供系统的方案和全过程管理。

(4)电商企业社会创新与创业可以解决市场失灵的问题。传统经济理论假设在市场的牵引下,企业在追求利润的过程中就会使社会财富最大化,因此正常生产经营并产生盈利就是企业存在的价值,但实际完全竞争市场并不存在,现实中真正存在的是市场经济,而由于消费者偏好、市场垄断和信息不对称(asymmetric information),公共产品供给不足、外部负效应、公共资源过度使用、社会财富分配不公等缺陷明显,自由市场经济的缺陷部分源于对企业行为的放任。企业的主要目标是实现股东财富最大化,而股东是指企业的所有者,因此企业基本是为私人利益存在,对于企业的利益相关者而言,获取会计利润是第一要义,而承担电商企业社会创新与创业需要付出成本,并且创新具有不确定性,因此要求企业在成本扩大、风险不确定、存在降低利润的可能下承担其责任并不现实。相比之下政府对于市场调控、保障就业、基础设施建设等公共政策更为得心应手，企业只能在其能力范围内进行社会创新，解决能够解决的社会问题，期望企业独立解决公共产品供给不足、贫富差距等问题并不实际。市场经济体制的演变说明，市场的缺陷需要政府进行必要干预，但企业的自由竞争具有保障市场运营的重要意义，将企业承担社会创新与解决市场失灵联系，实际把私主体与政府的职责混淆了。

（5）社会企业创新能够保护利益相关者的利益。利益相关者理论是电商企业社会创新与创业和企业社会责任的重要理论基础，许多学者也认为企业承担社会创新的目标之一是保护利益相关者的利益。部分学者认为，我国许多企业还存在侵犯员工、债权人、股东、消费者等利益相关者利益的现象，因此许多学者认为企业承担社会创新能够保护利益相关者的相关利益。但这个想法存在以下几点局限性。

①企业承担社会创新并非强制的，是否实施电商企业社会创新与创业是企业的主观行为。

②企业承担社会创新的首要目的是解决社会问题，追求会计利润是过程中达成的共赢效果，是否保护利益相关者利益并不是电商企业社会创新与创业的主要目的。

③电商企业社会创新与创业方式并没有保护利益相关者的有效途径，理论上许多学者认为让消费者代表、员工代表、债权人代表或其他利益代表进入董事会，参与企业的重要事务治理，但在实际实施层面很可能影响到原有的董事会效率，因为不同的利益相关者有不同的主张，如企业提价受到消费者反对、降低薪酬待遇会受到员工反对、从事公益活动会受到部分股东反对、将剩余利润用于环境生态保护会受到部分债权人反对等。

④电商企业社会创新与创业虽然较单纯的社会责任承担更能够为利益相关者带来新的发展和新的利益，但却并没有设置利益保护的标准，如劳动法虽然规定了最低工资限额，但实际薪酬由企业自身决定。因此电商企业社会创新与创业是将社会建设得更好的有力工具，但不能把法制建设和社会可持续发展寄托于企业的社会责任感。

1.3.2 电商企业社会创新与创业的实践误区

电商企业社会创新与创业的实践误区是指企业在实际执行社会创新时产生的误区。我国电商企业社会创新与创业这一理念引入较晚，许多企业尚未实行电商企业社会创新与创业或根本没有了解电商企业社会创新与创业这一理念，因此实践中会出现部分误区。

1. 在执行过程中仍然秉承"赚钱行善"的思想，而非"行善赚钱"

电商企业社会创新与创业应该是为了解决社会问题而进行创新，同时获得新的发展机遇，实现企业的可持续发展。但企业在实际执行过程中，基于不同利益相关者的要求，仍旧主要考虑企业在社会创新活动中的利益，关注该社会创新活动为企业带来的产品创新成果、消费者正向认同、政府扶持政策等，而不把解决社会问题作为进行社会创新的第一要义，并不能成其为真正回馈于社会的创新行为。

2. 电商企业社会创新与创业只是宣传的噱头，而没有实际落实

一方面来源于企业的"短视"思维，部分企业发现承担电商企业社会创新与创业有利于获得消费者和社会其他各方的认可，迅速扩大知名度，取得市场支配地位，而实际承担社会创新需要付出成本，并且短时间内很可能不会得到回馈。另一方面是当前企业和社会的信息披露机制与平台并不完善，很多人误认为企业承担社会创新是企业自我宣传的工具，而没有实质性的作用，媒体等机构对承担企业创新的企业过分报道也加速了这种现象的产生，企业可以通过媒体介质向社会鼓吹，实际并没有任何创新投入，也没有产生任何社会创新产物。

3. 企业进行社会创新之前没有识别和选择社会问题或社会需求，只局限于"创新"而忽略"社会"

社会大环境下产生的问题包含方方面面，包括环境、市场、社会、企业等，企业作为社会创新的重要主体之一，所能解决的社会问题并不是全部，细分到每一个企业，所能承担的社会创新也有限，如果在进行社会创新前没有进行识别和选择，对企业而言只可能是资源的浪费。为了创新而创新的行为并不能真实解决社会问题，当创新本身无效，解决社会问题的出发点也就不复存在，企业承担社会创新时应该选择与自身性质、能力和价值观相匹配的社会问题，或着眼于消费者对企业解决社会问题的社会期望及所注重的文化、教育、环保等方面的社会价值，选择本电商企业社会创新与创业的战略重点或领域，这样的社会创新行为才能针对性地解决相关的社会问题，以确保企业利益与社会责任的共赢。

4. 企业在社会创新的实践中没有选择适合企业的社会创新实现方式

企业的社会创新实现方式包括管理创新、流程创新、产品创新和营销创新，不同的企业有不同的核心竞争力，企业承担社会创新的方面并不设限，企业应

当审视自身情况选择适合自己的社会创新实现方式，首先，如果企业有强大的研发能力，企业可以独立地通过产品创新或技术创新实施社会创新，以提供满足社会需求或社会属性鲜明的创新性产品或服务。其次，企业也可以从管理创新、渠道创新、流程创新等方面发挥优势，促成某些社会问题的解决。最后，如果企业是大型龙头企业，则可以设立综合创新中心，采用多元社会创新实现方式，关注整体社会问题。

5. 实际实施中没有重视与政府和社会其他部门的关系

企业、政府、其他社会组织作为电商企业社会创新与创业最重要的三个主体，并不是割裂的，而是相辅相成的，在某种意义上，电商企业社会创新与创业也可以看作企业通过与社会部门合作参与社会问题解决的新形式，同时也是企业的一种战略性投资，甚至有学者认为社会创新成功的关键是企业、政府与社会组织间的合作沟通，企业应当积极参与到与政府、非营利组织等社会部门的合作之中，从而发挥多元合作的组织优势。但实践中部分企业并没有意识到与社会其他部门的合作力量，而是闷头做创新，这种现象在小型企业中尤其常见，它们受到政府、其他社会组织的关注度不如大企业，同时与政府等其他组织的沟通渠道有限，因此承担电商企业社会创新与创业应当重视与政府和其他社会部门的沟通交流，以提高电商企业社会创新与创业的实施效率和成功率。

本章小结

本章主要对电商企业社会创新与创业的基本内容进行介绍，主要包括电商企业社会创新与创业的来源与发展、企业承担社会创新的原因和意义及电商企业社会创新与创业的认识误区和实践误区三个方面。

电商企业社会创新与创业的来源与发展层面，首先介绍了电商企业社会创新与创业概念的产生和发展。其次基于已有成果，将电商企业社会创新与创业的要素分为创新主体、创新能力、创新客体和创新结果四个方面，电商企业社会创新与创业的创新主体是企业；创新能力涵盖管理创新能力、流程创新能力、产品创新能力和营销创新能力等多个方面；创新客体即为管理、流程、产品和营销等；创新结果按作用对象的不同划分为对企业的价值及对社会的价值。

即测即练

 复习思考题

1. 谈谈电商企业社会创新与创业的发展趋势。

2. 结合实际电商企业社会创新与创业或企业社会责任活动，谈一谈对"电商企业社会创新与创业"概念的理解。

3. 结合实际，谈谈对电商企业社会创新与创业主要要素的认识。

4. 电商企业社会创新与创业和企业社会责任的主要区别是什么？

5. 电商企业社会创新与创业的特征是什么？

6. 电商企业社会创新与创业的目标是什么？你认为这些目标在实践中能够实现吗？

7. 理解并分析企业承担社会创新的原因和意义。

8. 书中提到的认识误区和实践误区有哪些？除此之外，你还能指出哪些误区？

第 2 章 企业社会责任的主要理论

知识目标

1. 了解企业社会创新与创业六个主要理论的概念。
2. 了解企业社会创新与创业理论的提出和发展历程。
3. 掌握企业社会创新与创业相关理论的核心要点。
4. 理解企业社会创新与创业相关理论演变的过程。

能力目标

1. 结合现实背景对企业社会创新与创业六个理论的实用性进行分析。
2. 将企业社会创新与创业现象与相关理论进行匹配。
3. 弄清企业社会创新与创业理论与实践之间的差异。

思政目标

1. 树立企业主动承担社会创新的价值取向。
2. 树立企业解决宏观问题的大局意识。
3. 帮助企业树立追求价值创造和社会创新相统一的理念。

思维导图

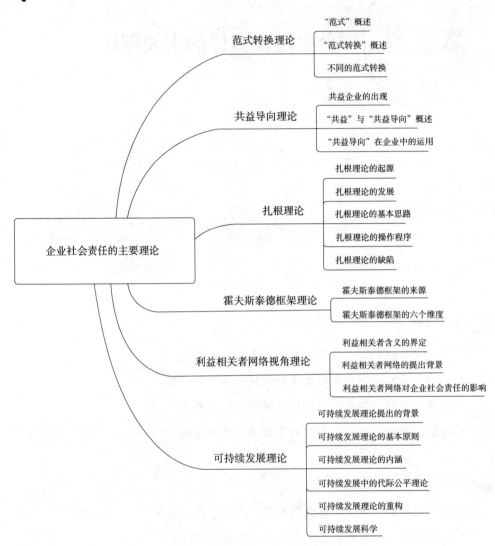

引导案例

2021年12月18日,中国社会科学院社会学研究所发布了《寻找"座头鲸":中国企业社会创新旗舰项目评估报告(2021)》。腾讯"为村"与"99公益日"项目从264个旗舰项目中脱颖而出,位居企业社会责任旗舰项目排行榜前两名,被评为"创新先锋项目",这也是"为村"项目连续第二年登顶该排行榜。

《寻找"座头鲸"》是由中国社会科学院吕鹏等学者组建的研究团队编撰的系列报告,旨在对企业社会公益项目进行挖掘、分类、评估、排行、分享、宣传,从而总结并倡导企业优秀社会创新经验，提升企业社会影响力和社会价值，促进商业与社会的良性循环。"座头鲸"这一概念对应"独角兽"，指社会价值评估中可以达到 10 亿美元以上的企业。座头鲸是一种大型鲸类，数量极为稀少，并具有明显的利他行为，十分贴合那些不仅自身具有庞大体量，还能够通过社会创新方式反哺社会、解决社会问题的各类企业。这样具有较高社会责任意识、较高社会价值的企业，也和座头鲸一样，需要得到各界的呵护、扶持和培育。

从 2019 年起，该团队率先在国内开展电商企业社会创新与创业旗舰项目的评估。与其他以"企业"为对象的榜单和排名不同，《寻找"座头鲸"》系列报告着重突出"项目"本身，同时更加关注围绕这些项目而产生的方方面面的社会影响。报告出版后在学界、业界和政策界都产生了积极的反响。在 2020 年报告的基础上，2021 版报告纳入涵盖 13 个行业、128 家企业的 264 个项目，构建影响力评估指标体系，最终形成"中国电商企业社会创新与创业旗舰项目排行榜"。

报告提出，我国电商企业社会创新与创业类型主要集中在乡村振兴、平台公益、金融赋能领域。一些"座头鲸"项目已经雏形初现。例如腾讯 SSV 为村发展实验室的"为村"项目，旨在以"为乡村连接情感、连接信息、连接财富"为使命，通过"互联网＋乡村"模式利用自身在"连接"上的优势，搭建起用移动互联网发现乡村价值的开放平台，凝聚各方核心能力、共同助力改变乡村的落后现状，以创新的方式让乡村在连接中创造出无限可能，不仅是其所处的互联网行业的佼佼者，更为所有企业的社会创新发展提供了可考路径，这也是该项目连续两年位列榜首的重要原因。

思考：请谈谈腾讯如何充分利用自身优势，不断尝试企业社会价值的发掘和创新，推动"益商"与"善治"的融合。

资料来源：社科院发布"企业社会责任旗舰项目排行榜"腾讯为村位列榜首[EB/OL].（2021-01-13）.https://new.qq.com/rain/a/20210113A02U0I00。

2.1 范式转换理论

企业成长过程中的一个重要阶段是范式转换，范式转换理论是托马斯·库恩（Thomas S. Kuhn）有关科学革命理论在管理学领域的应用。典范转移的例子如免费报纸的出现、宽频上网的普及、BT（BitTorrent）技术的出现。

范式转换理论揭示了事物发展的历史状态和内在发展规律，对人们厘清所从事领域的发展路径及把握其领域的未来走向都有启发作用。党的二十大报告指出，实践没有止境，理论创新也没有止境。要继续推进实践基础上的理论创新。

2.1.1 "范式"概述

"范式"是美国科学哲学家托马斯·库恩最早提出来的，是库恩历史主义科学哲学的一个关键、核心的概念。① 在《科学革命的结构》（The Structure of Scientific Revolutions，1962年）中，库恩认为范式是指"特定的科学共同体从事某一类科学活动所必须遵循的公认的'模式'，它包括共有的世界观、基本理论、范例、方法、手段、标准等等与科学研究有关的所有东西"。② 简单概括的话，它的内涵有两层意思：科学共同体的共同承诺集合；科学共同体共有的范例。再进一步，可以简化为一种约定：范例。

"范式概念"是库恩范式理论的核心，而范式从本质上讲是一种理论体系。范式理论指常规科学所赖以运作的理论基础和实践规范。范式是从事某一科学的研究者群体所共同遵从的世界观和行为方式，它包括三个方面的内容：共同的基本理论、观念和方法；共同的信念；某种自然观（包括形而上学假定）。范式的基本原则可以在本体论、认识论和方法论三个层次表现出来，分别回答的是事物存在的真实性问题、知者与被知者之间的关系问题及研究方法的理论体系问题。这些理论和原则对特定的科学家共同体起规范的作用，协调他们对世界的看法及他们的行为方式。

范式的特点是：①范式在一定程度内具有公认性。②范式是一个由基本定律、理论、应用以及相关的仪器设备等构成的一个整体，它的存在给科学家提供了一个研究纲领。③范式还为科学研究提供了可模仿的成功的先例。

2.1.2 "范式转换"概述

"范式转换"（paradigm shift）用来描述在科学范畴里，一种在基本理论上从根本假设的改变；是指一个领域里出现新的学术成果，打破了原有的假设或者法则，

---

① 孙晓华，王林. 范式转换、新兴产业演化与市场生态位培育：以新能源汽车为例 [J]. 经济学家，2014（5）：54-62.
② 库恩. 科学革命的结构 [M]. 北京：北京大学出版社，2003.

从而迫使人们对本学科的很多基本理论作出根本性的修正。例如，当人们发现地球是圆的而不是平的后，之前对地球上所发生的各种现象的理解全部都要重新考虑。这样，之前旧的范式（地平说）被一个新的范式（地圆说）代替。从根本上来说，范式转移就是冲出原有的束缚和限制，为人们的思想和行动开创了新的可能性。这种改变，后来亦被应用于各种其他学科方面的巨大转变。库恩在书中阐释，每一项科学研究的重大突破，几乎都是先打破传统、打破旧思维，而后才成功的。

范式转换理论认为，到了一定阶段，企业原来的范式就必须转换，但这种转换是很难的，特别是在原来范式上取得较大成功的企业就更难了。为此，该理论提出了范式转换四阶段：领导干部的发动；中层干部的突击；变革的连锁反应；新范式阵脚的加固。

一个稳定的范式如果不能提供解决问题的适当方式，它就会变弱，从而出现范式转换。按照库恩的定义，范式转换就是新的概念传统，是解释中的激进改变，科学据此对某一知识和活动领域采取全新的和变化了的视角。通常，范式转换是一个由某一特别事件引发的过程。特别事件是指在现有范式中被证明是反常（anomalous）事件的增加，为了解决问题，决策者需要改变工具设定，并尝试新的政策工具。如果这些努力不能奏效，就会出现政策失败（policy failure），进而打击旧的范式，促使人们去寻找新的范式，进行修正政策的试验过程。

2.1.3 不同的范式转换

1. 范式转换 I：价值革命

完成自然经济向资本经济转轨，创造科技产业化的功能、机制与实体，商品经济取替自然经济，标志着人类近现代文明的开端。其核心关系就是交换经济的发展并占主导地位，由此带来根本性变化：价值，而不是使用价值，成为人们经济活动的追逐目标；市场，而不是自我需求，成为人们经济活动之中心；企业，而不是原先的作坊或家庭工场，成为人们进行交易的场所。这三个转轨集中表现为市场机制的形成，社会创造了科技产业化的功能，人类进入价值运作的时代。

2. 范式转换 II：金融革命

依托于金融制度的创新，完成世界经济一体化进程，通过科技革命、信息革命和金融革命，进入智力经济时代。金融革命具体通过科技革命、信息革命和管理革命，完成从资本经济到智力经济的转轨。科技革命不仅仅指人类科技成果的创新速度大大加快，更重要地表现为科技孵化为生产力的频率加快。社会培育并完善了科技孵化器的功能，而使大量科技成果直接转化为生产力。信息革命则是信息产业的崛起和发展，特别是互联网的构筑与发展，不仅发展了电子商务，更重要的在于为知识经济时代的到来创造了物质基础，即知识、信息传播之载体。

3. 范式转换Ⅲ：知识革命

加快知识产业化进程和制度创新，完成智力经济向知识经济转轨。具体而言，表现为五大功能创新：①知识产业化功能。知识经济特点，就是实现知识的产业化，产业的知识化是知识革命的首要功能创新。②形成学习创新型企业。通过功能创新，企业形成自身的学习功能和创新功能，发掘智力资源，实施知识管理。③形成群体性知识社会。奠定知识经济发展的社会基础，创造巨大的社会知识需求与供给。④形成和完善知识生产力；未来企业的竞争将越来越展示其内在经营性知识系统创新的竞争。⑤构筑与发展中文互联网；加快中国经济的信息化发展，奠定中国知识经济发展的物质基础。

2.2 共益导向理论

2.2.1 共益企业的出现

自 20 世纪 80 年代开始，伴随着国际劳工运动、人权运动、消费者运动、环保运动的此起彼伏，围绕着企业社会责任的研究议题也日趋多元并不断向前演进。组织不断地在市场利润获取与社会影响之间游离摇摆，使得原有的商业组织与非商业组织的边界在不断地重塑与延伸。自 20 世纪 90 年代以来，以非营利组织、自愿组织、社会企业为代表的第三部门（third sector organizations，TSOs）为推进企业社会责任的研究与实践进程提供了有益的尝试。进入 21 世纪以来，学界提出了许多新的概念，如创造性资本主义、慈善资本主义、新经济、影响力投资、混合价值、共享价值等，其背后都根植于社会责任组织运动下的实践观察（Sabeti，2009）。尤其是自 2006 年在美国创立的非营利组织共益企业实验室提出了共益企业（benefit corporation）这一新型组织理念以来，以共益企业为组织载体的第四部门组织尝试基于"经济、社会与环境"的三重底线践行可持续性商业模式，以弥合企业市场驱利的极致主义导向与社会价值创造之间的鸿沟，通过组织的使命混合化实现组织双元目标的平衡,从而开展可持续性的企业社会责任实践,推动经济、社会与环境的共生演进,最终实现整个经济形态与竞争结构的可持续(Wilburn,2014)。由此,共益企业逐步成为西方学界与企业界所关注的重要学术话题,在共益企业为新的社会责任组织载体的情景下,新一轮的企业社会责任组织运动浪潮再次掀起(Blount 和 Offei-Danso,2013)。

2.2.2 "共益"与"共益导向"概述

"共益"意味着企业选择用使命混合化的方式,达成经济和社会的双元目标,也就是获得商业利益和社会使命的双元价值,推动企业成长态势的可持续化。[①]当前,对越来越多的企业而言,纯粹的商业利益不再是唯一的目标,社会环境同样期盼具有使命感的企业不断涌现。

"共益导向"的双重使命特性在创业之初促使企业关注社会问题和现实需求,并助力双重价值的实现,可持续发展的观念内化于企业制度,保证企业始终合乎道德规范,与利益相关者维持良好关系,维持亲社会的价值创造链条,在这个过程中,价值观的自我反思使企业使命不断更新迭代,与内部商业模式和外部观念认同更加匹配。"共益导向"包括双元性、自反性和可持续性三个维度,贯穿于创业萌芽、技术落地和价值实现三个阶段,最终实现个人、企业和社会三个层面的社会创新价值。

2.2.3 "共益导向"在企业中的运用

"共益导向"对企业发挥商业力量解决社会问题具有重要推动作用。[②]以共益企业认证为典型做法的共益导向行动,不仅在流程上达到商业经营的细化标准,价值层面也符合道德规范的基本要求。共益企业认证具有严格的评估标准,指标的构建存在成熟法律条文的保障,企业每个新的经营周期都须重新认证,随时都有被剔除的可能。历经 10 余年的发展,越来越多的企业开始认同并实践共益导向的管理模式和价值观,探索平衡双重利益的管理导向。特别是不以认证为诉求的、具有使命兼容性和价值共享性的共益导向行为,让更多创业者意识到应采取原发性的社会责任行动、重视负责任的企业家精神并为社会创造可持续共享价值。然而,目前对于共益的研究多以已通过认证的企业为对象,探讨情境集中在认证过

---

① 肖红军,阳镇,焦豪.共益企业:研究述评与未来展望[J].外国经济与管理,2019,41(4):3-17,30.
② 肖红军,阳镇.共益企业:社会责任实践的合意性组织范式[J].中国工业经济,2018(7):174-192.

程中，对尚未寻求共益认证但具有共益特性企业的研究较少。不仅如此，如何在更广泛的范围揭示共益导向的嵌入方式及演变规律，如何从企业视角解析共益导向价值创造的独特架构及可拓展性等，研究还比较欠缺，亟待构建更加完备的共益导向内涵体系。

2.3 扎根理论

2.3.1 扎根理论的起源

扎根理论研究方法是 1964 年 Barney Glaser 与 Anselm Strauss 两位学者，从临终照护的相关研究发展出来，其于 1967 年出版《扎根理论的发现》(*The Discovery of Grounded Theory*) 一书，"扎根理论"一词正式出现。[①]

扎根理论研究法是一种定性研究的方式，其主要宗旨是从经验资料的基础上建立理论。研究者在研究开始之前一般没有理论假设，直接从实际观察入手，从原始资料中归纳出经验概括，然后上升到系统的理论。这是一种从下往上建立实质理论的方法，即在系统性收集资料的基础上寻找反映事物现象本质的核心概念，然后通过这些概念之间的联系建构相关的社会理论。扎根理论一定要有经验证据的支持，但是它的主要特点不在其经验性，而在于它从经验事实中抽象出了新的概念和思想。在哲学思想上，扎根理论方法基于的是后实证主义的范式，强调对已经建构的理论进行证伪。

2.3.2 扎根理论的发展

扎根理论的内涵随着 Strauss 不同的观点约可分为三个时期，每个时期的内容分别如下。

1. Glaser 与 Strauss（1967）初创阶段

Glaser 与 Strauss 初步认为扎根理论只是一种归纳的研究方法，主旨在发展建构理论而不是在于验证上，并且强调研究目的、科学性及现象之间的互动。

2. Strauss（1987）完构阶段

Strauss 于此揭示扎根理论研究法的重要观点，进而完成此方法的研究架构与

[①] 吴毅，等. 扎根理论的起源、流派与应用方法述评：基于工作场所学习的案例分析 [J]. 远程教育杂志，2016（3）：32-41.

程序，其主要论点如下。

（1）改变前阶段所提扎根理论归类为归纳理论的观念及说法，详述扎根理论的基本假设如何建构理论，并认定每个研究阶段的假设都是暂时性。研究是基础性的工作任务，于实质的和概念的方面，由研究者建立。发展使用和教导质化分析能被促进思考分析研究工作组织和行为的特别性。如此，研究工作能被应用于研究方法的改良上。总而言之，其主张扎根理论乃为质化分析里的一种做法取向，属于方法，其重视分析数据而不在于收集数据。

（2）其服膺于符号互动论者的观念，并认为实用主义乃扎根理论的重要学术渊源，实用主义强调行动在产生问题的情境中解决之道，并视现实现象是彼此互动及重视研究的过程，即考虑时间因素之下，强调研究过程中有不同阶段及不同阶段所因应的研究方式。

（3）强调充分地利用数据及个人的经验性资料，并未完全摒除个人的研究经验，并指出现有文献的有限性和研究者辨别力的重要性。

（4）对于科学研究的看法，应容许研究过程中的变通方式，以及研究方法不具神圣性的，而在研究的互动过程中应可被修正的。

（5）认为田野研究是一种不断地来回互动收集的资料，即译码分析登录反复地进行，并采系统化的验证以建构理论，其不同于一般量化或实证研究的单一线性方向式的研究形式。

3. Strauss 与 Corbin（1990）弹性阶段

本阶段主旨在强调弹性原则的重要性及理论的建构来自行动、妥协的结果，其重要论点如下：扎根理论乃是一种过程，即从事有意识、有目标的行动过程，它具有积极活动的角色。而研究并不是由建立假说、收集资料到验证假说的线性过程，而是不断地来回相互影响及比较的过程。保有方法论的弹性，而在方法学上采取一些妥协的策略以建构理论。

2.3.3 扎根理论的基本思路

1. 从资料中产生理论

扎根理论特别强调从资料中提升理论，认为只有通过对资料的深入分析，才能逐步形成理论框架。这是一个归纳的过程，从下往上将资料不断地进行浓缩。与一般的宏大理论不同的是，扎根理论不对研究者自己事先设定的假设进行逻辑推演，而是从资料入手进行归纳分析。理论一定要可以追溯到其产生的原始资料，一定要有经验事实作为依据。这是因为扎根理论者认为，只有从资料中产生的理论才具有生命力。如果理论与资料相吻合，理论便具有了实际的用途，可以被用来指导人们具体的生活实践。

2. 对理论保持敏感

由于扎根理论的主要宗旨是建构理论，因此它特别强调研究者对理论保持高度的敏感。不论是在设计阶段，还是在收集和分析资料的时候，研究者都应该对自己现有的理论、前人的理论及资料中呈现的理论保持敏感，注意捕捉新的建构理论的线索。保持理论敏感性不仅可以帮助我们在收集资料时易于找到一定的焦点和方向，而且在分析资料时也可以帮助我们寻找那些可以比较集中、浓缩地表达资料内容的概念，特别是当资料内容本身比较松散时。

通常，质的研究者比较擅长对研究的现象进行细密的描述性分析，而对理论建构不是特别敏感，也不是特别有兴趣。扎根理论出于自己的特殊关怀，认为理论比纯粹的描述具有更强的解释力度，因此强调研究者对理论保持敏感。

3. 不断比较的方法

扎根理论的主要分析思路是比较，在资料和资料之间、理论和理论之间不断进行对比，然后根据资料与理论之间的相关关系提炼出有关的类别（category）及其属性。比较通常有四个步骤。

（1）根据概念的类别对资料进行比较：对资料进行编码并将资料归到尽可能多的概念类别下面以后，将编码过的资料在相同和不同的概念类别中进行对比，为每一个概念类属找到属性。

（2）将有关概念类别与它们的属性进行整合，对这些概念类属进行比较，考虑它们之间存在的关系，将这些关系用某种方式联系起来。

（3）勾勒出初步呈现的理论，确定该理论的内涵和外延，将初步理论返回到原始资料进行验证，同时不断地优化现有理论，使之变得更加精细。

（4）对理论进行陈述，将所掌握的资料、概念类属、类属的特性以及概念类属之间的关系一层层地描述出来，作为对研究问题的回答。

4. 理论抽样的方法

在对资料进行分析时，研究者可以将从资料中初步生成的理论作为下一步资料抽样的标准。这些理论可以指导下一步的资料收集和分析工作，如选择资料、设码、建立编码和归档系统。当下呈现的每一个理论都对研究者具有导向作用，都可以限定研究者下一步该往哪里走、怎么走。因此，资料分析不应该只是停留在机械的语言编码上，而是应该进行理论编码。研究者应该不断地就资料的内容建立假设，通过资料和假设之间的轮回比较产生理论，然后使用这些理论对资料进行编码。

5. 灵活运用文献

使用有关的文献可以开阔我们的视野，为资料分析提供新的概念和理论框架，但与此同时，我们也要注意不要过多地使用前人的理论。否则，前人的思想可能束缚我们的思路，使我们有意无意地将别人的理论往自己的资料上套，或者换一句话说，把自己的资料往别人的理论里套，也就是人们所说的"削足适履"，而不是"量体裁衣"。

在适当使用前人理论的同时，扎根理论认为研究者的个人解释在建构理论时也可以起到重要的作用。研究者之所以可以"理解"资料是因为研究者带入自己的经验性知识，从资料中生成的理论实际上是资料与研究者个人解释之间不断互动和整合的结果。原始资料、研究者个人的前理解及前人的研究成果之间实际上是一个三角互动关系，研究者在运用文献时必须结合原始资料和自己个人的判断。研究者本人应该养成询问自己和被询问的习惯，倾听文本中的多重声音，了解自己与原始资料和文献之间的互动关系。

6. 理论性评价

扎根理论对理论的检核与评价有自己的标准，总结起来可以归纳为如下四条。

（1）概念必须来源于原始资料，理论建立起来以后应该可以随时回到原始资料，可以找到丰富的资料内容作为论证的依据。

（2）理论中的概念本身应该得到充分的发展，密度应该比较大，即理论内部有很多复杂的概念及其意义关系，这些概念坐落在密集的理论性情境之中。与Geertz（1973）所说的"深描"有所不同的是：扎根理论更加重视概念的密集，而"深描"主要是在描述层面对研究现象进行密集的描绘。

（3）理论中的每一个概念应该与其他概念之间具有系统的联系，"理论是在概念以及成套概念之间的合理的联系"（Strauss 和 Corbin，1994），各个概念之间应该紧密地交织在一起，形成一个统一的、具有内在联系的整体。

（4）由成套概念联系起来的理论应该具有较强的运用价值，应该适用于比较广阔的范围，具有较强的解释力，对当事人行为中的微妙之处具有理论敏感性，可以就这些现象提出相关的理论性问题。

2.3.4 扎根理论的操作程序

扎根理论的操作程序一般包括以下方面。

（1）从资料中产生概念，对资料进行逐级登录。

（2）不断地对资料和概念进行比较，系统地询问与概念有关的生成性理论问题。

（3）发展理论性概念，建立概念和概念之间的联系。

（4）理论性抽样，系统地对资料进行编码。

（5）建构理论，力求获得理论概念的密度、变异度和高度的整合性。对资料进行逐级编码是扎根理论中最重要的一环，其中包括三个级别的编码。

在一级编码（开放式登录）中，研究者要求以一种开放的心态，尽量"悬置"个人的"偏见"和研究界的"定见"，将所有的资料按其本身所呈现的状态进行登录。这是一个将收集的资料打散，赋予概念，然后再以新的方式重新组合起来的操作化过程。登录的目的是从资料中发现概念类属，对类属加以命名，确定类属的属性和维度，然后对研究的现象加以命名及类属化。开放式登录的过程类似一个漏斗，开始时登录的范围比较宽，随后不断地缩小范围，直至码号出现饱和。在对资料进行登录时，研究者应该就资料的内容询问一些具体的、概念上有一定联系的问题。提问的时候要牢记自己的原初研究目的，同时留有余地让那些事先没有预想到的目标从资料中冒出来。在这个阶段，研究者应该遵守的一个重要原则是：既什么都相信，又什么都不相信。为了使自己的分析不断深入，研究者在对资料进行开放式登录的同时应该经常停下来写分析型备忘录。这是一种对资料进行分析的有效手段，可以促使研究者对资料中出现的理论性问题进行思考，通过写作的方式逐步深化自己已经建构起来的初步理论。这一轮登录的主要目的是开放对资料的探究，所有的解释都是初步的、未定的。研究者主要关心的不是手头这个文本里有什么概念，而是它可以如何使探究深入进行。

二级编码（又称关联式登录或轴心登录）的主要任务是发现和建立概念类属之间的各种联系，以表现资料中各个部分之间的有机关联。这些联系可以是因果关系、时间先后关系、语义关系、情境关系、相似关系、差异关系、对等关系、类型关系、结构关系、功能关系、过程关系、策略关系等。在轴心登录中，研究者每一次只对一个类属进行深度分析，围绕着这一个类属寻找相关关系，因此称之为"轴心"。随着分析的不断深入，有关各个类属之间的各种联系应该变得越来越具体。在对概念类属进行关联性分析时，研究者不仅要考虑到这些概念类属本身之间的关联，而且要探寻表达这些概念类属的被研究者的意图和动机，将他们的言语放到当时的语境以及他们所处的社会文化背景中加以考虑。每一组概念类属之间的关系建立起来以后，研究者还需要分辨其中什么是主要类属、什么是次要类属。这些不同级别的类属被辨别出来以后，研究者可以通过比较的方法把它们之间的关系联结起来。当所有的主从类属关系都建立起来之后，研究者还可以使用新的方式对原始资料进行重新组合。为了发现目前这些分析方式是否具有实践意义，研究者还可以在对各种类属关系进行探讨以后，建立一个以行动取向或互动取向为指导的理论建构雏形。这种理论建构雏形将分析的重点放在处理现实问题和解决现实问题上面，其理论基础是当事人的实践理性。

三级编码（又称核心式登录或选择式登录）指的是：在所有已发现的概念类属中经过系统的分析以后选择一个"核心类属"，分析不断地集中到那些与核心类属有关的码号上面。核心类属必须在与其他类属的比较中一再被证明具有统领性，能够将最大多数的研究结果囊括在一个比较宽泛的理论范围之内。就像是一个渔网的拉线，核心类属可以把所有其他的类属串成一个整体拎起来，起到"提纲挈领"的作用。归纳起来，核心类属应该具有如下特征：①核心类属必须在所有类属中占据中心位置，比其他所有的类属都更加集中，与最大数量的类属之间存在意义关联，最有实力成为资料的核心。②核心类属必须频繁地出现在资料中，或者说那些表现这个类属的指标必须最大频度地出现在资料中；它应该表现的是一个在资料中反复出现、比较稳定的现象。③核心类属应该很容易地与其他类属发生关联，这些关联不应该是强迫的，应该是很快就可以建立起来的，而且相互之间的关联内容非常丰富。④在实质性理论中一个核心类属很容易发展成为一个更具概括性的理论；在发展成为一个形式理论之前，需要对有关资料进行仔细的审查，在尽可能多的实质理论领域进行检测。⑤随着核心类属被分析出来，理论便自然而然地往前发展出来了。⑥由于不断地对核心类属在维度、属性、条件、后果和策略等进行登录,因此其下属类属可能变得十分丰富和复杂,寻找内部变异是扎根理论的一个特点。

2.3.5 扎根理论的缺陷

在实地工作时,研究者每天须面对大量的新资料,通常只允许研究者发展概念,很难真正达到一种理论的地步。同时,扎根理论方法中非学术性之预备工作须耗去大部分的时间也是值得商榷。质化研究者很容易主观上不愿意让自己资料收集与理论分析的工作维持高度的互动关系,两阶段的处理方式经常会变成一种主观解释现实、"事后诸葛亮"的尴尬。扎根理论的方法使得研究者须出入游走于现象场中无数次,然而,扎根理论却似乎忽略了实地研究之不易。

2.4 霍夫斯泰德框架理论

伴随着全球化进程中各国政府、商贸和民间交往活动的日益增加,人们发现各国间的文化差异常常对跨文化交际行为产生巨大影响,这一现象也早已引起了各国学者的关注和研究。在跨文化研究领域中,各国学者公认的具有里程碑式影响力的人物非荷兰人类学家吉尔特·霍夫斯泰德莫属。

霍夫斯泰德文化维度理论(Hofstede's cultural dimensions theory)是荷兰心理学家霍夫斯泰德提出的用来衡量不同国家文化差异的一个框架。他认为文化是在一个环境下人们共同拥有的心理程序,能将一群人与其他人区分开来。通过研究,他将不同文化间的差异归纳为六个基本的文化价值观维度。

而霍氏最大的贡献就在于他为跨文化研究领域建立了一个具有坚实基础并可操作的理论框架,几乎所有后续研究都证明他的理论具有很强的解释力和预见性,他提出的六个文化维度也早已被认作一个可以普遍适用的文化理论框架,用它可以解释世界上大多数国家的文化。

2.4.1 霍夫斯泰德框架的来源

从1967年到1973年,霍夫斯泰德在跨国公司IBM进行了一项大规模的文化价值观调查。他的团队对IBM公司的各国员工先后进行了两轮问卷调查,用二十几种不同语言在72个国家里发放了116 000多份调查问卷并回收了答案。调查和分析的重点是各国员工在价值观上表现出来的国别差异。1980年，霍夫斯泰德出版了巨著《文化的影响力：价值、行为、体制和组织的跨国比较》，后又采纳了彭麦克等学者对他的理论的补充，总结出衡量价值观的六个维度。①

2.4.2 霍夫斯泰德框架的六个维度

1. 权力差距指数

其指某一社会中地位低的人对于权力在社会或组织中不平等分配的接受程度。各个国家由于对权力的理解不同，在这个维度上存在着很大的差异。欧美人不是很看重权力，他们更注重个人能力。而亚洲国家由于体制的关系，注重权力的约束力。

2. 不确定性规避指数

其指一个社会受到不确定的事件和非常规的环境威胁时是否通过正式的渠道来避免和控制。回避程度高的文化比较重视权威、地位、资历、年龄等，并试图以提供较大的职业安全，建立更正式的规则，不容忍偏激观点和行为，相信绝对知识和专家评定等手段来避免这些情景。回避程度低的文化对于反常的行为和意见比较宽容，规章制度少，在哲学、宗教方面他们容许各种不同的主张同时存在。

3. 个人主义或集体主义偏向

其衡量某一社会总体是关注个人的利益还是关注集体的利益。个人主义倾向的社会中人与人之间的关系是松散的，人们倾向于关心自己及小家庭；而具有集体主义倾向的社会则注重族群内关系，关心大家庭，牢固的族群关系可以给人们持续的保护，而个人则必须对族群绝对忠诚。

4. 男性化与女性化维度

其主要看某一社会是代表男性的品质如竞争性、独断性更多，还是代表女性的品质如谦虚、关爱他人更多，以及对男性和女性职能的界定。男性度指数（masculinity dimension index，MDI）的数值越大，说明该社会的男性化倾向越明显，男性气质越突出；反之，则说明该社会的女性气质突出。

5. 长期取向与短期取向维度

其指某一文化中的成员对延迟其物质、情感、社会需求的满足所能接受的程

---

① 李文娟. 霍夫斯泰德文化维度与跨文化研究[J]. 社会科学, 2009（12）: 126-129.

度。这一维度显示有道德的生活在多大程度上是值得追求的，而不需要任何宗教来证明其合理性。长期取向指数与各国经济增长有着很强的关系。20世纪后期东亚经济突飞猛进，学者们认为长期取向是促进发展的主要原因之一。

6. 自身放纵与约束维度

其指某一社会对人基本需求与享受生活享乐欲望的允许程度。自身放纵的数值越大，说明该社会整体对自身约束力不大，社会对任自放纵的允许度越大，人们越不约束自身。

2.5 利益相关者网络视角理论

2.5.1 利益相关者含义的界定

1927年，通用电气公司的一位经理在其就职演说中首次提出公司应该为利益相关者服务的思想。1963年，斯坦福研究院首次提出利益相关者概念。1965年，美国学者Ansoff最早将该词引入管理学界和经济学界，认为"要制定出一个理想的企业目标，必须综合平衡考虑企业的诸多利益相关者之间相互冲突的索取权，

扩展资源2-1

他们可能包括管理人员、工人、股东、供应商以及分销商"。自利益相关者第一个概念出现至今，有关利益相关者概念的表述很多，且没有一个定义得到普遍赞同。米切尔和伍德（1997）曾总结了从1963年有关利益相关者的第一个概念至今的27种代表性概念表述，其中弗里曼（1984）与克拉克森（1994）的表述最具代表性，而且这两个概念的对比能够说明学术界对此概念界定的趋势。弗里曼（1984）认为"利益相关者是能够影响一个组织目标的实现，或者受到一个组织实现其目标过程影响的人"，这个概念直观地描述了利益相关者与组织之间的关系，当然这个概念对利益相关者的界定相当宽泛，股东、债权人、雇员、供应商、客户这些主体必在此概念界定之内，公众、社区、环境、媒体等可以想到的团体与个人都会对企业活动造成直接或间接或大或小的影响。卡拉克森（1994）认为"利益相关者以及在企业中投入一些实物资本、人力资本、财务资本或一些有价值的东西，并由此而承担了某些形式的风险；或者说，他们因企业活动而承受风险"，进一步加强了利益相关者与企业的关联，强调专用性投资，于是一些集体或个人（如媒体）便不在利益相关者定义之列。

2.5.2 利益相关者网络的提出背景

Granovetter 早在 1985 年就提出了网络的思想,他认为在"网络的世界"里,每个人都通过非正式的联结或"弱关系"与其他人参与共同活动、共享利益或共担风险。同样,企业也并不是独立生存和发展,企业与其多元的利益相关者之间,通过利益相关关系形成了一个无形的网络,即利益相关者网络。[①]

Freeman 最早提出了利益相关者这一概念。自进入 21 世纪以来,国外学者已将社会网络的思想应用于利益相关者的研究中,并逐渐认识到企业与其多元的利益相关者之间形成了一种复杂的关系网,而不仅仅是一系列二元的企业与单一利益相关者之间的简单联系,利益相关者网络的思想就此形成。Rowley[②]认为,处于结点位置的企业不仅是它自身利益相关者的中心,同时也是许多其他结点企业的利益相关方,因而企业与企业之间便通过利益相关关系构成了网络。国内外关于利益相关者网络的研究,已经从理论层面充分论证了网络对于企业行为的重要影响。例如,Rowley 基于利益相关者理论,研究了网络中利益相关方如何对企业行为进行约束,以及企业如何对利益相关方压力作出回应。企业通过利益相关者网络,能够实现与利益相关者的价值观相协调,有助于企业明晰社会责任、增加研发创新、优化对复杂问题的解决方案,并且在合作中建立信任与承诺。同时,已有文献还探讨了利益相关者网络特征如何影响企业的管理策略,如公司高管的社会关系网络如何影响企业的公司治理行为,以及企业如何以网络关系作为公司治理的基础,通过分类治理、协调并维护不同类型的网络关系,实现经济绩效与社会绩效的共赢。

2.5.3 利益相关者网络对企业社会责任的影响

利益相关者网络是企业与企业之间,通过多种利益相关关系建立的直接或间接联结所形成的网络。企业无法脱离利益相关方而独立生存,利益相关者网络为企业提供了一个信息交换与资源共享的平台。利益相关者网络影响企业的社会责任行为,可以通过促使企业主动履行和被动承担社会责任两条路径来实现,如图 2-1 所示。

---

① POST J E, PRESTON L E, SACHS S. Managing the extended enterprise: the new stakeholder view[J]. California management review, 2002, 45(1): 6-28.

② ROWLEY T J. Moving beyond dyadic ties: a network theory of stakeholder influences[J]. Academy of management review, 1997, 22(4): 887-910.

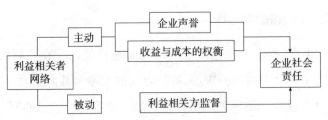

图 2-1 利益相关者网络与企业社会责任

一方面，企业的利益相关者网络特征会影响企业对声誉的重视程度，同时也会影响企业承担社会责任的收益与成本，因而企业主动履行社会责任的意愿会随之产生差异；另一方面，网络中的利益相关方也会对个体企业的行为进行监督，从而迫使企业被动地承担社会责任。企业在利益相关者网络中的位置决定了他们所拥有的资源与信息，而中心度能够反映企业在网络中的影响力、控制力以及被依赖程度。处于网络核心位置的企业会更加重视企业声誉和利益相关者关系，承担社会责任是企业的必然选择；同时，中心度越高的企业对网络中资源的控制力越强，对其他企业的影响力也越大，同与其关联企业之间的社会责任履行越具有相似性[1]。由此可见，管理层对于企业社会责任行为的决策，在一定程度上会受到网络中其他企业的影响。据此，不仅企业自身网络位置特征会影响其社会责任承担，网络中其他企业的位置特征也会影响企业的社会责任行为[2]。

利益相关者网络与企业社会责任近年来，企业社会责任受到了我国学者的广泛关注，已有的相关研究主要集中于检验企业披露社会责任报告的经济后果。研究发现，企业积极履行并披露社会责任信息，有利于社会资本的形成与积累，并通过信息等资源的交换为企业创造价值。企业社会责任，作为企业的投资战略之一，受到企业资源储备以及资源获取能力的制约。已有研究发现，公司之间存在的社会网络会造成企业社会责任行为具有一定的相似性，并且以董事为纽带建立起的企业间社会网络关系，能够促进企业的社会责任行为，但其对于不同维度的企业社会责任的影响存在差异。利益相关者网络属于社会网络的一种，企业与其多元的利益相关者之间存在的利益相关者网络，会影响企业的资源获取，并对企业产生激励和约束作

---

[1] 刘计含，王建琼. 基于社会网络视角的企业社会责任行为相似性研究[J]. 中国管理科学，2016，24(9)：115–123.
[2] 赵天骄，肖翔，张冰石. 利益相关者网络特征与民营企业社会责任绩效[J]. 管理学报，2019(3)：397–407.

用，进而影响企业的社会责任战略选择。例如王馨[①]等从网络视角，探讨各类利益相关者对企业社会责任战略选择的影响，并提出未来的研究应兼顾企业属性。

2.6 可持续发展理论

2.6.1 可持续发展理论提出的背景

从 20 世纪 60 年代开始，人们开始认识到经济发展与资源、环境之间的矛盾，并提出可持续发展理论。但是，可持续发展理论及问题持续到今，经过了一个漫长而复杂的过程。我们需要加以重新认识和构建。

可持续发展理论的出现大致可以追溯到 20 世纪 60 年代。1962 年，美国海洋生物学家莱切尔·卡逊（Rachel Carson）出版的《寂静的春天》一书提出了人类应该与大自然的其他生物和谐共处，共同分享地球的思想。1972 年，一个由学者组成的非正式国际学术组织"罗马俱乐部"发表了题为《增长的极限》的报告，这份报告深刻地阐述了自然环境的重要性以及人口和资源之间的关系，并提出了"增长的极限"的危机，因此，可持续发展在 20 世纪 80 年代逐渐成为社会发展的主流思想。1984 年，美国学者爱迪·B. 维思（Edith Brown Weiss）在塔尔博特·R. 佩奇（1977）所提出的社会选择和分配公平理论基础上，系统地论述了代际公平理论，该理论成为可持续发展的理论基石。1987 年，世界环境与发展委员会（WCED）在题为《我们共同的未来》的报告中正式提出了可持续发展模式，并且明确阐述了"可持续发展"的概念及定义。进入 20 世纪 90 年代以后，可持续发展问题正式进入国际社会议程。

2.6.2 可持续发展理论的基本原则

1. 公平性原则

公平是指机会选择的平等性。可持续发展的公平性原则包括两个方面：一方面是本代人的公平即代内之间的横向公平；另一方面是指代际公平性，即世代之间的纵向公平性。可持续发展要满足当代所有人的基本需求，给他们机会以满足他们要求过美好生活的愿望。可持续发展不仅要实现当代人之间的公平，而且也

[①] 王馨，艾庆庆. 基于网络视角的企业社会责任战略选择研究 [J]. 科技进步与对策，2013，30（7）：97–100.

要实现当代人与未来各代人之间的公平，因为人类赖以生存与发展的自然资源是有限的。从伦理上讲，未来各代人应与当代人有同样的权力来提出他们对资源与环境的需求。可持续发展要求当代人在考虑自己的需求与消费的同时，也要对未来各代人的需求与消费负起历史的责任，因为同后代人相比，当代人在资源开发和利用方面处于一种无竞争的主宰地位。各代人之间的公平要求任何一代都不能处于支配的地位，即各代人都应有同样选择的机会空间。

2. 持续性原则

这里的持续性是指生态系统受到某种干扰时能保持其生产力的能力。资源环境是人类生存与发展的基础和条件，资源的持续利用和生态系统的可持续性是保持人类社会可持续发展的首要条件。这就要求人们根据可持续性的条件调整自己的生活方式，在生态可能的范围内确定自己的消耗标准，要合理开发、合理利用自然资源，使再生性资源能保持其再生产能力，非再生性资源不至过度消耗并能得到替代资源的补充，环境自净能力能得以维持。可持续发展的可持续性原则从某一个侧面反映了可持续发展的公平性原则。

3. 共同性原则

可持续发展关系到全球的发展。要实现可持续发展的总目标，必须争取全球共同的配合行动，这是由地球整体性和相互依存性所决定的。因此，致力于达成既尊重各方的利益，又保护全球环境与发展体系的国际协定至关重要。正如《我们共同的未来》中写的"今天我们最紧迫的任务也许是要说服各国，认识回到多边主义的必要性"，"进一步发展共同的认识和共同的责任感，是这个分裂的世界十分需要的。"这就是说，实现可持续发展就是人类要共同促进自身之间、自身与自然之间的协调，这是人类共同的道义和责任。

2.6.3 可持续发展理论的内涵

在具体内容方面，可持续发展涉及可持续经济、可持续生态和可持续社会三方面的协调统一，要求人类在发展中讲究经济效率、关注生态和谐和追求社会公平，最终达到人的全面发展，如图2-2所示。

扩展资源2-2

这表明，可持续发展虽然缘起于环境保护问题，但作为一个指导人类走向21世纪的发展理论，它已经超越了单纯的环境保护。它将环境问题与发展问题有机

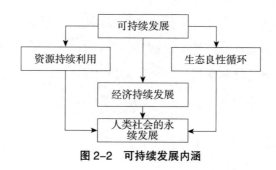

图 2-2 可持续发展内涵

地结合起来，已经成为一个有关社会经济发展的全面性战略。

1. 在经济可持续发展方面

可持续发展鼓励经济增长而不是以环境保护为名取消经济增长，因为经济发展是国家实力和社会财富的基础。但可持续发展不仅重视经济增长的数量，更追求经济发展的质量。可持续发展要求改变传统的以"高投入、高消耗、高污染"为特征的生产模式和消费模式，实施清洁生产和文明消费，以提高经济活动中的效益、节约资源和减少废物。从某种角度上，可以说集约型的经济增长方式就是可持续发展在经济方面的体现。从经济属性的定义来看，代表性的观点主要有：①将可持续发展的概念定义为："在保证自然资源的质量和其所提供的服务前提下，使经济发展的净利益增加到最大限度"。②对可持续发展的定义是"今天的资源使用不应减少未来的实际收入"。③将可持续发展定义为："不降低环境质量和不破坏世界自然资源基础上的经济发展"。④对可持续发展的定义是："当发展能够保证当代人福利增加时，也不会使后代人的福利减少"。

2. 在生态可持续发展方面

可持续发展要求经济建设和社会发展要与自然承载能力相协调。发展的同时必须保护和改善地球生态环境，保证以可持续的方式使用自然资源和环境成本，使人类的发展控制在地球承载能力之内。因此，可持续发展强调了发展是有限制的，没有限制就没有发展的持续。生态可持续发展同样强调环境保护，但不同于以往将环境保护与社会发展对立的做法，可持续发展要求通过转变发展模式，从人类发展的源头、从根本上解决环境问题。

3. 在社会可持续发展方面

可持续发展强调社会公平是环境保护得以实现的机制和目标。可持续发展指出世界各国的发展阶段可以不同，发展的具体目标也各不相同，但发展的本质应包括改善人类生活质量，提高人类健康水平，创造一个保障人们平等、自由、教育、人权和免受暴力的社会环境。这就是说，在人类可持续发展系统中，生态可持续是基础，经济可持续是条件，社会可持续才是目的。下一世纪人类应该共同追求的是以人为本位的自然—经济—社会复合系统的持续、稳定、健康发展。

2.6.4 可持续发展中的代际公平理论

可持续发展原则的探讨当代人优先还是后代人优先，这里首先需要讨论的是当代人优先还是后代人优先的问题[①]。目前的可持续发展理论强调后代人优先，但是，当代人既是行星的托管人，也是行星资源的实际占有人，有着开发资源并享受资源开发所带来的福利这一权利。权利与责任不可偏废，否则可持续发展理论就脱离现实基础，权利与责任的制衡才是可持续发展的理论基础。而有关当代人和后代人之间的利益关系以及谁优先的问题，是个非常复杂的问题，不仅牵涉到经济学，还牵涉到社会学及人类的文化和道德观念问题。这里我们明确地提出"当代人优先的原则"，因为无论是从经济学还是社会学或人类的文化道德观念来看，"当代人优先"有着合理的逻辑，也是处理二者之间矛盾的基石。

（1）"当代人优先"符合经济学可持续发展的原理。从经济学原理来看，在资源充足的情况下讨论当代人优先还是后代人优先是没有意义的，因为资源的充足就不会形成矛盾；也只有在资源日趋短缺的形势下，才有必要讨论这个问题。既然要提出"是当代人优先还是后代人优先"的问题，那么，假设前提就是资源与环境处于或接近处于严酷的情境，因此我们就以严酷情境的假设来讨论该问题。在环境严酷的情境下，人类有着争取生存的本性、本能，必然以自身的生存为优先。

（2）"当代人优先"符合马克思主义的可持续发展观和生产、消费观。马克思主义非常重视当代人的存在，认为"全部人类历史第一个前提无疑是有生命的个人的存在"，而这种"个人的存在"总是具体体现在每个时代的当代人的存在；并进一步阐述了（当代人）的生活是"创造历史"的基本前提："人们为了能够创造历史，必须能够生活。但是为了生活，首先就需要吃喝住穿以及其他一些东西。因此第一个历史活动就是生产满足这些需要的资料，即生产物质生活本身，而且

---

① 方行明，魏静，郭莉莉. 可持续发展理论的反思与重构[J]. 经济学家，2017（3）：24–31.

就是这样的历史活动,一切历史的一种基本条件,人们单是为了生活就必须每日每时去完成它,现在和几千年前都是这样。"这里强调当代人的生存是"第一个历史活动"的关键词,并把"物质生活本身"归纳到"一切历史的一种基本条件"的高度。

(3)从社会实践上看,"当代人优先"已经体现在各国政策之中。各国所要重点解决的问题都有一个轻重缓急的排序,必须优先解决当代人最为关切的问题。而人们对政府和社会所采取的一些环境治理措施,在认识上存在着误区,即认为这些环境治理措施是为后代人考虑的。其实不然,现有的各种环境治理措施首先是为当代人考虑的,无论是发达国家还是中国均是如此,因为环境的污染直接威胁到当代人的生存。

(4)当代人优先符合科技创新与发展的趋势和规律。资源与环境危机的解决,从根本来说仍然依赖于创新,即技术、管理和生产、生活模式的多维度创新,而不仅仅是技术的创新。当代人要为后代人的创新提供各种资源和遗产,而后代人也应承担持续创新、更好地创新的义务和责任。从科技、管理等创新路径和轨迹来看,显然是一代更比一代强,后代人在解决问题和破解危机上应该有越来越强的能力。从未来资源环境变化状况和趋势来看,仍有一些不确定性或弹性,后代人有很大的作为空间。

2.6.5 可持续发展理论的重构

可持续发展理论其理论构架和公理体系如图 2-3 所示。

可持续发展就是当代人在努力解决自身的公平发展、满足自身的生存与发展需要的同时,又要努力增强后代人满足需要与生存发展的能力。这其中,努力解决当代人自身的公平发展,即代内公平,包含了五项原则,以生存与发展公平性原则为核心,还包含发展道路选择上的公平与自主原则、全球化规则制定的公平原则、各国环境责任分担公平原则和环境补偿原则。这五项原则构成了代内公平。代内公平是可持续发展的基础,也是实现代际公平的前提,在当前形势下更具有现实性和紧迫性,并且代内公平问题将会以各种形式对代际公平产生直接或间接的影响,对后代产生传递效应。因此,没有代内公平也就没有代际公平。而关于代际公平,此前可持续发展理论中的"不对后代人满足需要的能力构成威胁"的阐述,我们的理论与之有着实质性的区别,"后代人满足需要的能力"不是"保持

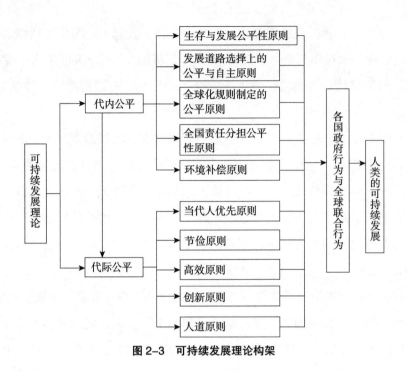

图 2-3 可持续发展理论构架

资源基础的完好"（因为当代人做不到，现实的工业化发展进程已经无法做到这一点），或将有限的资源在无限的代际或不可知的代际进行所谓公平、平均的分配。

2.6.6 可持续发展科学

可持续发展科学是由 Kates 等[1]开辟的新兴研究领域，其强调"自然—社会"互动机制在发展的名义下的有机融合与强化；旨在建立一种全球南北合作与沟通的平台，并通过自然科学和社会科学领域的交叉成果，为制定适当的可持续化方法、推动相关机制改革作出实际贡献。可见，可持续发展科学的核心领域是跨学科综合而成的，通过系统创新、共同研发新识，为实现可持续发展建立"自上而下"和"自下而上"的中间路线[2]。简言之，可持续发展科学，就是通过采取必要步骤来实现可持续发展。因此，可持续发展科学理论是可持续发展的又一转折点，其必将超越南北半球之间的古老谈判。

可持续发展科学作为新兴领域，其相关研究表现为不同规模的具有过程效应

---

[1] KATES R W，CLARK W C，CORELL R，et al. Sustainability science[J]. Science，2001，292（5517）：641-642.
[2] MARTENS P. Sustainability：science or fiction?[J] Sustainability：science，practice，& policy，2006，2（1）：36-41.

的"健康"方法，并且必须强调，它是以"实践"为前提的[①]。而且在实践中，它是跨学科的或预备跨学科的，这意味着研究者的想法不能脱离技术专家和管理者的实施情况。

本章小结

本章主要对企业社会责任的主要理论进行介绍，主要包括范式转换理论、共益导向理论、扎根理论、霍夫斯泰德框架理论、利益相关者网络视角理论、可持续发展理论这六个理论；要介绍了理论的来源，内涵以及实际运用等方面。

范式转换理论是托马斯·库恩有关科学革命理论在管理学领域的应用，它揭示了事物发展的历史状态和内在发展规律，是指一种在基本理论上从根本假设的改变，价值革命、金融革命、知识革命属于不同的三种范式转换。

共益导向倡导企业选择用使命混合化的方式，促使企业关注社会问题和现实需求，获得商业利益和社会使命的双元价值。共益企业致力于在全球经济的背景下，推动商业成为向善的力量，经过十几年的发展，目前已有2 000多家企业被认证为共益企业。

扎根理论的方法起源于20世纪60年代格拉斯和斯特劳斯两人在一所医院里对医务人员处理即将去世的病人的一项实地观察。其主要宗旨是从经验资料的基础上建立理论。是一种研究者在研究开始之前一般没有理论假设，直接从实际观察入手，从原始资料中归纳出经验概括，然后上升到系统的理论。

霍夫斯泰德文化维度理论在一定程度上解决了跨国交流或跨国商务中的问题，是由荷兰心理学家吉尔特·霍夫斯泰德提出的一个跨文化交流的框架理论；现阶段包含了六个维度：权力差距指数，不确定性规避指数，个人主义或集体主义偏向，男性偏向或女性偏向四个维度上归纳了跨文化的差异，后来随着理论的发展，采纳了Michael & Minkov等学者的理论补充，增加了长期导向，放纵与约束两个维度。

利益相关者网络视角理论从利益相关者理论中延伸，企业无法脱离利益相关方而独立生存，利益相关者网络则为企业提供了一个信息交换与资源共享的平台。企业通过利益相关者网络，能够实现与利益相关者的价值观相协调，有助于企业

---

① 张晓玲.可持续发展理论：概念演变、维度与展望[J].中国科学院院刊，2018（1）：10-19.

明晰社会责任，在合作中建立信任与承诺。

可持续发展理论的出现大致可以追溯到20世纪60年代，在20世纪80年代逐渐成为社会发展的主流思想，如今的可持续发展涉及可持续经济、可持续生态和可持续社会三方面的协调统一，要求人类在发展中讲究经济效率、关注生态和谐和追求社会公平，最终达到人的全面发展。

即测即练

复习思考题

1. 谈谈可持续发展理论的发展趋势。
2. 结合实际，谈谈利益相关者网络视角理论是怎样影响企业社会责任的。
3. "共益"与"公益"的区别是什么？
4. 结合实际，举一个范式转换的案例。
5. 简述一下扎根理论的核心思想以及扎根理论方法的操作流程。
6. 霍夫斯泰德文化维度理论的六个维度有重要程度之分吗？如果觉得有，请谈一谈。
7. 除这些理论之外，企业社会责任还涉及哪些理论呢？请查阅资料并列举出来。

优术篇

第3章 电商企业社会创新与创业与企业社会责任

 知识目标

1. 了解电商企业社会创新与创业的基本概念。
2. 明确电商企业社会创新与创业与社会责任之间的关系。
3. 理解电商企业社会创新与创业给其带来的机遇与挑战。
4. 了解电商企业社会创新与创业带来的新型商业模式。

 能力目标

1. 把握电商企业社会创新与创业带来的机遇和应对挑战。
2. 通过具体案例对电商企业社会创新与创业与社会责任进行阐述与说明。

 思政目标

1. 塑造电商企业社会创新与创业是企业需要承担的重要责任的价值观。
2. 塑造电商企业社会创新与创业、企业价值提高的双赢意识。

思维导图

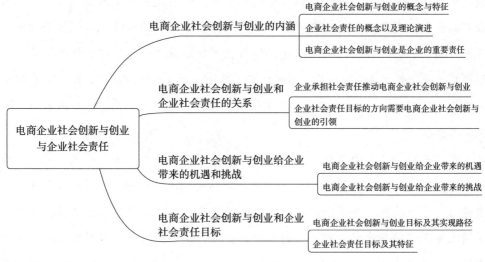

引导案例

"农村"是苏宁发挥优势、积极响应国家扶贫号召、落实精准扶贫的重要举措。近几年来,苏宁发挥自身O2O(线上到线下)双线联动的优势,凭借智慧零售平台资源,在农村领域取得大量实践成果。

苏宁云商与扶贫的缘起,得从2015年9月25日说起,当日,苏宁成为首个与国务院扶贫办签署"全国扶贫战略合作框架协议"的民营企业。双方承诺将在"扶贫双百示范工程"、扶贫O2O展销社区、"10·17扶贫购物节"、农村人才培养四方面通力合作。为了有效开展扶贫工作,推进贫困地区农产品进入大城市,近年来,苏宁以独特的线上线下融合的智慧零售模式为指导,以国家级贫困县为扶贫目标,在农村领域取得大量实践成果。

"扶贫双百示范行动"是指在3年内,苏宁将在100个贫困县开发建设100家店,包含苏宁易购直营店、服务站;在苏宁易购上线100家"地方特色馆",促进农副产品、民族手工艺品、旅游产品等上网、进城。苏宁希望通过开放分享自身资源,带动帮助更多贫困地区优质产品进城、上网,带动农村有志人才创业致富,同时也可以减少农产品流通环节,降低成本,提高效率和效益,并降低城市居民的购买成本。

此外,苏宁还开展了"泗阳苏宁农村电子商务孵化平台""中国青虾之乡养殖示范基地"等产业帮扶项目,建立苏宁易购大聚惠与农产品众筹常年直采基地,通过发挥自身产业资源、派驻管理人员、培训当地员工等,帮助他们卖出好价钱、卖出品牌。

2017年，苏宁更是借助当下最流行的互联网营销模式，率先将"+直播"的模式融入扶贫实践中，抓住品牌传播的诉求点，让农民成为"网红"并为自己的农产品代言，同时通过打造农产品爆款，借力苏宁双线的渠道优势，帮助农民实现农产品的旺销，让他们切实享受到精准扶贫的成果与实惠。在"镇长带你去猕猴桃原产地"精准扶贫案例中，3天时间，累计观看人次达300万，线上销量达30万千克，线下采购量达20万千克，不仅解决了农产品滞销问题，还帮助农户打开销量新通路。

在行业内，苏宁的这种扶贫模式被形象地称为"三化五当"模式，是苏宁服务农村市场建设的立足点。其中，"三化"战略包括三个部分：一是通过苏宁易购直营店、中华特色馆等渠道反向推动农业的产业化；二是借助苏宁众筹、大聚惠等网上特色营销平台助推农产品的品牌化；三是通过成立苏宁农村学院推动农村市场人才的专业化。"五当"指的是苏宁在当地通过"销售、服务、就业、纳税、造富"的"五当模式"，搭建农商互联的最佳平台，高效服务涉农企业，力争打造农村经济发展的生态圈，推动农产品高效流通。

思考：苏宁是如何在社会创新过程中实现企业社会责任的？

资料来源：企业社会创新案例 | 苏宁云商要做电商精准扶贫的领跑者 [EB/OL].（2017-11-30）.https://www.sohu.com/a/207661865_100020389.

3.1　电商企业社会创新与创业的内涵

3.1.1　电商企业社会创新与创业的概念与特征

电商企业社会创新与创业是以企业社会责任为基础的新型商业模式，企业通过践行产品功能创新、公益组织创新、生态流程创新等活动，实现企业核心业务与社会责任的深度融合。

1. 电商企业社会创新与创业的基本定义

刘宝在《社会责任产品开发研究：企业社会创新的视角》中对电商企业社会创新与创业进行了界定，电商企业社会创新与创业，是指企业以社会责任为驱动力，视社会问题为企业新机会的来源，在实现商业创新的同时达到一定社会目标、满足一定社会需求的创新范式。[1]

---

[1] 刘宝. 社会责任产品开发研究：企业社会创新的视角 [J]. 科技管理研究，2014，34（22）：91-96.

近几十年以来，生态破坏、环境污染、贫富分化、社会排斥等各种社会问题日益凸显，企业经营所面临的社会环境正发生着前所未有的变化。德鲁克就指出，"过去的四五十年中，经济是主导力量；而未来的二三十年中，社会问题会变成主导力量"。以前被视为"软环境"的生态、社区、劳工权益、贫困人口等问题正日益对企业经营发展产生越来越大的"硬影响"。面对这种趋势，Kanter（1999）率先指出，企业可以将社会问题作为一个学习实验室，以辨识未被满足的需要，从而提出解决方案以开辟新市场。Jupp 也认为，企业的社会议程应从责任转向创新，即企业运用其组织、财务和人力资源，以一种可以被接受和广为传播的方式，为难以解决的社会问题提供有效的、创新性响应。

早在 1999 年，Kanter（1999）就提出电商企业社会创新与创业的概念，指出电商企业社会创新与创业是利益相关者创造和传递价值的一种创新范式。企业在产品、流程和商业实践三个层面开展电商企业社会创新与创业活动，可以有效地消除社会问题，达到价值最大化。

吴绒在《企业社会创新：演进、机理及路径选择》中认为，电商企业社会创新与创业是将企业社会责任融入商业运作，通过商业运作和创新手段，在解决社会问题的同时，收获经济回报，实现企业与社会双重价值的一种商业创新模式。[①]

2. 电商企业社会创新与创业的特征

（1）电商企业社会创新与创业的目标是企业和社会都能获益，实现双赢。企业可以通过创新性的思路和方案，在获取商业利益的同时促进社会问题的解决，实现微观层次的企业战略与宏观层次的社会需要的融合，同时满足社会和企业的需要，在一定程度上消除公共物品和私人物品之间的鸿沟。

（2）电商企业社会创新与创业是对企业社会责任的超越。美国公益组织最初提出，企业社会责任向电商企业社会创新与创业的转化应建立在"3I"基础之上，即创新（innovation）、影响（impact）和投资（investment），具体包括：寻找更新、更好的解决方案以提供更多的价值；考虑对多重底线的影响而非单一的利润；长期投资而非简单施舍。可以认为，电商企业社会创新与创业已不再是简单的慈善或责任行为，而是一种 R&D（科学研究与试验发展），是战略性商业投资。

（3）电商企业社会创新与创业是一种综合创新。作为一个创新范式，电商企

---

① 吴绒, 叶锐. 企业社会创新：演进、机理及路径选择 [J]. 商业经济研究, 2019 (11): 111-115.

业社会创新与创业包含的范围比较广泛，不局限于单一的产品创新、技术创新或营销创新等，而是它们的综合。

（4）电商企业社会创新与创业是一种开放式创新（open innovation）。电商企业社会创新与创业的实现需要跨越企业的传统边界，均衡协调来自企业内部和外部的创新资源，"有意识地利用知识的流入与流出来加速企业内部的创新，同时利用外部创新来扩张市场"。

（5）电商企业社会创新与创业是一种利益相关者驱动型创新（stakeholder-driven innovation）。员工、客户、供应商、环保主义者、NGO（非政府组织）、政府等多方利益相关者是电商企业社会创新与创业的重要驱动因素。同时，利益相关者也是电商企业社会创新与创业过程的主要参与者和实现者，只有让利益相关者广泛、深入地参与其中，电商企业社会创新与创业才能获得持续的动力。

3.1.2 企业社会责任的概念以及理论演进

1. 企业社会责任的概念

现代科学管理奠基的 1923 年，英国学者谢尔登在被认为"管理哲学奠基之作"的《管理哲学》中首次提出了"管理的社会责任"问题，强调工业管理承担对它所服务的共同体和作为工业中人的因素的工人的责任，管理效率不能仅仅根据科学标准，也应根据公共福利的最高标准来判断。

扩展资源 3-1

Oliver Sheldon（1923）最早提出"企业社会责任"的概念。他认为在进行企业社会责任研究探讨时，应将道德因素囊括在内，企业在追求利润最大化的同时，应当关注对社会不同利益相关者需求的满足。目前，对于企业社会责任到底是什么、其具体囊括哪些企业责任、学术界有着诸多不同的看法。

根据"三个同心圆"模型，企业社会责任可以分解为内圆、中圆和外圆三层。内圆代表企业为社会提供产品、就业等基本责任；中圆代表企业在进行经济活动时因对社会环境产生的可能影响而需要承担的相应责任；外圆代表企业要努力促进社会发展进步等无形责任。Carroll 在 1991 年提出了"金字塔"模型。他认为企业作为一个营利性的经济组织，其最根本、最基础的责任就是经济责任；其次，要遵守法律、履行必要的法律责任；再次，企业要履行那些未明文规定却约定俗成的社会伦理规范，即伦理责任；最后，社会还希望企业承担并履行慈善责任。

他认为这四种责任呈现依次向上递减的形态,从而形成了企业社会责任的"金字塔"模型。1994年,John Elkington首次提出"三重底线"的概念。他指出企业应当履行以下三方面的责任:经济责任、环境责任以及社会责任。经济责任是指其对股东负责,提高经济利润;环境责任是指企业要对环境负责,在生产经营的同时要肩负起对环境的保护;社会责任是指企业要对社会中其他利益相关者负责,在企业能力范围内尽可能地去满足各方需求。在随后的研究中,有学者结合利益相关者理论研究认为,在对股东承担经济责任的同时,企业还要对自身员工、下游消费者、上游供货商、社区及环境等承担相应的责任。也就是说,企业社会责任是除涵盖经济责任、法律责任外,还涵盖道德责任的一种综合性责任。

丁安娜在《企业社会责任对企业创新:促进或阻碍?》中认为,企业社会责任是企业在经营过程中对各利益相关者承担相应责任的基础上,希望通过企业价值的社会分享和贡献提高核心竞争力和市场地位,从而实现企业良性可持续发展的行为。[①]

在当代管理理论视域内,企业社会责任是以企业为主体、自愿或主动承担的社会责任,既不同于企业家个人自发地回馈社会的慈善行为,也不能仅仅从经济责任和法律责任的角度来理解,它本质上是指企业的道德责任和自愿担负的其他责任。

纪光欣和徐强在《企业社会责任:内涵阐释与观念演进》中对企业社会责任的概念有以下界定:企业社会责任是由经济责任、法律责任、道德责任构成。[②]其中,经济责任是基础,法律责任是前提,而企业"自愿"(超越自身利益和法律)选择承担的社会福利或道德义务方面的责任则是本质内涵,也是评价企业社会责任的根本标准。此后,伴随企业社会责任观念的不断演变,如何以责任引领治理和创新、实现企业与社会的价值共创以及社会责任的可持续性等,日益成为企业社会责任理论关注的重心和实践探索的趋向。

Peloza等(2011)将企业社会责任解构为产品、公益和商业实践三个维度,其中,产品维度关注企业所创造的价值属性及其与价值属性相关的产品属性;公益维度关注企业实践组织方式和互动方式的传递价值;商业实践强调企业在生态保护治理机制方面的创造价值。电商企业社会创新与创业是在企业社会责任实践中

---

① 丁安娜.企业社会责任对企业创新:促进或阻碍?[J].现代商贸工业,2020(15):9-11.
② 纪光欣,徐强.企业社会责任:内涵阐释与观念演进[J].唯实(现代管理),2016(9):24-27.

引入创新能力,即可表现为上述三个维度的不同创新资源:提出产品新的功能,引入新的公益组织方式,引入新的生态治理手段。

2. 企业社会责任理论的演进过程

扩展资源 3-2

20 世纪 50 年代鲍恩奠基以来,企业社会责任理论的演进呈现出一个连续性与阶段性相统一的螺旋上升过程,并呈现不同的企业社会责任观。20 世纪 80 年代以来,企业社会责任理论相继提出了社会绩效观、社会营销观和社会创新观。这些不同的责任观,反映着企业社会责任理论嬗变的五个典型阶段,显示出从"行善赚钱"到"赚钱行善"即从义务观向战略观的根本性转变。

(1)社会义务观。一般认为,1953 年,被卡罗尔称为"企业社会责任之父"的博文最早定义了社会责任:"它指的是商人的一种义务,即商人要依据社会的目标和价值来制定政策、做出决策或者采取某些行动。"换句话说,无论企业社会责任的起源是什么,也无论其对企业经营或利润的影响如何,企业社会责任的核心是增进社会福利或促进社会进步,即企业为实现社会目标的纯粹价值付出。这显然与传统企业和管理理论的观点,即企业的社会责任就是在遵守法律规则的前提下追求利润最大化有了根本的不同。在这一方向上,同样知名的戴维斯提出了一个"商人的社会责任必须与他们的社会权利相称"的"责任铁律"——"企业的社会责任源于其社会权利,有权利就要承担相应的责任",他认为随着企业社会影响力的扩大和社会权利的增加,企业需要履行的社会责任也必然超越股东和经济的范畴而扩展到社会和道德领域,而回避社会责任将会导致社会所赋予企业权利的逐步丧失,从而突出了权利与义务的对等性。

(2)社会回应观。企业是社会的产物,更是现代社会日益重要的组成部分。20 世纪 70 年代以后,一方面是社会对企业所产生的"期望提升革命",另一方面是企业丑闻现象的时常发生,这种越来越高的社会期望和社会压力催生出社会回应理论。阿克曼、卡罗尔、赛斯等学者,共同构建了回应型企业社会责任的概念基础。社会回应是指企业对社会期望或压力作出反应的程度和能力,它聚焦于企业与社会之间的关系,避开了社会义务论的哲学思辨和理想化色彩,消除了企业特别是管理者的道德压力,直接面对企业的社会议题或社会需求,重点关注企业主动回应社会需求的实际行动,把履行社会责任纳入具体的管理政策实践之中,变成了可操作的企业与社会关系的管理。

（3）社会绩效观。针对社会义务观、社会回应观各自存在的问题，20世纪80年代以后，卡罗尔最先提出一个由企业的社会责任原则、社会回应策略和面临的社会管理议题构成的三维框架社会绩效概念，开启企业社会责任认识和实践的新阶段。作为一个综合性的概念，社会绩效包含社会义务（强调企业的行为是由义务、责任原则推动的）、社会回应（强调企业回应社会需求的活动和过程）的内容，又增加了社会议题管理（是否制定相应的社会政策、社会计划，最终可观测到的社会影响的结果如何）的维度，重点关注企业在社会领域或实现社会目标中的有效行动和实际结果，并可以从数量、质量、效果和效率等方面对企业社会责任进行具体的评估，为企业处理其与社会之间的关系提供了更具操作性的理论框架，逐渐成为企业社会责任理论领域流行的观念。

（4）社会营销观。社会营销最早是在20世纪70年代由"营销之父"菲利普·科特勒提出的，后来扩展为"社会责任营销"，成为运用商业营销手段达到社会公益目的或者运用社会公益价值推广商业服务的一种解决方案。企业社会责任营销是企业有选择地将社会目标、社会问题纳入企业战略来统筹管理，从各种潜在的社会公益事业或社会关注点中选择那些适合企业价值观并能支持企业经营目标的战略性重点领域，通过制订切实可行和坚持一贯的企业社会责任战略规划，以现金捐助、拨款、付费广告、技术性知识、员工志愿者、分销渠道的使用等多种多样的形式，单独或联合其他企业，或与非营利组织合作而开展"企业的社会活动"。科特勒列举的社会活动主要包括"公益事业宣传、公益事业关联营销、企业的社会营销、企业的慈善活动、对社会负责的商业实践"等，致力于实现经营目标和社会责任目标的和谐统一。例如，麦当劳曾经开展的每售出一个巨无霸汉堡就定向为儿童福利事业捐款1美元的营销方式，就达到了产品促销、品牌提升和社会责任共赢的效果，属于典型的社会责任营销行动。

（5）社会创新观。随着社会发展和公众对企业"期望"的不断提高、企业社会责任理论和实践的不断扩展，企业社会责任理论的重心转向"如何履行"和如何实现与经营目标相协同这一更根本性的问题，这就是"赚钱行善"的道德义务向"行善赚钱"企业战略的根本转向。企业的创新不仅是技术创新，而且也包括社会创新，也就是要把"解决社会问题和满足社会需求的途径，看作是企业创造利润的机遇"。后来，德鲁克更明确地阐述了"行善赚钱"即"把社会需要和社会问题转化为有利可图的商业机会"的重要观点，引领社会责任实践的新潮流。

总之，企业社会责任理论从社会义务观、社会回应观、社会绩效观向社会营销观、社会创新观的嬗变（图3-1），反映着企业与社会之间共生共创关系和企业社会责任核心理念的变迁，显示出企业社会责任理论从被动到自觉、从义务到战略、单一企业或社会视角到企业与社会整合视角的演进趋向。近年来，从公众到政府、企业管理到公共政策，企业社会责任在我国日益受到重视，并且越来越多的企业开始参与全球社会责任行动。厘清企业社会责任概念内涵和核心观念的嬗变逻辑，把握社会责任实践的创新方向，才能更有效地促进我国企业社会责任实践的深层次开展。这不仅是经济发展"新常态"下企业"责任引领竞争和创新"的客观需要，也是"国家治理现代化"视域下社会治理创新的必然要求。

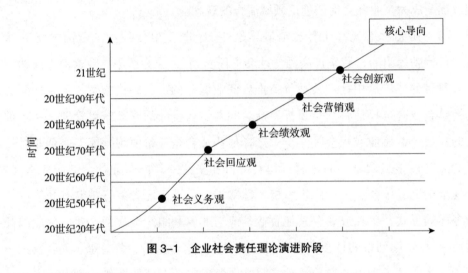

图 3-1　企业社会责任理论演进阶段

3.1.3　电商企业社会创新与创业是企业的重要责任

彼得·德鲁克认为企业承担社会责任是理所当然的，关键是企业如何承担这种社会责任，才能有助于企业经营及其社会责任的可持续化。这里，德鲁克通过总结以往企业的成功经验和分析企业经营模式的转变，创造性地提出，企业承担社会责任的"理想方法"是设法将消除不良影响、解决社会问题的责任转化为一种"商业机会"。这种方式就是由德鲁克第一次明确提出的企业"社会创新"（social innovation）。

经过数年发酵，作为公益慈善事业的中坚力量，中国的企业社会责任事业终于在2010年迎来了其变革的临界点。在信息化、全球化的今天，社会创新已经成为世界各国解决社会问题的最有效途径。

党的二十大报告指出，从现在起，中国共产党的中心任务就是团结带领全国各族人民全面建成社会主义现代化强国、实现第二个百年奋斗目标，以中国式现代化全面推进中华民族伟大复兴。

中国式现代化是人口规模巨大的现代化，是全体人民共同富裕的现代化，是物质文明和精神文明相协调的现代化，是人与自然和谐共生的现代化，是走和平发展道路的现代化。中国式现代化的这五大特征，为企业履行社会责任提出了新要求、指明了新方向、赋予了新内涵，将助推企业在客户、社区、员工、伙伴、政府、公司治理、环境、全球八个方面的责任履行呈现一系列新特点。

在中国，引领公益的发展、助力社会创新是否也需要一个具有前瞻性眼光的机构来完成呢？众所周知，所谓商业模式，就是对企业成功经营之道的机理分析和总结，其意义在于，一旦某种商业模式被市场认可，该商业模式就会迅速在市场上被自发地推广开来。

公益也有公益模式，例如，当年的希望工程就是一种公益模式，对改善我国贫困地区的教育起到了举足轻重的作用。基于此，目前已有企业尝试着构建了一个三层结构的战略模式：首先，是一个大的社会创新研发中心，这个研发中心有自己的创意和指导思想作为理论基础，通过汇集众家的观点，也逐渐成为一个观点汇集的网络，于是新的公益精神由此迸发，创新的解决方案也不断涌现。其协同更多的公益和企业机构，探索创建更大范围、更深层次的社会创新教育和研发中心——中国公益无围墙大学。其次，搭建开放的实验平台，有志愿者支持中心、金融支持中心、社会创投支持中心这样的平台。最后，倡导新公益的理念，在企业界介绍中国公益界的进展，积极承当跨界合作的责任。

社会创新现象的出现有两种形式：一种是企业或个人单纯地为了行善而在不经意间促进了社会的发展。然而此类情况毕竟是少数，并不足以带动更多的企业或个人自发地进行社会创新。另一种是在企业或个人寻求利益的前提下出现的。

随着经济发展与社会问题的涌现，电商企业社会创新与创业作为一种解决社会问题并创造社会价值的新现象受到越来越多的关注，而企业进行社会创新能提高企业的财务绩效，这有利于增加政府税收、提高企业员工薪酬和福利水平，进而为承担社会责任提供坚实的基石。此外，企业通过社会创新产生的新产品、技术和服务等，是消费者提高生活质量的源泉。创新能有效增进利益相关者的利益。结合企业社会责任的定义可知，企业进行社会创新有助于企业履行社会责任。

3.2 电商企业社会创新与创业和企业社会责任的关系

3.2.1 企业承担社会责任推动电商企业社会创新与创业

（1）企业在履行社会责任的同时，与各利益相关者之间的联系建立得更加紧密，对于外部信息的共享和交流更加顺畅，企业对于国家政策、行业形势的变化有着更加灵敏的捕捉能力。企业管理者可以更好地对机遇和挑战进行识别，并且及时应变。

（2）企业通过社会责任的履行可以获得更广泛的市场关注，从而提升企业竞争能力、企业绩效，进而推动社会创新，促进企业对社会的贡献。企业在履行社会责任时，获得更多的关注，企业的利益相关者、行业指导、政策制定方等都会对企业有所注意，企业可以获得更多的市场关注，对企业价值和竞争力产生正面效应。

（3）企业对社会责任的履行有助于与外部利益相关者建立起优质的互动关系，并且外部利益相关者对市场需求的反馈、研发资源以及外部知识的提供，可以驱动企业进行社会创新。

3.2.2 企业社会责任目标的方向需要电商企业社会创新与创业的引领

（1）企业通过社会责任的履行可以有效利用社会创新资源。由于企业资源和资金有限，企业会优先考虑将资金投入维持企业生产经营活动的日常生产，但是在进行社会创新时，存在产出具有不确定性和风险过高的问题。如果企业在履行社会责任，那么就会向社会传递有效的信息，将社会责任转化为企业绩效和企业竞争优势。通过社会责任的履行，对资源进行有机整合，可以缓解企业的资金和资源压力，推动企业进行社会创新，为社会作出贡献，最终形成良性循环。

（2）企业通过社会创新，可以确立企业承担社会责任的目标。企业在进行社会创新时有很多不同的层面，但是由于企业本身发展的状况以及存在的缺陷的限制，企业进行社会创新的领域与程度也有所限制，所以企业可以选择自己所擅长的领域进行社会创新，从而确立企业承担社会责任的目标，进而推动企业的发展与进步。

通过以上的分析可以认为企业社会责任与社会创新有着相互促进的关系，也是因果关系的体现，从以上企业社会责任与社会创新内生关系的作用机理中可以看到，企业社会责任与社会创新的关系不仅仅是一方影响另外一方，企业通过社会创新让企业社会责任得到提高，随着企业社会责任的提高，企业的社会创新会有一个上升的不断循环往复的过程，其结果是不管是企业社会责任还是社会创新哪一方提高，都会带来两者共同的提高。

企业通过履行社会责任来树立良好的品牌形象，这有助于企业提升市场竞争能力，获取较高的经营收益。企业开展创新活动需要资金和人员等相关资源的支持，履行社会责任可以建立起与各利益相关者的紧密关系，进而帮助企业获取更多、更好的资源，以促进企业创新活动的开展。综上所述，我们认为，社会责任的履行可以使企业具有较好的社会声誉和品牌形象，提升企业公众知名度和认可度，有利于企业在开展创新活动时获得各利益相关方的有力支持，从而促进创新活动的开展。

3.3 电商企业社会创新与创业给企业带来的机遇和挑战

3.3.1 电商企业社会创新与创业给企业带来的机遇

1. 企业可以通过社会创新提高社会对其的信赖

社会创新可以为企业提供更多素材，帮助企业获得更多社会信赖，而信赖正是品牌管理及企业形象的基础。可以说，社会创新就是具有社会效益的品牌。企业通过社会创新为社会作出贡献，在众多消费者心目中留下良好的形象，该企业产品更容易受到消费者的推崇和信赖，那么就会给企业带来更多的经济效益，进而促进企业进行社会创新，推动社会经济的发展。

2. 企业通过社会创新提高企业声誉

电商企业社会创新与创业强调把社会问题、社会需求纳入企业经营管理的战略框架，通过解决社会问题、满足与创造社会需求来引领企业创新方向、扩展企业创新领域、提升企业社会声誉。例如亚马逊通过改善员工收入、福利状况而履行了社会责任，Facebook通过改善生态环境而承担了社会责任，这些举措同时也从不同方面促进了各自企业的持续发展。因此，这些都属于典型的电商企业社会创新与创业行动。

3. 企业通过社会创新促进企业的可持续发展

电商企业社会创新与创业要求企业转变社会责任只是慈善捐款或单纯"公益付出"的传统观念，走出履行社会责任只是为了赢得一个"好名声"的窠臼，确立企业与社会价值共创共享的新思维，加强对企业社会责任的全方位规划和管理，不断拓展企业社会责任的内涵与实现机制，从社会创新中提升企业的竞争优势、促进企业的可持续发展。

4. 电商企业社会创新与创业可以促进企业承担社会责任

电商企业社会创新与创业呼唤企业特别是企业家增强社会责任感和社会创新意识，以明确的社会目标引领企业的管理和创新，积极致力于解决社会问题、满足社会需求、创造社会价值、促进社会进步。即便是广告与营销，也应该传播那些消费者关注的社会性价值（如诚信、公正、和谐、环保、健康等），引领积极的社会价值观。毕竟，企业社会责任的灵魂是企业"自觉"或"自愿"地履行对"社会之善"（social good）的责任。

5. 通过社会创新，将社会责任与企业发展、企业创新融合起来

近年来，英特尔公司发展战略三因素的顺序由原来的"技术创新—产品＋市场—社会、环境问题"调整为"社会、环境问题—产品＋市场—技术创新"，这实质上是以社会问题、社会需求来寻找市场需要，进而引导产品和技术创新，开辟出企业创新的新领域和持续发展的新空间，英特尔称之为"责任引领创新"。这样，承担社会责任成为企业创造与社会共享的价值、获取良好企业绩效与积极社会效果的机会。这就意味着，通过社会创新，可以把社会责任与企业发展、企业创新融合起来，标志着一个企业能够从社会责任中获取利润——"行善赚钱"时代的来临。

3.3.2 电商企业社会创新与创业给企业带来的挑战

从社会创新角度，为社会创新寻找机会是企业社会责任履行的主要驱动力（Midttun，2008），参与社会创新以解决社会问题成为企业成功发展的手段。

电商企业社会创新与创业是以社会目标为导向的企业创新活动，这里的"社会"主要指人们日常生活的狭义的"社会"领域，如社区健康（疾病预防、传染病防控等）、公共安全（交通安全、中小学生安全、老人安全等）、教育（基础教育、特殊教育、教育公平性等）、生态环境（再生资源利用、有害化学品处理、节能减排等）、弱势群体救助（贫困、残疾、无家可归者等）等。现代社会基本生存问题的解决在不断提升人们的社会需求结构和层次的同时，使得这些关系人们生活、生命质量的社会问题日益凸显出来。

企业自觉从这些"社会需求""社会问题"中选择那些适合自身价值观并能支持企业经营目标或与企业自身性质和能力相匹配的重点领域（通常是汽车行业关注安全节能、化工行业关注环保健康、高科技行业关注教育人才等），或着眼于消费者对企业解决社会问题的"公民期望"及其所注重的文化、教育、环保等方面的社会价值，通过发挥企业自身的技术、服务、人才、管理等方面的优势，以扩展企业创新的方式或与政府和非营利组织合作，为解决这些社会问题或满足社会需求提供新的技术、产品、渠道或解决方案，从而实现企业与社会共享价值的创造。但是，在进行社会创新的过程中，如何将创新与社会现状紧密联系起来为企业所面临的一大挑战，社会问题的存在已成定局，从已经存在的社会问题中找到突破口，并且以最优的方式进行创新，不但能为社会作出贡献，更能解决社会问题，实现"一次创新、多次利用"的效果。

总之，面对当今日益激烈的市场竞争和社会对企业不断提高的期望，企业不仅要积极进行产品创新、技术创新、组织创新、流程创新，也要积极进行社会创新。正如德鲁克所说的"企业只有把社会责任转化成自我利益即商业机会，它才可能真正履行社会责任"（Drucker，1984）。

3.4　电商企业社会创新与创业和企业社会责任目标

企业社会责任和企业社会创新的勃兴是社会创新的一个重要趋势。企业社会责任的概念在20世纪60年代和70年代曾一度流行，80年代归于沉寂，而在过去10年作为对日益高涨的公众对全球化的关注的一种反应再度复兴。企业发现要对自己在发展中国家的供应商侵犯人权行为负责，利益集团要求公司治理透明和负责任，骚乱者抗议全球化的消极影响，这些都对企业的经商战略产生了深刻的影响。除了追求利润以外，追求社会目标也可以成为企业家行为的一个强大动力。

3.4.1　电商企业社会创新与创业目标及其实现路径

1. 电商企业社会创新与创业目标

企业在社会创新中，将扮演越来越重要的角色。一方面，企业可以在商业创新中植入社会担当的因素，或者把慈善的诉求植入商业战略，实现战略性慈善；另一方面，企业将商业活动中积累的资源、项目运作和管理能力注入某个社会项目（不管这个项目是由自己还是由其他机构启动的），使该项目最终效益最大化。企业进行社会创新，主要有以下两个目标。

（1）以社会现象为基础进行社会创新，可以解决社会所存在的问题，为社会作出贡献，促进社会的发展与繁荣。企业在进行社会创新时，要明确进行社会创新的目标，而目标的界定则是以社会中实际存在的问题为依据，企业以此进行社会创新，可以最大限度地满足社会中的需求，进而使利益最大化，为社会创造最大化效益，给企业带来最大化利益。

（2）通过社会创新，企业可以提高自身的声誉、塑造良好的企业形象，为企业未来的发展奠定基础。企业进行社会创新、承担社会责任、解决社会存在的问题，可以在广大人民群众心目中塑造良好的形象，借此可以对企业进行宣传，从而带来效益。

综上所述，电商企业社会创新与创业的目标可以概括为共创商业价值与社会价值，企业进行与解决社会问题有最大贴合度的社会创新，不但可以给企业带来最大利润，更可以给社会带来最大价值。

2. 电商企业社会创新与创业目标实现路径

电商企业社会创新与创业的目标可从产品功能创新、公益组织创新和生态流程创新三方面开展，以此实现商业价值与社会价值共创，如图3-2所示。

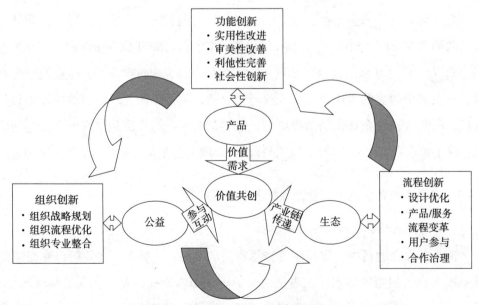

图3-2　电商企业社会创新与创业路径

（1）精准定位客户价值需求，引导产品功能创新方向。

①改进产品实用性。实用性是产品的基本属性，即针对某一消费群体改进产品、服务或网络平台的功能定位，增加新的功能或功能组合，满足客户实际需求。

②改善产品外观审美性。审美性则基于客户对产品外观的吸引力和愉悦感的感知，客户审美需求的快速提升，为产品外观和形式创新提供了动力。产品审美性改善要超越技术和知识范畴，向精神层面推进，通过在产品外观形式上注入新的审美元素，满足客户对美好事物的精神追求。

③完善产品利他性。利他性有助于培养和提升客户帮助他人和社会的认知能力，通过产品生产过程中的资源节约和可持续性利用等实现产品利他性。

④创新产品社会性。社会性可以帮助客户提高地位或提升自尊。在消费过程中，客户可以通过购买体验、消费体验和服务体验，给自身带来不一样的心理感受，并与产品建立起情感联系。企业通过产品社会性创新，开发出具有一定社会责任属性的产品新功能，进而创造客户乃至全社会都能体验的价值。

（2）鼓励利益相关者互动，利用互联网实现公益组织创新。

①构建公益组织战略规划体系。组织战略规划要求将企业公益目标与核心业务对接并转化为切实行动，形成利益相关者价值共创、收益共享、风险共担的机制。例如，制订专项组织公益计划，设立公益性创业基金，鼓励企业参股、投资内部创业项目，促进公益目标与组织创新深度融合。

②持续优化公益组织流程。组织流程优化侧重于关注公益实施过程中的企业决策优化过程以及关注捐助者和接受者之间不断变化的关系。积极利用大数据、云计算等互联网技术，及时发布公益组织创新的先进经验与典型做法，降低利益相关者的信息获取门槛和时间成本。推进"互联网+公益"平台搭建，促进信息与资源共享，持续优化组织流程体系，使更多优质资源服务大众。例如，利用VR（虚拟现实）技术为客户提供身临其境的公益现场参与体验。

③深入推进公益组织整合发展。公益组织整合涉及企业公益实践的专业化程度以及在运营过程中与利益相关者协同程度。培育公益组织文化，提升关键公益专业化能力，探索打造跨职能、跨组织、跨区域协同组织创新平台。企业通过组织整合创新实现与客户体验互动，促使客户传统的认知和行为向新思想、新理念转变，让客户成为公益组织创新的主人，让他们参与到公益组织建设中，建立起与新公益认知理念的共鸣。

（3）倡导产业链传递，提升生态流程创新绩效。

①设计优化以引导生态流程创新。通过优化和重组产业链流程中的环保要素实现生态流程创新，对企业生产系统的设计环节进行补充、优化和转变，以减少生产和消费活动对环境的影响。推进绿色设计、绿色生产和绿色销售理念传播，鼓励供应商、生产商和经销商参与产业链生态设计，建立绿色生态产业链。

②持续推进产品/服务生态流程变革。企业进行生态流程创新很大程度上依赖于创新所获得的利益，而企业在提供产品和服务的过程中所创造的附加价值可以在改善生态流程及环境中发挥关键作用。

③培育良好生态理念，鼓励全员参与。在企业外部环境中，用户（客户、社群、供应链伙伴等）是企业进行流程创新的重要价值节点。要成功地开展生态流程创新，企业需要预见市场对生态创新的接受度，利用社交媒介传播生态理念，让用户参与企业生态流程建设环节，进而从用户的创造性中获益，开发新的产品和服务，并确保用户能够接受。

④制订生态治理方案，加大合作治理力度。生态治理方面的创新旨在提供资源使用过程的制度解决方案，可能导致企业、政府或整个社会出现新的组织或结构变化。通过向全产业链传递生态理念，建立完善的生态治理与监督机构，保障治理成果。同时，建立起覆盖绿色包装设计、绿色生产、绿色消费、绿色治理等的上、中、下游绿色产业链创新体系。加大企业、政府、社区等合作治理力度，提高管理效率和执行效率。

3.4.2 企业社会责任目标及其特征

1. 企业社会责任目标

卢勇在《企业社会责任目标初探》[①]中对企业社会责任目标进行了阐述：企业社会责任目标是指一个企业在一定时期内对其所赖以生存的环境和社会进行回报（责任和义务）的一个具体的指向，是企业落实社会责任、考核其成效的依据。这个指向可能集中于获取经济效益、解决就业、保护环境、维护消费者权益、珍视员工成长、关心公益事业等一个或几个方面，但没有被关注的方面可能就被忽视或削弱了。在这里，我们把经济目标作为企业社会责任目标的一部分或者是基本

---

① 卢勇. 企业社会责任目标初探 [J]. 学术论坛，2006（12）：80-82.

部分看待，因为追求经济利益是企业持续创造社会财富也即回报社会的基本前提；而当企业试图强化某一个方面（或几个方面）的指标时，被忽视或削弱方面的情况可能会变得更糟糕，这受制于企业发展阶段、社会文化环境、企业家素质、法制建设水平以及企业发展可依赖的资源等因素。

企业社会责任目标是把社会道德规范作为衡量标准，宗旨是保护劳工基本权益，确保企业生产的产品的质量达到社会责任标准的要求。它强调企业在运营过程中对员工、消费者价值的关注，对伦理道德和环境等方面必须承担的义务。然而企业社会责任往往是企业的一种社会义务，企业作为一个经济组织，拥有追求经济利益的权利，当这种权利和社会责任这一社会义务产生冲突时，企业常常会放弃社会责任义务而寻求更大的经济效益，如一个食品加工厂为了降低成本而选择使用工业用盐等。

20世纪30年代的世界经济危机让人们开始认识到，公司经营目标不能仅仅局限于追求利润，公司对企业投资者、股东以外的其他社会群体及个人同样负有责任，这就是公司的社会责任。对于公司所应承担的社会责任，目前主要存在四种学说，即股东利益最大化的社会责任理论、最低道德要求的社会责任理论、股东以外其他利益主体的利益得以保护的社会责任理论及良好公民的社会责任理论。上述四种理论在不同层面对公司承担社会责任的范围和程度作出了要求。最低层次的公司社会责任是法律责任。

2. 企业社会责任目标的特征

（1）层次性。企业社会责任目标的层次性与组织的层次性密切相关，因此，应从总体战略目标到部门目标的分解甚至到个人目标的制定，勾画出与组织结构相适应的企业社会责任目标体系。层次的顶端是愿景和使命陈述，体现了高层管理者的企业社会责任意愿；其他各层目标是愿景的分解和落实。例如，一个有完善社会责任追求的企业，除了经济目标外，还会在环保、人力资源、客户等方面提出要求、制定目标。在此基础上，它会要求市场部在执行销售政策时不得发布虚假信息坑骗消费者并不断提供消费者需求信息，要求环保机构密切关注和防止企业活动可能对环境造成的危害并完成环保职责，要求人力资源部门在招录员工时注重应聘人员的德才兼备，并加强员工培训、不断提高员工技能与素养等。在基层工作层面，它不仅要求员工行为满足伦理道德要求，还对企业履行社会责任现状作出客观评价、提出改进建议。

一个无心也无力全面履行社会责任的企业，可能把目标完全定位于经济发展。忽略社会创新与社会责任，不利于企业可持续地健康发展。因此，企业社会责任目标的单一性，尤其是企业发展完全着眼于经济目标，违背了企业社会责任的本质要求。因而，企业社会责任目标的多样性是一个必然。

（2）多样性。如前所述，企业社会责任目标不应是单一的，应该是多样的，不仅包括经济目标，还应该包括非经济目标。非经济目标包括道德目标、法律目标、慈善目标等内容，它们中的单个或组合与经济目标共同构成企业社会责任目标。经济目标与非经济目标之间存在着内在的逻辑关系：经济目标是任何企业在任何情况下都必须追求的目标，是企业存在的天然要求，是非经济目标的基础。非经济目标属于上层建筑范畴，它的实现有助于企业综合竞争力的提升，最终体现为企业价值。在道德目标、法律目标和慈善目标之间，法律目标是道德目标的后盾与保障，慈善目标有赖于企业良好的守法形象和道德准则（多样性的企业社会责任目标之间的关系见图 3-3）。

图 3-3　多样性的企业社会责任目标之间的关系

在一定时期内，企业履行社会责任有其主导目标，不同时期可以有不同的主导目标，其他目标为主导目标服务。当前，少数企业唯利是图，不讲道德，不遵守劳动法规，超时加班加点，体罚员工，克扣工资；恣意违反环保法规，大肆制污排污；上市公司大做假账坑害公众等，但在赈灾义演、扶贫助学等活动中却也能看到它们活跃的身影。这似乎表明慈善责任与法律责任、道德责任之间是对立的。其实，驱动这些企业从事慈善事业的恰恰是公众对企业承担社会责任的良好愿望，其目的是赚取更多的黑心钱。这从另外一个角度说明，社会责任状况越来越成为衡量企业竞争力的重要指标。多样性特征启示我们，经济目标与非经济目标统一于企业社会责任目标，服务于企业目标。履行社会责任应充分认识到经济目标与非经济目标的平衡与相互促进，尊重企业现实，不能强调一方而罔顾其他。

（3）阶段性。经济在不断发展，社会在不断进步，人们的生活水平、道德观念和社会的法制建设水平以及慈善观念等随之不断变化、不断发展，企业社会责任的内容也在持续地发生着变化，其目标必然与特定时期、特定社会环境相联系，呈现阶段性特征。纵观企业发展史，所谓"血汗工厂"是资本原始积累时期必然出现的丑恶现象，而如今的一些主流趋势，如美国的沃尔玛、亚马逊等堪称行业"领头羊"的企业巨头，都已把增进企业员工福利、满足客户需求作为企业追求的主要目标。这不能不给人们以深刻启示：企业承担社会责任必然是一个渐进的过程，具有阶段性和时代性，不可能一蹴而就。企业社会责任的理论研究与实践同样要尊重历史、尊重客观规律。

（4）可接受性。可接受性包括两个方面的内容：①企业自身的可接受性。②企业外部环境的可接受性。从企业自身来看，社会责任目标的提出必须结合自身情况，量力而行；外界也不应对企业提出不着边际的社会责任要求。否则，社会责任目标无法达到凝聚人心、统一行动的目的，企业难以通过恰当履行社会责任增强自身竞争力。从企业外部环境来看，企业行为必须得到认可和接受，这不仅是企业生存的需要，也是企业发展的必然要求。随着社会经济的发展，人们不仅关注企业提供的产品的质量，还越来越关注产品形成过程是否合法、是否高效、是否符合道德规范等。因而在现阶段，经济目标可以是主导目标，但不应成为企业追求的唯一目标。

本章小结

本章主要对电商企业社会创新与创业与企业社会责任进行阐述说明，首先介绍电商企业社会创新与创业与企业社会责任的基本概念以及二者之间的关系，说明电商企业社会创新与创业是企业需要承担的主要社会责任以及电商企业社会创新与创业引导企业承担社会责任，然后分析电商企业社会创新与创业给企业带来的机遇与挑战，最后对电商企业社会创新与创业与企业社会责任的目标进行说明。

电商企业社会创新与创业与企业社会责任之间存在着相辅相成的关系，通过社会创新可以引导企业承担社会责任，而企业因为要承担社会责任，所以也为企业进行社会创新注入新的血液。

企业进行社会创新可以给企业带来机遇，企业通过社会创新不但可以提高自身的声誉和知名度，而且还能给企业带来一定的经济效益；但是，机遇与挑战是并存的，企业在进行社会创新时，要和目前的社会状况紧密联系在一起，如果没有考虑到实际情况，那么企业所进行的社会创新就没有意义，并且社会创新这个概念是一个新出现的概念，并没有进行很长时间的探索和研究，所以企业在进行社会创新时要自己摸索与把握，这是企业所面临的挑战。

企业进行社会创新的主要目标是实现企业价值与社会价值共创，真正实现"一次创新，双方共赢"的局面。企业的社会责任目标是指一个企业在一定时期内对其所赖以生存的环境和社会进行回报的一个具体的指向。

即测即练

复习思考题

1. 电商企业社会创新与创业与企业社会责任之间有什么关系？
2. 电商企业社会创新与创业给企业带来了哪些机遇？
3. 企业进行社会创新要面临哪些挑战？
4. 电商企业社会创新与创业的目标是什么？
5. 企业社会责任的目标是什么？
6. 如何实现电商企业社会创新与创业的目标？
7. 企业社会责任目标有哪些特征？

第4章 结果导向下的企业影响力投资

 知识目标

1. 了解企业影响力投资的经济学解释。
2. 明确企业影响力投资、融资方式及合作原理。
3. 理解结果导向下的企业影响力投资的具体内涵。

能力目标

1. 结合实际理解企业影响力投资的意义。
2. 对企业创新思维下的影响力投资进行展望。

思政目标

1. 树立企业影响力投资的观念。
2. 树立以企业经营目标和结果为导向的影响力投资互相协同的意识。

思维导图

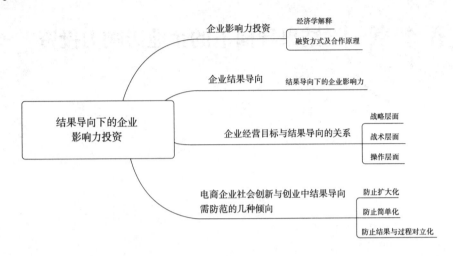

引导案例

作为京东数科旗下专注于消费领域的投资基金，千树资本对早期项目更为关注，将天使轮到A轮的初创公司作为主要投资目标，通过数据化投资工具快速捕捉行业机会，截止到2019年12月，千树资本已在消费渠道、消费品牌、消费服务等领域投资30余个项目，包括趣睡科技、猫王收音机、润米等企业。

在投后服务上，千树资本的"精细化"投后管理能力获行业认可，已经连续两年获得华兴"年度最佳投后服务机构"大奖，获得该类奖项的标准是有经典投后服务案例、完整的投后服务体系、一定行业知名度和公信度。

在投后管理上，千树资本始终践行"不止于投资"的精细化管理策略，投后服务始终围绕金融、销售、团队、品牌、产品五个核心要素开展，以帮助被投企业降低成本、提升销量为目标。千树资本以京东零售、数字科技的核心资源以及对大消费行业的精准洞察为基础，为企业提供多维度投后支撑与服务，帮助被投消费企业实现数字化经营，打通线上和线下，以降低经营风险，找到最快的增长路径，实现与被投企业的共同成长。截止到2019年，京东数科战投的投后管理围绕感知反哺、解决方案、资本运作三个核心能力，形成了有温度的投后文化及差异化的打法，已获得被投企业的高度认可。京东数科战投运用包含战略引导、运营提升、财务辅导、人力支持等20多项的落地能力不断帮助企业解决发展中的实际困难与问题，落地并逐渐扩大战略协同，协助其在不同发展阶段进行关键性布局，培养其硬核能力，使其在赛道中脱颖而出，最终实现反哺业务，推动资本运作助力投资回报，并不断吸引优秀的创始人及资本加入，建设及巩固京东数科战投生态圈。

思考：京东数科的战略投资提供了怎样的影响力投资示范？

资料来源：华兴"年度影响力投资榜单"对外公布 京东数科荣获多项大奖[EB/OL].（2019-12-20）.https://xueqiu.com/6700919995/137731512.

4.1 企业影响力投资

影响力投资，是指旨在产生积极的社会与环境影响，并伴随一定财务回报的投资方法。影响力投资可以投资于企业、社会机构或基金，并同时发生在发展中市场与发达市场，可以说是一种义利并举、公益与商业相融合的投资。影响力投资是一种投资到公司、组织和基金，产生可衡量的社会和环境影响及经济回报的

扩展资源4-1

投资方式。影响力投资在新兴市场和发达市场都可以进行，根据情况，收益率可以低于市场回报率，也可以高于市场利率。影响力投资往往根源于社会问题或环境问题。影响力投资者积极寻求将资本投入可以产生积极影响的企业和基金。影响力投资围绕不同资产类别的投资而产生，如私募股权、风险投资、债务和固定收入。影响力投资的对象主要是社会企业。社会企业不是纯粹的企业，亦不是一般的社会服务，社会企业通过商业手法运作，赚取利润用以贡献社会。它们所得盈余用于扶助弱势社群、促进小区发展及社会企业本身的投资。它们重视社会价值多于追求最大的企业盈利。

影响力投资的本质在于用商业手段解决社会问题，兼顾社会效益和经济效益。在中国经济发展由高速向高质量转变的过程中，推动社会企业与影响力投资发展，丰富投资内涵，提高投资水平，显得尤其意义重大。

2007年，洛克菲勒基金会首次提出了"影响力投资"这一概念，倡导资本通过有经济效益的投资来做公益，投资成功与否取决于是否达成解决社会问题或满足社会需求的既定目标。无论是在资本领域，还是在公益领域，"影响力投资"这个词都备受瞩目。尤其近几年来，在商业向善、公益市场化的理念推动下，我国的影响力投资方兴未艾。与英、美等国相比，影响力投资在中国虽尚属新鲜事物，

但其潜在需求却不可小视。养老、环保这些领域正是致力于解决社会问题的社会企业所聚焦领域，也是影响力投资所关注的重点领域。在推进乡村振兴的背景下，倡导推动影响力投资、借助资本的力量帮助社会企业规模化发展，培育乡村新产业、新业态，扎实推进宜居宜业和美乡村建设。

有效推动影响力投资的发展，也是创新、协调、绿色、开放、共享五大新发展理念的时代呼唤，源于对社会问题解决的洞察，反映了资本领域和公益领域的共同心声，得到志合者云集响应，必将引领共享经济发展的创新趋势和潮流。

以社会需求驱动市场机遇，以商业的方式持续改善社会问题，做大做强社会企业，成为电商企业社会创新与创业背景下投资人和公益人的共同追求。当影响力投资日盛、渐具规模，便足以迸发出引领商业向善的巨大能量。而社会需求领域涌现出越来越多的社会企业，并得到影响力投资的支持，无疑会为企业或创业者提供巨大的支持空间，诸多行业或将被改写和重构。影响力投资的模式不但实现了经济、社会、环境共享价值的最大化，也一定程度上影响着资本格局和公益格局。

4.2　企业结果导向

结果导向是 ISO（国际标准化组织）质量管理体系、绩效管理理论中的基本概念和核心思想之一，即强调经营、管理和工作的结果（经济与社会效益和客户满意度），经营管理和日常工作中表现出来的能力、态度均要符合结果的要求，否则就没有现实的价值和意义。结果导向强调的是有效管理，强调能否可持续地实现

扩展资源 4-2

企业经营目标。它是一种长效管理思路，不仅强调结果，同时也关注过程、状态和能力。它将结果作为评判过程、能力、态度的标准，将企业的价值观、道德标准、经营理念等融入生产经营活动的每个环节。也就是说，重视管理结果并不意味着管理者就可忽视管理的过程、关注过程、实现有效结果才是其精髓。在经济学上，管理是指"在特定的环境下，对组织所拥有的资源进行有效的计划、组织、领导和控制以达成既定的组织目标的过程"。其中，计划和领导偏重对结果的设定与行动方向的引导，组织和控制偏重对过程的安排与掌控。结果导向是现代企业科学管理理念的具体体现，适用于企业，但其理念并非完美无缺，亦无好坏之分，

执行效果主要取决于使用这种理念的人。比如领导安排同一件事情给两位员工去做。其中的一位每天埋头苦干，甚至连周末都不休息，弄得疲惫不堪，但是他仍没有完成任务。如果你问他每天忙什么，他一脸茫然，你问他什么时间可以完成，他依然茫然。而另外一位员工，从不加班加点，但该做的事情都做好，十分轻松。如果你问他工作安排，他回答得清楚明了。出现两种截然不同结果的原因就在于前者没有结果导向的思维，关注的是过程，偏离了工作的目标，没有明白工作的目的——不是去做事，而是要做成事。对结果心中无数，对实现目标心中没有强烈的欲望，"小和尚念经，有口无心"，自然难以成事。而后者则明白自己的工作方向——既定目标，明白企业对自己的期望——高效地给出满意的结果，明白自己的价值所在——尽己所能，调动一切资源，想尽一切办法实现既定目标。他知道生存需要的是结果，在竞争中取胜需要的是效率和效益，所以成效显著。结果导向的管理明确了工作的目标，引领了企业的工作方向，建立了各部门、岗位协调的工作基础，确立了工作质量的评判标准，提高了工作的执行力，从而确保了企业实现"更高的目标、更强的执行力、更快的效率"的管理目标，结果导向是企业实现目标的根本保证。

既然目标和结果导向密不可分，关注结果和关注过程同样重要，那么，管理者在实际工作中就应把握以下原则。

（1）目标设定合理。目标设定是企业战略层面的管理，常言说：一将无能，累死千军。作为管理者，首先要做对事，再把事做成，如果方向错了，再美好的愿景，也不会有好的结果。因此，我们应根据企业、部门及个人的实际情况和客户需求、发展趋势等市场情况，实事求是地制订企业的战略目标。

（2）目标分解科学。实施结果导向的管理思路是提高管理效率和工作执行力。它通过将大目标分解成各层级的小目标，使部门、员工能够看清自己的目标，很好地预测自己可以达到的结果，科学有序地调动一切可用资源，高效地实现工作目标。同时，因为目标分解的科学合理，人们随着工作进展，不断看到目标的执行效果，及时体验成功，获得成就感，增加工作激情，提升工作效率。结果导向应贯穿于目标实现的各个环节和阶段，科学地分解目标是结果导向成功的一个关键步骤。

（3）关注工作中的关键节点，降低管理成本。结果导向的管理虽可极大地激发员工的主观能动性，但员工的情况千差万别，一味放手交任务给员工，缺乏监督，其结果会因员工能力、思想意识、环境条件等主、客观因素的不同而出现"差之毫厘，谬以千里"的情况。现代管理者常说"细节决定成败"，指的就是过程管理的重要性。但关注过程也并非事无巨细一把抓，要求管理者熟谙工作的关键环节，在不干扰各部门、岗位正常工作节奏、秩序的情况下，有针对性、适度地介入工作过程，监控工作的关键节点，将"亡羊补牢"转变为"事前织网"，提高发现问题的及时率和解决问题的成功率，以降低解决问题的代价。如企业制订经营计划，作为管理者就应明确经营的利润点、计划的风险点、工作的衔接点、管理的控制点，从而达成管理中过程与结果的平衡。

（4）建立流程、量化管理。通常情况下，员工产生符合管理要求的工作结果有两条途径：一条是严格的操作规程和标准；另一条则是自身技能和主观努力。从结果来看，两者没有区别，但从过程和发展的角度来看，则意义不大一样。前者是可控的，管理成本低，投入产出比高。流程和标准虽然不能产生极品，但能稳定地产生合乎质量要求的可预见的产品。后者是不可控的，管理成本高，投入产出比低，因而不具有普遍性和持久性。流程化、标准化的管理使得管理简单化，并可以复制，杜绝了人为原因导致的差错，从而极大地提高管理效率，而且程式化的生产和管理路径也保证了管理结果的导向性与目的性。

当然，光有流程和标准是不够的，必须建立科学的绩效考评体系，将管理量化、结果导向制度化。通过将目标和结果、责任和利益紧密结合，杜绝用完成无效的任务代替有效的结果、以苦劳代替功劳等大锅饭式的低效管理模式，真正体现管理的科学精神。

（5）关注结果，及时纠错。不是所有问题都可以用流程和标准解决，即使有标准和流程，随着情况的变化，也需要适时作出调整。作为管理人员，一定要关注结果，既要关注结果与预期的关联情况，又要关注产生与预期结果不一致的原因。例如，当一位员工在同一个地方出现两次以上同样的差错，或者两个以上不同的员工在同一个地方出现同样的差错，那一定不是人有问题，而是这条让他们出差错的"路"有问题。当企业经营目标始终无法实现，员工工作差错不断，此时，作为企业的管理者，最紧迫的工作不是去管人——要求他们赶快出成果、不要重犯错误，而是要去修"路"——修订企业的制度、流程、技术或工作目标，使之适应工作的要求和实际情况。

4.3 企业经营目标与结果导向的关系

（1）从战略层面讲，它们相互依存，目标是前提，结果是归宿。没有结果的引导，设定的目标就不会产生实现结果的工作思路即过程的考虑，它反映的是事物发展的方向性和可能性。

（2）从战术层面讲，目标的实现是我们需要的结果，目标和结果是统一体，小结果的实现和有机叠加是大结果（目标）实现的必经之路，结果的达成就意味着最终目标的实现，它反映的是事物发展的规律性和客观性。

（3）从操作层面讲，企业管理伴随经营活动而展开，经营活动的目标是管理行为的导向，是管理追求的结果。同时，管理结果并不等同于企业目标，它们会因内部管理因素影响和外部客观条件干扰而错位，甚至相悖离。但没有目标的管理永远不会有好的结果，不追求结果的管理一定是无效的管理，永远不可能实现设定的目标。

4.4 电商企业社会创新与创业中结果导向需防范的几种倾向

（1）结果导向的扩大化。现在有一种观点是，不设前提条件地将结果导向的思路用于企业的人力资源管理，鼓吹企业与员工的关系是纯粹的商品交换关系，即"我给钱，你干活；我给多少钱，你干多少活"。这是十分不恰当的观点。引导员工增强责任感，强调员工应对雇主和企业负责，本身并无过错，但将员工聘用商品化，实质上是将培养员工的责任推给社会，这是一种不负责任、短视的行为。员工培养是企业的社会责任和义务，是企业在利用社会资源获得利润的同时对社会的一种回报。把员工当机器，既是对员工的不尊重，也违反了现代企业的管理理念，其结果就如同你承包了一块土地，只耕种收获，不施肥养地，必然会遭到大自然的惩罚。此外，员工培养也是一项高性价比的企业投资，可产生极大的经济效益和社会效益，对企业的可持续发展起着决定性的推动作用，优秀的企业都应十分重视该项工作。

（2）结果导向的简单化。片面强调结果导向的作用，以结果监控代替过程监控会导致管理失控。结果监控属事后管理，具有管理简单、成本低、效果直接的优点。但因其具有滞后性，无法及时发现结果产生过程中发生的问题，无法对出现的新情况作出相应的工作调整,极易出现结果和预期"南辕北辙"的情况。因此,结果导向只是一种管理思路,并非管理简单化的托词,需要对管理进行科学的设计、准备和执行。

(3)将关注结果与关注过程对立化。关注结果和关注过程是一种对立统一的逻辑关系,关注结果与企业的短期经济效益关系密切,关注过程有利于保证企业的长期经济效益。例如,一味讲求短期经济效益,必定会出现部门或个人各自为政、互挖墙脚、团队涣散、弄虚作假等损害企业长期利益的现象。而一味讲求长期经济效益,又可能让企业主、投资人在短期内看不见回报而失去信心,员工没有成就感而失去激情,企业因过于强调完美而失去发展机遇,同样会危害企业发展。现在越来越多的企业认识到了片面强调结果或过程的危害,在实际工作中更加注重过程对结果的影响,通过良好的过程促进良好结果的产生,又通过结果来证明过程的正确性。为更好地协调两者的关系,最大限度地发挥各自的优势,目前大多数企业会根据自身的特点和需求,采用具有平衡功能的绩效管理方法来进行管理,如平衡记分卡,它不仅看重企业的财务结果,也提高了用户的满意度。企业通过改进人才培养、学习成长、内部流程在绩效考评中的权重,较理想地解决过程与结果的冲突。

 本章小结

本章主要对电商企业社会创新与创业影响力投资进行阐述说明,包括企业影响力投资的基本概念以及投融资方式和合作原理,结合实际,分析了企业影响力投资的意义,并对企业创新思维下的影响力投资进行展望。希望本章节的学习可以帮助企业在社会大众领域树立影响力投资的观念,并树立以企业经营目标和结果为导向的影响力投资互相协同的意识。

 即测即练

复习思考题

1. 电商企业社会创新与创业影响力投资能给企业带来什么收获?
2. 电商企业社会创新与创业结果导向如何实施?
3. 企业的经营目标有哪些?
4. 企业经营目标和结果导向的关系是什么?
5. 电商企业社会创新与创业需要注意哪些问题?
6. 结果导向下的企业影响力投资的具体内涵是什么?
7. 企业影响力投资的意义是什么?

第 5 章 企业社会责任与生产运营管理

 知识目标

1. 了解企业社会责任与企业经营质量的关系。
2. 理解企业社会责任产品的内涵。
3. 掌握企业社会责任产品开发的向度。
4. 掌握企业社会责任产品开发的过程。

 能力目标

1. 掌握企业社会责任与产品质量的关系。
2. 掌握为什么要以及如何进行企业社会责任产品的开发。

 思政目标

1. 树立企业社会责任与企业经营质量兼顾的意识。
2. 树立企业社会责任与企业产品定位和设计并重的观念。

第 5 章 企业社会责任与生产运营管理

思维导图

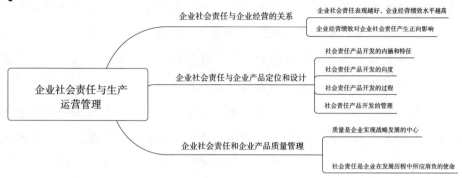

引导案例

创立于 1984 年、崛起于改革大潮之中的海尔集团,是在引进德国利勃海尔电冰箱生产技术成立的青岛电冰箱总厂基础上发展起来的。在海尔集团首席执行官张瑞敏"名牌战略"思想的引领下,海尔经过 18 年的艰苦奋斗和卓越创新,从一个濒临倒闭的集体小厂发展壮大成为在国内外享有较高荣誉的跨国企业。自 2002 年以来,海尔 8 年蝉联中国最有价值品牌榜首。海尔积极履行社会责任,援建了 129 所希望小学,制作了 212 集儿童科教动画片《海尔兄弟》,是 2008 年北京奥运会全球唯一白色家电赞助商。海尔集团电子商务有限公司成立于 2000 年,主要负责运营海尔官方互动销售平台海尔商城(www.ehaier.com)。海尔商城也是海尔集团面对互联网时代的机会和挑战,进行服务转型、大数据、产品定制等先进商业模式探索的平台。海尔商城将海尔集团前端的产品研发、生产资源和后端的物流配送、产品服务资源结合到一起,为用户提供差异化的产品和服务。海尔商城面对的不仅仅是中国的客户,还有全世界的客户,主要是文化素质水平较高的具备网上购物客观条件的工薪阶层及大众网络用户,包括大学生、高级知识分子等。实施和完善后的海尔物流管理系统,可以用"一流三网"来概括,这充分体现了现代物流的特征。"一流"是指以订单信息流为中心;"三网"分别是指全球供应链资源网络、全球用户资源网络和计算机网络。

2006 年,海尔在中国家电市场的整体份额已经达到 25.5%,依然保持第一。其中,海尔在白色家电市场上仍然遥遥领先,且优势更加突出;在小家电市场上海尔表现稳健,以 16% 的市场份额蝉联小家电市场冠军。海尔在智能家居集成、网络家电、数字化、大规模集成电路、新材料等技术领域处于世界领先水平。"创新驱动"型的海尔集团致力于向全球消费者提供满足需求的解决方案,实现企业与用户之间的双赢。截至2023年,在国内,海尔累计获得12项国家专利金奖,行业第一;在全球,海尔累计专利申请9.7万余项,海外发明专利覆盖30多个国家。

电子商务战略和企业集团战略的高度一致是海尔电子商务成功的前提。通过研究海尔集团的发展可以看出,海尔打的是品牌、质量和服务战。以品牌战略为向导,靠质量和服务抓客户、树品牌,眼光放在全球范围内。海尔电子商务正是围绕这一目标开展起来的。面向应用是海尔电子商务成功的关键。海尔的网络策略不是为了上网而上网。它始终坚持面向应用,通过电子商务,为客户提供便利和个性化服务,为集团内部的业务单位及合作伙伴服务,以优化内外部供应链。管理创新和业务流程是海尔电子商务成功的保证。海尔在实施电子商务的同时,对内部的组织结构、管理模式进行了变革,对业务流程和业务模式进行了重组和创新,有效地保证了电子商务的正常实施。

思考:谈谈海尔电子商务是如何利用企业社会责任与企业产品质量之间的关系帮助海尔走向成功的。

资料来源:海尔官方网站。

5.1 企业社会责任与企业经营的关系

5.1.1 企业社会责任表现越好,企业经营绩效水平越高

不同规模的企业履行社会责任的意愿不同,规模大的企业履行社会责任的意愿更强,从而偏向于履行更多的企业社会责任。根据资本市场的基本共识,资产负债率越高、股本越小的企业,其股权集中度越高,履行社会责任的意愿越薄弱。由于不同的股权所有者有着不同的目标与决策依据,股权结构是公司治理机制有效性的一个重要因素,股权集中度越高,其社会责任意识越弱。机构持股与企业社会责任信息披露质量之间存在"U形"相关关系。其中,基金持股和保险持股与企业社会责任信息披露质量之间均为"U形"关系,合格的境外投资者与企业社会责任信息披露质量之间呈负相关关系。[①] 含有外资机构成分的企业表现出高企

---

① 冯照桢,宋林.异质机构、企业性质与企业社会责任信息披露[J].山西财经大学学报,2013,35(12):84-92.DOI:10.13781/j.cnki.1007-9556.2013.12.003.

业社会责任承担的现象，而高管持股则减弱企业履行社会责任的意愿，公司治理结构同样对承担社会责任活动具有显著影响。[①] 女性高管与企业社会责任信息披露之间存在正的相关关系，相对于非国有企业，国有企业对企业社会责任信息披露水平的影响更为显著。[②] 在国企中，当期非常规高管变更能显著负向影响当期企业社会责任承担水平；非国企中，当期常规与非常规高管变更均对当期企业社会责任承担水平产生负向影响。[③]

在企业的成长过程中，利益相关者在公司的治理过程中扮演着越来越重要的角色，重视并积极努力影响公司承担社会责任。行业属性、政府政策指引、媒体关注以及其他利益相关者的诉求都会对企业承担社会责任产生影响。行业属性是影响企业承担社会责任行为的因素之一。不仅公司自身特征影响企业承担社会责任行为，行业竞争程度同样影响企业承担社会责任，高度竞争的行业履行社会责任的情况较差，并且公司自身特征对企业承担社会责任的影响程度也会因行业竞争属性的不同而存在差异。政府政策同样会对企业是否承担社会责任产生影响。[④] 在中国特色社会主义阶段，政府作为经济主导部门，在监督和促进企业承担社会责任上发挥着无可替代的作用。政府及监管部门的鼓励和引导是促进企业承担社会责任与信息披露的重要外部影响因素。迫于媒体监督的压力，企业也会积极承担社会责任。[⑤] 企业管理者为了获得利益相关方的认可，重视媒体对企业的报道，因此企业会积极地履行社会责任信息报告的披露。CSR 信息披露促进企业财务绩效提高，其中媒体关注起到了重要作用。[⑥] 媒体监督对上市公司的企业社会责任有显著的正向影响，其中负面报道在其中起到主导作用，并且根据广告、声誉等经

---

① 王海妹，吕晓静，林晚发.外资参股和高管、机构持股对企业社会责任的影响：基于中国 A 股上市公司的实证研究 [J]. 会计研究，2014（8）：81-87，97.
② 黄荷暑，周泽将.女性高管、信任环境与企业社会责任信息披露：基于自愿披露社会责任报告 A 股上市公司的经验证据 [J]. 审计与经济研究，2015，30（4）：30-39.
③ 陈丽蓉，韩彬，杨兴龙.企业社会责任与高管变更交互影响研究：基于 A 股上市公司的经验证据 [J]. 会计研究，2015（8）：57-64，97.
④ 杨忠智，乔印虎.行业竞争属性、公司特征与社会责任关系研究：基于上市公司的实证分析 [J]. 科研管理，2013，34（3）：58-67.DOI：10.19571/j.cnki.1000-2995.2013.03.00
⑤ 邓启稳.政府主导型社会责任信息披露研究 [J]. 中国国情国力，2011（2）：33-36.DOI：10.13561/j.cnki.zggqgl.2011.02.014.
⑥ 陶文杰，金占明.媒体关注下的 CSR 信息披露与企业财务绩效关系研究及启示：基于我国 A 股上市公司 CSR 报告的实证研究 [J]. 中国管理科学，2013，21（4）：162-170.DOI：10.16381/j.cnki.issn1003-207x.2013.04.018.

济动机，媒体监督对企业社会责任的影响在竞争程度较高的地区更为显著。[①] 媒体对社会责任问题的曝光以及追踪迫使企业更好地履行社会责任，在聚光灯下，企业变得更加透明，在舆论压力下，企业披露社会责任信息以接受广大利益相关者的监督。

企业积极履行社会责任确实与其经营绩效存在着正向的相关关系，企业在承担社会责任方面具有良好的表现，可以得到各利益相关者的信任以至促进合作的达成，同时有助于在社会结构中获取更多的资源，节约交易费用，吸引更多的消费者以及优秀人才等，从而提升企业的绩效。在企业社会责任越发受到重视的当下，公司应当勇于承担属于自己的那份责任，这样不仅有利于社会的和谐，也有利于其自身的发展。

提高企业绩效和获得企业可持续性被认为是制订长期商业战略的最大目标。因此，这些目标的影响是企业改进产品和工作流程以实现目标的动力。

5.1.2　企业经营绩效对企业社会责任产生正向影响

在全球范围内，企业社会责任问题已经得到了利益相关者和企业组织的广泛认可。追求企业社会责任倡议已成为各种形式的商业组织可接受的企业实践。

在企业社会责任和环境管理之间建立积极的关系。管理者以牺牲利益相关者的利益为代价追求私人利益，这是由于两者之间的信息不对称。所有权和控制权的分离造成了经理（代理人）和股东（委托人）之间的代理问题，在这种情况下，管理层作为理性的人，在决策过程中倾向于将个人利益置于股东利益之上。企业社会责任决策中的管理机会主义是代理问题的产物。企业治理机制的存在是为了解决经理和利益相关者之间的代理问题。企业治理机制作为一个监控系统，将管理者的利益与更大的利益相关者群体的利益联系起来。当系统包括有效的监控机制时，管理层的机会主义行为可以减少。

根据欧洲共同体委员会（2001）的定义，企业社会责任是"企业自愿决定为更好的社会和更清洁的环境做出贡献的一个概念"。企业通过企业社会责任活动，能够赋予它们的公司合法性并赢得利益相关者的支持。[②] 企业社会责任是指企业通

[①] 徐珊，黄健柏. 企业产权、社会责任与权益资本成本 [J]. 南方经济，2015（4）：76-92. DOI：10.19592/j.cnki.scje.2015.04.006.

[②] 肖红军，李平. 平台型企业社会责任的生态化治理 [J]. 管理世界，2019，35（4）：120-144, 196. DOI：10.19744/j.cnki.11-1235/f.2019.0054.

过商业战略提高其价值的同时,也可以促进社会发展。[①] 在社会的支持和信任下运营并致力于企业社会责任实践的公司更倾向于表现出对道德行为的更高承诺。从伦理的角度来看,更多参与企业社会责任的公司在财务报告中也表现得更得体。社会和企业都认为,公司有道德义务为所有人的利益而采取行动,无论这些行动是否有利可图。从经验来看,参与更多企业慈善活动的公司具有更高的会计稳健性。如果企业为了私人利益而参与企业社会责任倡议,它们很容易在财务报告中误导市场。因此,当公司表现不佳时,它们会转向慈善事业捐款,以此作为增加收入的杠杆。当公司所有权变得过于分散时,它不能确保对管理活动的有效监控。持有公司稀释股份的"分散股东"所占比例很小,他们要么缺乏能力,要么没有动力有效监督管理层的活动。然而,股权集中提高了管理监控的质量。大股东比私人股东更有信息优势,能够让管理者承担责任。这就减少了代理问题,限制了管理壁垒,促进公司会计信息披露的改善。在经济上,如果企业因管理机会主义倾向而失败,与分散的所有者相比,在企业中拥有较高股份的集中所有者损失更多。因此,集团所有者将更有能力有效地监控经理的活动,以减少管理层对企业社会责任的任何不利行为。

对企业社会责任计划的承诺不再是针对"富人"的,它已经成为所有寻求生存和发展的商业组织的基本商业战略。与以前相比,利益相关者现在更希望组织积极参与企业社会责任。

5.2　企业社会责任与企业产品定位和设计

5.2.1　社会责任产品开发的内涵和特征

社会责任产品,是指具有显著的保护生态环境、促进社区发展、支持弱势群体、维护社会公正等社会责任属性的产品或服务。由于企业社会责任的范围较广,相应地,其社会责任产品的外延也较大,绿色产品、生态产品、环境友好型产品、可持续产品、专为弱势群体开发的产品、有利于减贫的产品、促进社会正义的

扩展资源 5-1

---

① 聂林海. 我国电子商务发展的特点和趋势[J]. 中国流通经济, 2014, 28 (6): 97-101.DOI: 10.14089/j.cnki.cn11-3664/f.2014.06.020.

产品等均可以纳入社会责任产品的范畴。在社会议题对企业经营发展起着越来越重要作用的今天，社会责任产品的开发可以引导企业将社会问题视为创新机会的来源，从而开发企业产品创新的思维，将企业产品创新的领域从"红海"拓展至更深的"蓝海"。

社会责任产品开发主要具有以下几个特征：①作为电商企业社会创新与创业的一种重要形式，社会责任产品开发的目标是企业和社会都能获益，实现双赢。因此，企业在进行社会责任产品开发时，必须寻找企业和社会在产品创新上的契合点，除考虑产品的技术可行性和商业价值以外，还要特别关注该产品能解决的社会问题和给社会带来的价值。②相对于一般产品开发的工程或技术导向，社会责任产品开发更注重社会或客户导向。社会责任产品开发在克服一系列技术上的障碍和难题的同时，还需要紧跟社会进步潮流，以客户需要为前提，在产品中融入社会期望和社会责任。因此，对于社会责任产品的开发，企业除需要技术知识以外，还需要包括洞察力、价值观、心智模式、团队默契和组织文化等在内的隐性知识。③相对于一般产品，社会责任产品开发更强调产品创新的开放性。由于社会责任产品开发始终着眼于纷繁芜杂的社会问题，企业要实现这种包含社会责任元素的产品创新，必须跨越自身的内部边界，均衡协调内外部资源，积极吸纳内外部利益相关者参与。

5.2.2 社会责任产品开发的向度

1. 社会责任产品开发的内容域

社会责任产品区别于一般产品的最本质特征在于其被附加的社会责任属性，因此，企业开发社会责任产品，首先必须明确要赋予该产品何种具体的社会责任属性，这可以称为"内容域"。企业社会责任的范畴较为宽泛，包括经济、环境、社会等诸多方面。企业社会责任主要包括经济责任、法律责任、伦理责任和慈善责任。以产品所能承载的有效社会责任信息为依据，可以将社会责任产品的开发分为市场责任导向、环境责任导向和社会责任导向。市场责任导向，主要是指在新产品开发中融入客户责任、合作伙伴责任等与企业业务活动和市场责任密切相关的责任属性，如公平贸易产品、在采购或销售等供应链环节支持中小企业发展的产品；环境责任导向，主要是指在新产品开发中注入节约资源、气候保护、绿色

扩展资源 5-2

环保等责任属性，如被大力提倡的生态设计、绿色产品等；社会责任导向，主要是指在新产品开发中导入明确的保障人权、支持弱势群体、促进社区发展等责任属性，如抵制"血汗工厂"的产品、适用"金字塔底层"的产品。

2. 社会责任产品开发的层次域

产品实际上是一个整体的概念，并非单一的物质载体。产品可以被概念化为三个层次：①核心产品，即消费者所追求的基本利益或问题解决方案。②实际产品，即负载这些利益的物质形式。③延伸产品，即促进消费者购买的附加或主动提供的服务或收益。产品系统包括核心子系统和周边子系统，产品子系统的创新能够推动整个产品系统层面的创新。核心产品层次的社会责任产品开发，要求对产品所能实现的利益或利益组合进行彻底、根本性的重新设计，以颠覆性的创新形式实现产品的社会责任"内化"。实际产品层次的社会责任产品开发，主要是对作为"物"的产品本身附加环保、公益、道德等社会责任属性。延伸产品层次的社会责任产品开发，可以通过在经营管理、品牌商誉、企业文化或其他附加服务中融入并贯彻某种社会责任理念，从而为消费者提供额外的社会责任收益，其可能并不涉及产品基本利益或物质形式的变化。这种社会责任产品开发形式在企业比较常见，相对于前两者而言，实现也较为容易。

3. 社会责任产品开发的阶段域

产品一般都具有明显的生命周期特征，从物质角度而言，产品生命周期涉及"从摇篮到坟墓"的整个过程，包括原材料获取、设计、生产、包装、使用、维护以及产品使用期满的废弃处置等。就市场导向而言，产品生命周期可以划分为引入期、成长期、成熟期和衰退期。社会责任产品的开发，可以立足于产品的物质生命周期，划分出生产（包括原材料获取、设计等）、使用和报废（废弃处置）三个阶段，并在不同阶段附加相应的社会责任内容。例如，在生产阶段，产品开发可以融入改善劳动条件的员工责任；在使用阶段，产品开发可以融入节约能源的环保责任；在报废阶段，产品开发可以融入可降解、再利用、再循环的生态责任。

综合社会责任产品开发的内容域、层次域和阶段域，可以构造一个社会责任产品开发的立方体模型，如图5-1所示。企业在开发社会责任产品时，可以根据需要在立方体的27个区域中进行选择。

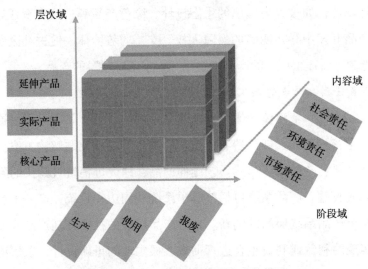

图 5-1 社会责任产品开发的立方体模型

5.2.3 社会责任产品开发的过程

新产品开发包括从概念形成直至产品交付客户使用的全过程。新产品开发的十三个阶段：初始筛选、初步市场评估、初步技术评估、详细市场研究、财务分析、产品开发、内部产品测试、客户产品测试、市场测试、试生产、投入市场前分析、生产启动和推向市场。新产品开发流程总结为确认机会、产品设计、测试、商业化和后期控制五个部分。传统的新产品开发模式存在线性化和片段化的缺陷，因此提出了一个新产品开发的新模型，强调新产品开发的核心过程是并行或交互的。结合社会责任产品开发的特征，可以将社会责任产品开发过程分为概念开发、产品设计、产品测试、社会和经济评估以及商业化及推广五个阶段，具体如图5-2所示。在图5-2所示的社会责任产品开发过程中，各阶段之间的界限可能并不十分明确，也不一定是线性、顺序式的，而是广泛存在着过程的交叉。

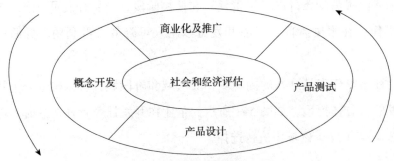

图 5-2 社会责任产品开发过程

1. 概念开发

概念开发是社会责任产品开发的起始阶段，或称为模糊前端，包含创意生成、创意筛选、概念生成和产品定义等过程。社会责任产品的创意一般有三种来源：①市场拉动，即消费者不满足于产品的现有属性，希望产品属性向社会责任延展，或消费者希望产品附加更多的社会责任属性，又或消费者需要某种附加一定社会责任的全新产品以满足其利益追求。这种消费者对社会责任产品的需要构成了市场拉动型的创意源。②技术推动，即由于技术的进步，企业可以对产品本身和产品生命周期过程进行根本思考，对原来不能在产品中实现的社会责任附加进行重新设计。这种使社会责任产品有可能得以实现的技术进步构成了技术推动型的创意源。③约束驱动，即某种社会问题或生态系统的约束的存在驱动企业去寻找以一种负责任的方式来解决该问题的路径。

2. 产品设计

产品设计主要是在社会责任产品概念开发的基础上定义产品结构并划分产品子系统和部件，使产品概念能够逻辑化、清晰化地呈现出来。在此过程中，企业应"像客户而不是生产者一样思考"，开发出与众不同的产品技术来比竞争对手更好地理解和解决客户的问题，充分满足客户的社会责任偏好和利益追求。对产品设计进行持续改进，不断使产品设计向客户实际需要靠拢，对于出现的偏差要及时提出解决办法，并迅速将解决办法转化为目标产品。在社会责任产品设计中，除贯彻概念开发阶段既定的社会责任属性以外，还应对产品的材料、工艺、包装、使用、回收处理等进行综合考虑，以发掘更大的解决社会问题的空间，在产品中注入更多的社会责任元素。例如，在满足一般功能要求的前提下，使用具有良好环境兼容性的材料；改善生产工艺或制造技术，将资源使用、能源消耗、健康与安全风险以及对生态的损害降到最低程度；采用可拆卸设计，使产品报废时大多数零部件都可以拆卸重用。

3. 产品测试

产品测试一般分为实验室测试和实地测试，实验室测试是在可控制的实验条件下进行的内部产品测试，实地测试是将产品交给客户进行的现场体验和测试。社会责任产品测试除进行通常的性能、功效检测以外，还必须重点对概念开发阶段所定义的产品社会责任属性进行测试，检查产品设计是否充分体现既定的社会责任特性，确定产品在解决特定社会问题方面还需进行哪些改进。在测试中，要分析产品的社会责任属性与其他性能、功效属性是否实现了有机融合，是否能为消费者解决实际问题提供"一揽子"解决方案。另外，企业在实地测试中还要特别注意识别市场上可能出现的消费障碍。

4. 社会和经济评估

社会和经济评估主要是评价社会责任产品对社会、生态或当地社区的影响以及能给企业带来的商业利益,其实际上贯穿于从概念开发直至产品推广的整个社会责任产品开发过程。社会评估是对社会责任产品在满足社会需要、解决特定社会问题上的效果评价,在社会责任产品开发过程的所有阶段都必须持续地进行此项评估,如果社会影响评价没有达到预定的目标,这种社会责任产品的开发就会被终止,重新返回上一个阶段,直到产品开发的原点,以开启新的社会责任产品开发过程。在实践中,可以采取定性评价和定量评价相结合、直接利益分析和间接影响分析相结合的方法予以实施。

5. 商业化及推广

商业化是指通过实施有效的营销战略,采用适当的产品、价格、分销、促销和包装等营销组合手段将社会责任产品推向市场。企业要注意通过适当冠以社会责任"标签"的产品名称、促销策略或包装形式等来突出产品的社会责任特征,要在分销、价格等方面充分考虑当地的环境特性、消费者的真正问题和需要以及能力约束等,使产品顺畅地到达消费者手中。作为一种社会创新的形式,企业还应对该社会责任产品的开发进行有效推广,即通过有机发展、复制、实施和加盟扩张来实现进一步的成长,以服务更多的人,传递更多、更好的利益。世界资源研究所曾提出农村减贫机制创新的五种推广形式:数量、功能、组织、政治和机构,社会责任产品的推广可以借鉴采用前两种形式,即通过拓展产品分销的地理疆域增加社会责任产品的使用数量,实现社会责任产品在更大范围的扩散;通过改进或更新社会责任产品在内容域、层次域和阶段域的定位,提升产品解决特定社会问题的功效或扩大产品解决社会问题的范围,实现社会责任产品在功能上的扩展。

5.2.4 社会责任产品开发的管理

一般来说,新产品开发都会面临一定风险,社会责任产品开发也不例外,为降低社会责任产品开发的风险、提高开发成功率,企业必须对社会责任产品开发实施有效的管理。

1. 保持与企业社会战略的契合性

企业社会战略,是指企业为获取持续竞争优势,实现社会绩效与经济绩效的双赢，在有关社会责任问题上的定位、设计与投资。社会责任产品开发着眼于通过产品或服务的社会属性形成差异化，并据此将自身与竞争者有效区分开来，这可以被视为企业社会战略的重要内容。因此，作为企业社会战略的组成部分，社会责任产品开发必须始终在企业社会战略的整体框架下展开，并保持与企业社会战略的契合性：①将社会责任价值观融入企业新产品开发的使命与愿景，新产品开发团队就该使命与愿景进行广泛分享和定期沟通，不断培养企业新产品开发的社会责任文化。②社会责任产品开发的向度选择要与企业的资源禀赋、能力结构相适应，与企业社会战略致力于解决的主要社会问题相匹配；第三，要对社会责任产品的经济效益和社会效益不断进行评估与反馈，并将其纳入企业社会战略整体对外公开报告。

2. 建立跨职能的社会责任产品开发团队

由于纳入环保、生态和社会因素，社会责任产品的开发相较于一般产品更为复杂，尤其需要整合多部门的知识，建立跨职能的集成化产品开发团队。①可以根据社会责任产品复杂程度的不同和涉及范围的差异，将产品开发团队分为企业级、产品级和部件级等不同层次。②将企业高层的社会责任承诺、技术部门的产品研发、销售部门的营销推广以及社会责任部门的责任管理进行有机整合，实现产品开发团队技术性和社会性的统一。③对社会责任产品开发团队予以充分授权，团队对所开发的产品对象负全部责任，企业高层则在社会责任产品开发的整个过程尽可能为团队创造各种有利的资源和环境。④重视个体对社会责任产品开发的知识创新作用，创造个体与团队、组织和跨组织交互的知识平台，促进产品开发过程知识创新的发生。

3. 加强与外部利益相关者的合作

社会责任产品的开发必须加强与客户、供应商、研究机构、大学、各种公益性组织等外部利益相关者的合作，积极从外部组织获取知识，拓宽解决问题的思路。企业与外部利益相关者存在资源和能力的互补，吸纳其参与社会责任产品开发可以相互交流新产品相关信息，相互交换、补充产品创新知识，有助于形成更具创意和价值的构思，提升产品开发的质量。而且，利益相关者的参与还可以缩短社会责任产品开发的时间和降低成本，提高产品开发的效率。例如，在概念开发阶段，企业通过与高校、研究机构、具有不同社会目标追求的各类公益性组织的合作，能够更好地理解"社会责任市场"尚未被满足的需求以及相应的社会解决方案，从而促进社会责任产品创意的生成。在产品设计阶段，企业与供应商的合作可以大幅提高产品品质及生产弹性。

4. 有效运用各种产品创新工具

在社会责任产品开发中，可以尝试性地运用各种产品创新工具，使开发出的产品更具响应社会议题的针对性，使产品开发过程更具效率性。①在面向 BOP(Bottom of Pyramid，金字塔底端) 市场的社会责任产品开发中，可以使用创新沙盒的方法。企业要为 BOP 群体开发合适的产品，首先要确定取得突破性创新所面对的必须克服的预设条件是什么，在此基础上满足这些消费者看起来似乎不可能被满足的需求。这些核心的预设条件即为创新沙盒，它是在一个极其严格的约束内进行实质相当复杂但又形态十分自由的探索和实验，就像在一个外壳坚硬的盒子里摆弄流动、没有定型的沙子。一旦确定了沙盒，它将引发不同角度的非传统思考。②在绿色产品开发中，可以采用生命周期设计方法。企业在产品设计的初期阶段就综合考虑其环境影响，通过对产品生命周期过程的定量调查作出环境负荷分析，制订出环境负荷改善措施，并将此结果反馈给生命周期的各个环节，以提高产品的"绿色性能"。

5. 注重消费者沟通与教育

能否为消费者所接受和认可是社会责任产品开发成败的关键，为此，企业应注重加强与消费者在有关社会责任产品方面的信息沟通以及对消费者的社会责任教育。企业可借鉴采用"社会营销"的方式，运用各种沟通工具，及时、有效地将产品中包含的各种社会责任信息传递给消费者。另外，企业还应有意识地加强对消费者的社会责任教育，使其深刻认识到社会责任产品对社会可持续发展的重要价值，逐步提高消费者对社会责任产品的偏好强度，促进社会责任消费文化的形成。

5.3 企业社会责任和企业产品质量管理

5.3.1 质量是企业实现战略发展的中心

产品质量是指产品满足规定需要和潜在需要的特征和特性的总和。其另一种释义是"产品质量是指在商品经济领域，企业依照特定的标准，对产品进行规划、设计、制造、检测、计量、运输、储存、销售、售后服务、生态回收等全程的必要信息披露"。产品质量是产品使用价值的具体体现，包括产品内在质量和外观质量两个方面。一个企业在发展历程中，若能牢牢坚守产品质量的"生命线"，其在企业发展历程中便奠定了成功的根基；若置这条"生命线"于不顾，完全以利润为目的，其最终必将走向没落、淘汰的深渊。

5.3.2 社会责任是企业在发展历程中所应肩负的使命

企业在发展过程中的社会责任涉及诸多方面，企业作为社会活动中的一个法人机构，在社会发展过程中理应承担一定的社会责任。但现实中有些企业"利"字当头，丧失了基本的道德准则，甚至触犯法律底线，着实让人寒心。近年来，国家对环保越来越重视，关于环境污染的恶性事件不断被曝光。例如湖南浏阳镉污染事件。企业一般指以盈利为目的，运用各种生产要素（土地、劳动力、资本、技术和企业家才能等），向市场提供商品或服务，实行自主经营、自负盈亏、独立核算的法人或其他社会经济组织。企业追求利润本没有错，然而若是以牺牲环境和员工身体健康为代价，那就得不偿失了。

企业家是新时代发展创新型经济、建设创新型国家和世界科技强国的重要力量。当前，面对复杂多变的国际形势，更要大力弘扬企业家精神，增强企业家爱国情怀，把企业发展同国家繁荣、民族兴盛、人民幸福紧密结合在一起。创新是推进经济发展的重要引擎，加快创新发展需要企业家精神。企业家是新时代发展创新型经济、建设创新型国家和世界科技强国的重要力量。企业家作为创新发展的探索者、组织者、引领者，应追求卓越、敢闯敢试、敢于承担风险，推动生产组织创新、技术创新、市场创新。

企业在盈利的同时，应该把企业道德、企业文化作为企业实施发展战略的一个重要抓手，摒弃"小利"，赢取"大德"，成为一个具有社会责任感、服务大众的运营主体，只有这样，才能长效发展，才能算得上是一个正规的现代化企业。

与垄断水平相比，垂直差异化企业之间的竞争不会改变高质量企业选择的企业社会责任水平。然而，与垄断水平相比，竞争确实降低了低质量企业的企业社会责任投资，它们在竞争下服务的市场较小，因此支持企业社会责任活动的收入较低。然而，如果低端市场消费者对企业社会责任的市场规模或品位要求足够高，低质量企业的企业社会责任仍可能超过其高质量竞争对手。在这种情况下，即使在竞争激烈的市场中，企业社会责任仍然是产品质量的替代品。

外部企业社会责任，除了"有意识的"消费者的价值之外，可能在解决与产品质量相关的不对称信息问题方面发挥重要作用。许多人将一些外部企业社会责任实践视为营销噱头，而我们认为，即使在这种情况下，企业社会责任也可能创造社会价值。因为当消费者对外部企业社会责任实践的直接评价不能补偿其成本时，它们也可以通过促进高质量产品的生产来提高社会福利。要做到这一点，我们必须处于一个关于产品质量的不对称信息既不多也不少的环境中。由于消费者无法观察到内部企业社会责任,并且内部企业社会责任对市场结果没有直接影响,因此我们根据内部企业社会责任对降低高质量生产成本的影响来合理采用内部企业社会责任。如果外部企业社会责任实践能够有效发挥产品质量的信号作用,那么内部和外部企业社会责任是相辅相成的。换句话说,企业社会责任实践和产品质量通过一个产生良性循环的反馈回路来加强自身。

本章小结

本章主要对企业社会责任与产品的开发、企业经营质量之间的关系进行介绍,包括企业社会责任产品的内涵、企业社会责任产品开发的向度、企业社会责任产品开发的步骤等内容。通过对为什么要以及如何进行企业社会责任产品开发的讲解,帮助企业塑造社会责任与企业经营质量兼顾的意识的同时,帮助企业树立社会责任与企业产品定位和设计并重的观念。

即测即练

复习思考题

1. 简述企业社会责任与企业经营质量的关系。
2. 简述企业社会责任产品的内涵。
3. 企业社会责任产品开发的向度包括哪些?
4. 企业社会责任产品开发包括哪些步骤?
5. 简述企业社会责任与产品质量的关系。
6. 为什么要进行企业社会责任产品的开发?
7. 企业社会责任产品的开发如何影响我们的生活?

第 6 章　电商企业社会创新与创业和财务治理

知识目标

1. 了解以企业社会责任为基础的企业财务治理模式。
2. 了解社会责任导向的财务治理的经济学解释。
3. 理解社会责任的两种融资方式。
4. 了解"社会影响力债券——为成功付费"的公私合作原理。

能力目标

1. 结合实际对盈余管理的治理提出具体的建议,并能对企业案例进行分析。
2. 简要分析企业融资约束的影响因素。

思政目标

1. 塑造企业社会责任与财务治理相结合的价值观。
2. 树立企业社会责任思维下的中国社会影响力投资意识。

思维导图

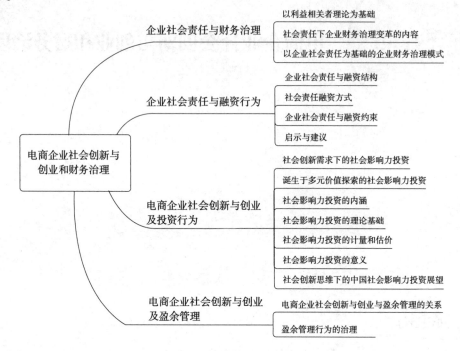

引导案例

从当初中关村的三尺柜台开始,京东的发展并不是一帆风顺的。即使由于扩大规模多年来处于亏损状态,并且遭遇几次资金链断裂,京东也未曾削减员工福利,甚至是第一家给所有快递员交五险一金的企业。为所有员工缴纳五险一金,坚持品质第一、用户体验第一,为环境投入大量成本来建设绿色物流,京东这样勇于承担社会责任,正是投资者看到的未来潜力和价值所在,也得到资本青睐,取得了现在的成功。足以可见,责任创造投资价值。

不仅如此,需要建立一套完整的生态系统,一个科学、健康的社会责任合作体系,自然而然地将越来越多看似不相关的伙伴引入互利共赢的社会责任体系。作为一个迅速发展的企业,京东的技术、商业道德等软实力更具价值。京东正在尝试输出京东的软实力,"赋能"更多的公益组织伙伴,包括输出京东的培训、管理体系等,希望借此帮助合作伙伴建立更加高效、健康和自给自足的外生态系统。京东近年也在不断进行对外投资,基于自身的供应链,投资了不少企业。其投资的理念,首先就是要和京东有相同的价值观和对责任的认识。所以我们看到很多京东投资的公司的终极目标都是解决消费者的痛点。从建设生态的角度来投资,也开放了京东自身的商业资源，使其在供应链体系方面有深度的融合。

未来京东将对一些社会企业进行责任投资和孵化，进行文创、再创造、再设计的创新探索，为二手物资增添更多附加值，达到社会企业自造血、自循环的目标，用这种责任投资的方式来为绿色星球加油。

思考：京东这样做的目的是什么？又能给企业带来什么好处？同时，其企业社会责任具体表现在哪些方面？

资料来源：社会责任如何创造投资价值，这里有京东的故事 [EB/OL].（2017-12-08）. http://mt.sohu.com/20171208/n524740812.shtml.

6.1 企业社会责任与财务治理

6.1.1 以利益相关者理论为基础

广义的财务治理，一般是指企业采取共同治理，即企业内外部利益相关者共同对企业财务进行治理。狭义的财务治理，一般指财务内部治理，尤其特指财务治理结构，即由企业股东大会、董事会、经理层、监事会等权力机构对企业财务权利进行财权配置的一系列制度安排。

企业社会责任是企业财务研究领域的一个新课题。企业承担社会责任不是一种简单的利他主义，而是一种既利己也利他的最优抉择，可以转化为稳定增长的财务收益；面对全球性企业社会责任的强烈挑战，企业财务管理作为企业各种利益关系的焦点必将在财务目标、财务治理、财务政策和财务评价等方面发生相应的变革，从"股东至上"财务管理模式转变为"利益相关者合作"财务管理模式。①

因此，制定基于利益相关者理论的财务治理机制是企业财务管理变革的核心。只有科学地制定财务治理方式并合理分配利益相关者的经济利益，才能优化企业的管理水平并引导企业重视其社会责任的承担。②

6.1.2 社会责任下企业财务治理变革的内容

基于利益相关者理论的企业财务治理变革主要可分为以下内容：企业财务

---

① 张兆国，刘晓霞，张庆. 企业社会责任与财务管理变革：基于利益相关者理论的研究 [J]. 会计研究，2009（3）：54-59，95.
② 杨帆. 基于利益相关理论的企业财务管理变革分析 [J]. 学术交流，2013（S1）：115-117.

目标的变革、企业财务治理机制的变革、企业财务政策的变革、企业财务评价的变革。

扩展资源 6-1

（1）企业财务目标的变革。在企业财务学研究中，由于企业财务目标的导向作用，企业财务目标颇受人们的关注，但至今未形成统一的认识，其中最流行的观点是"股东财富最大化"。这种观点认为，在资源有限的情况下，只有有利于实现股东财富最大化的财务决策与行为才是最优的，否则就是不优的。但是，由于现实生活中不存在万能的市场、无瑕的制度环境以及企业风险全部由股东来承担等前提条件，因此追求股东财富最大化就可能导致企业忽视社会责任，损害其他利益相关者的利益。针对这一问题，按照利益相关者理论，考虑企业社会责任，我们把企业财务目标确定为"企业价值最大化与分配公平化"。企业价值是企业未来收益的现值。企业价值最大化是指企业通过合理经营，采取最优的财务政策，在考虑资金时间价值和风险报酬的情况下，实现可持续发展，达到价值最大化。它体现了各利益相关者对企业的利益要求。尽管各利益相关者对企业的利益要求有所差别，如股东期望资本增值最大化、债权人期望按时收到本息、职工期望薪金收入最大化、政府期望企业的社会贡献或税金最大化、公众期望企业维护和支持社会公共利益等，但这些不同的利益要求实际上都内含于"企业价值最大化"，都可以在实现企业价值最大化中得到满足。

（2）企业财务治理机制的变革。企业财务治理机制是指各治理主体为了维护其产权权益，基于一组契约关系，对企业财务行为施加有效控制和积极影响的一套制度安排。它直接关系到各利益相关者之间的利益分配是否公平、有效。长期以来，受"股东财富最大化"财务目标的导向作用，有关企业财务治理机制的研究主要遵循"股东至上"的逻辑，认为一种有效的企业财务治理机制是基于"资本雇用劳动"的单边治理，把企业财权（包括财务收益权和财务控制权）集中地分配给股东是一种最有效的财权安排。[①] 毫无疑问，这种"股东至上"的财务治理机制难以保护其他利益相关者的利益。

（3）企业财务政策的变革。企业财务政策是指企业在一定时期为了实现财务目标所采取的财务行动或所规定的行为准则。每一种财务政策都有其特定的价值取向，而这种价值取向则主要取决于企业的财务目标。也就是说，在不同的财务

---

① 郑志刚. 利益相关者主义 V.S. 股东至上主义——对当前公司治理领域两种思潮的评析 [J]. 金融评论，2020，12（1）：34-47，124.

目标下会形成不同的财务政策。长期以来，受"股东财富最大化"财务目标的影响，企业一般都会采取风险较大并对股东有利的财务政策，尤其是在投资政策方面注重选择对股东有利的投资项目，而忽视对企业社会责任的投资。面对企业社会责任的强烈挑战，企业财务政策必须发生相应的变革，从服从"股东财富最大化"财务目标转向服从"企业价值最大化与分配公平化"财务目标。其内容主要表现在两个方面：①要选择比较稳健的财务政策，如选择比较稳健的资产结构、融资结构、债务水平、信用政策和股利政策等，以支持企业可持续发展。②要在考虑企业经济责任的同时考虑企业社会责任。

（4）企业财务评价的变革。长期以来，受"股东财富最大化"财务目标的影响，企业财务评价主要是从企业经济责任方面来评价企业经营业绩，而没有考虑企业承担社会责任对企业经营业绩的积极影响。从短期或长期来看，企业承担社会责任虽然在短期内要付出一定的财务成本，从而导致盈利水平下降，但在未来可以获得更多的社会资源和良好的经营环境，降低隐性成本（如产品质量成本、环境成本等）和显性成本（如借款利息等），保持可持续发展，创造更多的利润。从直接或间接影响来看，企业对员工、客户、供应商、债权人等直接利益相关者承担社会责任，可以直接提高企业经营业绩；对社区、公众、政府等间接利益相关者承担社会责任虽然不能直接提高企业经营业绩，但能够为企业持续发展创造更好的经营环境，最终促进企业经营业绩的持续增长。总之，企业承担社会责任虽然会生产一定的财务成本，但可以通过降低法律风险、减少浪费、改善与监管部门的关系、提高品牌美誉度、改善企业内部人际关系提高职工工作效率、降低获取各种资源的成本等，使企业经营业绩稳定增长。

6.1.3 以企业社会责任为基础的企业财务治理模式

在股东利益范式的财务治理模式下，管理者倾向于低估与企业持续性相联系的战略业务机会，总是将企业的持续性与股东价值联系起来，通过企业的可持续价值创造驱动股东价值创造，因而企业承担社会责任对财务的积极意义没有得到肯定。面对新的财务关系和价值创造模式，需要解决企业社会责任行为的长期激励问题，建立以社会责任为基础的财务治理模式。

1. 以社会责任为基础的财务治理模式

以社会责任为基础的财务治理模式，就是将企业承担社会责任所形成的一系列新的财务关系纳入财务治理的考量范围，不仅考虑股东、经营者、债权人、债务人、市场中的客户和竞争对手对企业财务的影响，还考虑环境、社区、员工、慈善活动等对企业财务的影响。以社会责任为基础的财务治理模式的具体内容如表 6-1 所示。

表 6-1　以社会责任为基础的财务治理模式的具体内容

项目	内容
财务治理主体	股东、经营者、债权人、员工、顾客和竞争者，社区、政府、非政府组织（环境保护代理人等）
财务治理客体	企业的财务决策权、收益权和监督权的分配，企业财务关系链形成的价值移动
财务治理目标	全部利益关系人谈判的利益平衡

2. 社会责任导向的财务治理的经济学解释

社会责任导向的财务治理在企业运作层面要解决企业财务资源（包括可控性财务资源和关系性财务资源两种形态）的最优配置和持续价值创造的动力两个基本问题；作为一种治理制度创新，其效率性在于运行成本的降低和收益的提高，如图 6-1 所示。

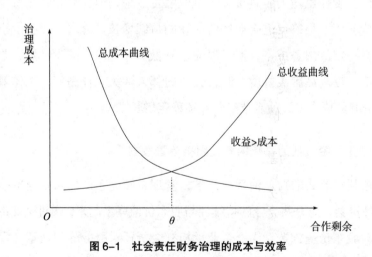

图 6-1　社会责任财务治理的成本与效率

（1）社会责任财务治理的成本。财务治理成本是企业社会责任行为的支出以及由于企业与各个利益关系人、各个利益关系人之间的利益目标冲突而导致的经济损失，主要涉及谈判成本、知识成本和代理成本。

（2）社会责任财务治理的收益。社会责任导向的财务治理模式的治理收益首先表现为相对于"股东至上主义"治理模式的优势，即企业行为对资源耗费、环境伤害和社会公众利益损害的减少。

从图6-1可以看出，当"合作剩余"大于θ时，总收益曲线在总成本曲线的上方。这就是说，从短期看，企业社会责任行为会导致一定的财务成本，影响企业的总盈利；但从长期看，企业承担社会责任，有利于企业与不同利益关系人及其不同组合之间合作关系的加深，企业价值创造的内外部环境得到优化，成本逐渐降低，获得的"合作剩余"θ不断增大，创造出高于传统财务治理模式的收益。

3. 社会责任导向的财务治理模式的运作机制

社会责任导向的财务治理模式要通过相应的治理机制发挥作用，具体包括财务决策机制、财务激励机制、财务约束机制，它们相互制衡和协作，实现财务治理效率。

（1）财务决策机制。在企业社会责任导向下，企业的关系型财务主体形成多元化的格局，为了激励企业社会责任行为，在财务决策权配置时，应在制度安排上提高利益关系人的谈判能力。

（2）财务激励机制。财务激励机制是利用有效财务激励手段，协调企业不同财务主体之间的权利和责任关系，激发各主体提高努力水平，实现财务治理目标。关系型财务契约中不同利益关系人之间的合作状态不是法律强制规定的规则契约，同样要遭受机会主义行为的侵蚀。由于不同财务主体的认知意识、谈判能力、利益目标存在明显的差异，应根据其利益目标有针对性地设计财务激励机制。

（3）财务约束机制。为了防止权力失衡而导致的治理效率损失，社会责任导向的财务治理需要建立适当的监督约束。

①建立利益关系人代表进入监事会的共同监督制度。为了发挥利益关系人代表的监督作用，要求监事会独立于企业的经济利益，具体包括：监事的报酬不与公司经营绩效挂钩；监事的任免必须通过利益关系人（代表）的谈判；监事会及其成员可以独自、平等地对企业的经营行为行使监督职权。

②加强企业在社会和环境方面的业绩审计。让利益关系人代表进入企业内部审计委员会，监督企业在社会和环境方面的重大财务行为；政府有关部门可以建立企业社会责任报告数据库，通过互联网公布企业的社会和环境业绩，保证利益关系人可以及时获得相关信息。

③在完善法律约束的同时，充分发挥新闻媒体对企业行为的约束。新闻媒体作为一种人们可以低成本获得企业社会责任信息的监督形式，将使企业及其经营者面临越来越大的外部压力。①

6.2 企业社会责任与融资行为

6.2.1 企业社会责任与融资结构

融资结构是指组织的融资构成，包括长期资金（股本金、债券、银行贷款等）和短期负债（银行透支和贸易信贷）。公司所选的融资渠道会影响其资本结构，维持一定资本结构的财务政策也会影响公司的融资渠道选择。不同的权益资本和债务资本结构反映了不同的利益相关者所承担的财务风险。传统杠杆理论认为，任何公司都存在最佳的杠杆比，公司的融资决策就是要使加权平均资本成本为最低。权衡理论认为，最佳资本结构取决于债务的边际成本等于边际收益时的水平，因此存在一个理想的财务杠杆比例目标和恢复到该目标的趋势。优序融资理论则认为，企业融资决策的原则是尽量使用低成本的融资方式，不存在一个理想的杠杆比例。现实中，资本结构与企业的市场价值有关，其合理与否会影响到企业的治理结构和全体利益相关者的利益。企业资本结构是动态的。这些都是公司金融领域的经典资本结构理论，同样也适用于企业。

6.2.2 社会责任融资方式

1. "社会影响力债券——为成功付费"的公私合作原理

1) "社会影响力债券"

"社会影响力债券"是提供公私合作项目前期营运资金的融资方式。公私合作项目前期营运资金是必需的，因为延迟付款和事后付款是"为成功付费"方法所固有的，它可能需要数年才确定是否取得了预期结果。当缺少前期启动资金和持续资金链供给时，债券作为现代社会一种融资方式便可发挥作用。债券是指筹资人向投资者发行，同时承诺按一定利率支付利息，并按约定条件偿还本金的债权债

扩展资源 6-2

---

① 邓学衷，蔡萍. 企业社会责任、持续价值创造与财务治理[J]. 科学·经济·社会, 2010, 28（1）: 79-83.

务凭证。尽管以债券为名，但是"社会影响力债券"区别于典型债券，其基本设计类似于包含期权的结构型产品，是将投资者对未来市场走势的预期产品化。"社会影响力债券"有固定期限，但没有固定利率，投资人回报取决于社会问题是否达到预期的改善。回报资金来自政府预算、捐赠或两者兼之，回报率则与项目成功情况相关，项目越成功，回报率越高。

2)"为成功付费"

"为成功付费"是一种事后付费方法，政府通过契约合同，并根据社会产品供给数量和质量的改善情况来支付服务费用。社会产品供给项目的服务提供商开发基于绩效的方案，私人资本与政府职能部门签订契约合同，监督机构（通常是州或地方政府）根据项目执行情况决定是否支付费用。如此，政府机构和工作人员将不再受困于拨款和执行某些具体条款，而将更多的精力放在为它们所服务的家庭提供最终成果。与其他基于绩效评价的合同相比，"为成功付费"强烈关注将"反事实"考虑在内的绩效指标，如项目付费可能不仅取决于有多少参与者就业，还取决于有多少参与者没有获得工作。

3)两者组合模式

"社会影响力债券"和"为成功付费"产生之初，各自作为独立的治理工具存在，二者并未形成互补的组合模式。特别是"为成功付费"模式，容易嫁接在现有公私合作存量项目上。因为存量项目有基础且可能初步显示出价值，投资者容易发现营利潜力而愿意参与。在美国，因经济转型和就业紧缩状况的挤压，故不断开发出新的公私合作模式。政府也不断鼓励社会融资创新，筹集私人资本支持有投资回报前景的项目。其中，"社会影响力债券"能够给项目提供前期营运资金，项目最终以"为成功付费"方法根据成果绩效来由政府支付相关费用，如此公共福利和私人资本各得其所。利用私人资本为政府投资提供资金，扩展了可用于社会服务供给的资源，投资者通过购买项目承包方关联机构的股份、获取决策权席位、提出投资附加条件、聘请中介机构对项目进行绩效管理等方式实现参与。政府通常会采用严格的多重管理手段来确保项目符合公共福利目标，如建立严格的数据收集系统、要求提交详细的分期财务报告和绩效报告等。

2. "社会影响力债券——为成功付费"的应用设计

较之于传统的"社会影响力债券"和"为成功付费"模式，二者合一的融资模式创新了既有的典型流程。这种创新融资模式包括五个步骤（图6-2）：①私人资本向主承包商支付或借出前期营运资金,创新融资模式便开始运转。②主承包商使用营运资金雇用和管理服务提供商,无论是非营利性的还是营利性的,服务提供商通常按服务付费或成本补偿的方式支付费用,并将部分付款与绩效结果挂钩。③独立的第三方评估员会确定服务是否达到目标。④如果评估结果达到预期目标,政府机构将向主承包商支付成功费用。⑤主承包商使用资金偿还私人资本贷方。至此,创新融资模式的一个完整周期结束。

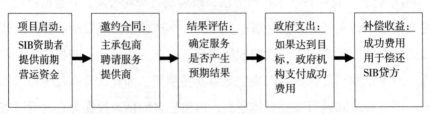

图6-2 "社会影响力债券——为成功付费"运转流程设计

6.2.3 企业社会责任与融资约束

1. 理论基础

经典财务理论认为在完美的资本市场中,公司的外部资本和内部资本可以完全替代,其投资行为与财务状况无关。然而,现实世界中,由于信息不对称等摩擦因素的存在,公司外部融资成本高于内部融资成本,限制了公司的投资,从而产生融资约束。目前,关于企业社会责任对融资约束的影响路径的研究主要有信息不对称理论、利益相关者理论和信号传递理论。

(1)信息不对称理论。在公司权益融资过程中,公司内部人与外部股东的信息不对称问题(逆向选择)会导致外部权益融资成本远高于内部融资成本。在资本市场中,由于信息不对称,从事交易活动的各方对信息的理解和认识都是有差异的,相对于处于信息劣势的外部投资者,企业内部人更了解企业价值,拥有更多关于投资项目的信息。当企业价值被高估时,企业内部人会倾向于外部权益融资;当企业价值被低估时,即使企业拥有良好的投资机会,但由于缺乏内部资金,企业内部人也不愿意进行权益融资。外部投资者如果意识到这一问题,在购买股票时就会要求一个较高的风险溢价,以补偿其可能遭受的损失,这最终会导致公司外源融资成本提高,出现外源融资约束。

(2)利益相关者理论。债务市场中公司股东与债权人两者利益的不统一会带来道德风险。由于投资项目的风险水平无法观测,外部股东会进行高风险的投资来达到股东价值最大化,当债权人意识到这一点时,就会提高利率,以弥补这种风险带来的或有损失,从而导致债务融资成本提高,产生经典的"柠檬市场"问题。其具体表现为:随着利率的提高,劣质借款者会驱逐优质借款者,优质借款者会退出市场,结果只有劣质借款者提供借款,从而提高市场违约概率,降低借款人的预期收益,导致借款人提高利率,产生促使贷款需求明显高于供给的利率水平,使得公司的外部债务融资成本明显高于内部融资成本。从某种程度来说,逆向选择与道德风险都是由信息不对称引起的,因此,融资约束的根源在于资本市场的不完善所导致的信息不对称。

(3)信号传递理论。根据信号传递理论,信息质量越高的公司越愿意对外披露信息,向市场传递优质信息,投资者根据市场传递的信息对公司价值形成良好的评估。审计师作为独立第三方可以对被审单位财务报表的合法性、公允性发表意见,企业聘请审计师对财务报表出具审计意见,可以降低外部投资者与内部管理层之间信息不对称的程度,提高投资者对财务报告的信任度。高质量的审计师能够对企业出具更准确的报告,提供更准确的财务信息,更准确地对企业未来的经营状况进行预测,向外部投资者提供更有效的信息。因此,审计师具有向潜在投资者传递信号的功能,聘请高质量的审计师能够起到降低融资过程中的信息不对称程度,缓解企业融资约束的作用。另外,企业披露社会责任信息能够向外部投资者提供更好、更透明的会计信息,传递企业对自身发展充满信心的积极信号,提升企业形象。这些积极的信号能够增强投资者的信心,使企业更容易筹集到资本,从一定程度上缓解融资约束。

2.融资约束的影响因素

关于融资约束的影响因素,现有研究主要集中在商业信用、机构投资者、关系网络和金融发展方面。

(1)从商业信用的角度来看,目前的学者发现商业信用的获取和供给对融资约束有显著影响。下游企业获得的商业信用越多,融资约束程度越低;上游企业提供的商业信用越多,融资约束程度越低。

(2)从机构投资者的角度来看,目前的学者发现,机构投资者主要通过挖掘和传递企业信息、约束盈余管理行为来提高信息透明度,从而缓解融资约束(邢佳音,2020)。

(3)从关系网络的角度来看,目前的学者已经发现,政治关联和银企关联可以通过信息效应和资源效应降低信息不对称程度，提高企业获取资源的能力，从而降低融资约束程度（施然，2020）。

（4）从金融发展的角度来看，目前的学者发现，金融发展水平越高，企业的交易成本越低，资源配置效率越高，融资约束程度越低。①

3. 缓解融资约束的途径

（1）企业应该积极履行社会责任。企业通过履行社会责任，一方面可以改善企业的外部环境，降低企业内外部信息不对称的程度，从而缓解融资约束带来的压力；另一方面，有助于提高企业声誉，营造良好的外部企业形象，使企业在外源融资环节更容易获得银行等债权人的信任，缩小企业外部融资缺口，对公司的价值和长期绩效产生积极影响。企业对股东、员工等内部利益相关者履行社会责任能够显著影响融资约束，对消费者、供应商等外部利益相关者履行社会责任只能部分缓解融资约束的压力。同时，企业履行社会责任的质量与企业代理成本呈反方向变动，并且可以在一定程度上改善公司的治理结构和内部控制系统，从而缓解企业所面临的融资约束压力，解决"融资难、融资贵"的问题。②

（2）企业应加强社会责任信息披露。有效的企业社会责任信息披露可以在一定程度上帮助企业缓解融资约束。披露信息越完善，信息质量越高，融资难度越低。因此，建议企业提高社会责任信息披露意识。为加强对企业社会责任的认识，改善企业社会责任信息的披露，国家应出台相关法律，扩大信息披露的范围。③

6.2.4 启示与建议

1. 建立利益相关者风险均衡的融资结构

无论是否存在一个最优资本结构的绝对值，现实资本结构的选择和优化都应该基于稳健原则和利益相关者风险均衡原则。因此，企业财务杠杆比和债务、权益的内部结构应该使利益相关者风险最小化。首先，企业要坚持诚信融资和公平贸易原则，不能为了降低绝对融资成本而丧失基本的商业道德伦理，使部分利益相关者（特别是债权人和商业信用提供方）处于相对高风险状态。其次，企业应

---

① 王倩，吴多文，陈倩玉. 企业社会责任与杠杆调整速度：基于中国上市公司的实证分析[J]. 金融论坛，2019，24（8）：67-80.
② 田存志，彭刘灿. 企业社会责任信息披露与资本结构关系研究[J]. 科学决策，2016（8）：1-19.
③ 肖翔，赵天骄，贾丽桓. 社会责任信息披露与融资成本[J]. 北京工商大学学报（社会科学版），2019，34（5）：69-80，103.

该保持财务和经营信息透明。在信息相对对称的条件下,企业与利益相关者的市场化互动有利于促使企业资金结构自动趋于风险均衡状态。

2. 建立广义财务资源融资机制,创新融资方法

随着社会经济的发展,知识和信息化技术对现代企业的渗透越来越强,企业对人力资本和无形资产的需求越来越大。传统财务理论中的资源通常仅指财务资本(含货币、基础证券、衍生工具和易于变现的短期投资)和实物资产资本,属于硬资源的范畴。广义融资理论对传统财务资源概念进行拓展,它将无法用货币准确计量的各类软性资源也纳入财务资源范畴,包括:以劳动、智力、文化和组织形式出现的人力资本,以信息、知识、技术等形式出现的知识资本及以生命系统和生态系统形式存在的生态资本等。广义融资理论体现了对人力资源创造性的尊重以及对社会、生态环境的重视,有利于实现有限金融、实物资产的效用最大化,因而它很好地迎合了公司社会责任理论的诉求,有利于利益相关者价值最大化的实现。基于广义融资理论的可持续融资战略选择要点如下。

(1)融资结构创新。企业应当积极关注企业财务资源的内部结构,其目的在于使新兴财务资源与传统财务资源相匹配。企业应尽可能多地吸收外部知识资本来改善企业的软资源环境与结构,强调利用人力资本、知识资本和自然资本使有限的金融资本、实物资本得到最大化利用,将公司存量无形资产变为可以增值的活化资本。

(2)融资方法创新。①要充分利用无形资产融资,如版权融资、专利融资、品牌融资、商誉融资等,提高公司提供抵押和担保的能力。②在确认一项金融或实物资产融资需求前,应充分论证各种创新经营方法与传统融资方法的可替代性。创新的融资理念和融资方法有利于最大限度地盘活企业自身资源,降低企业对传统财务等硬性资产融资的刚性需求。[①]

6.3 电商企业社会创新与创业及投资行为

6.3.1 社会创新需求下的社会影响力投资

社会治理的关键在于多元主体合作格局的塑造,以及对公共利益、治理效能

---

① 赵良玉,阮心怡,刘芬芬.社会责任信息披露对企业融资成本的影响:基于我国上市公司的经验证据[J].贵州财经大学学报,2017(6):40-52.

的不懈追求。而社会创新则是对社会治理和善治理念的有益延伸，系由公民及公民社会组织等社会行动者为解决社会问题、满足社会需求而在社会领域率先发起和实施的卓有成效的创造性活动，其融合了社会与市场的特质，倡导转变固有的社会问题解决思路，开放包容地利用市场和商业化的手段来调用资源并直面社会问题；强调广泛参与及问题导向，并主张采取更加注重效率和价值的方式，在解决社会问题的同时，激发社会的自治活力、市场创新动力和资源的可持续开发能力。

然而，目前我国社会创新的实践存在着现实困境：①回报周期过长，资源需求与耗损量大，参与主体整体力量薄弱。②社会创新主体投资结构失衡，整体投资结构脆弱。③社会创新理念超越现有市场发育程度，社会对公共价值、社会利益和环境的关注度还有待提升。对此，社会创新者应当开阔思路，扩展社会创新的实践模式和具体方法，让注重商业手段和社会参与的方法逐渐成为社会创新逻辑体系的重要补充。近年来，国内外出现了在社会创新领域引入"社会影响力投资"的尝试，使社会影响力投资这种产生于市场与社会交界领域的特殊活动，成为社会创新的介质和重要工具。

6.3.2 诞生于多元价值探索的社会影响力投资

从历史脉络来看，社会影响力投资可以向前追溯到17世纪英格兰的贵格会（Quakers）。贵格会试图将投资与购买决策和现实的价值相联结，不断求索投资活动的价值，推行具有社会价值的世俗活动与业务（巴格－莱文、艾默生，2013），为影响力投资的理念奠定了基础。从现实维度来看，产生于21世纪的影响力投资是一种将商业手段与社会效益相结合的行为体系，主张投资行为应对经济、社会和环境价值产生正向效应，其内在价值与社会创新的主张相一致，注重连接商业价值与社会价值，并将社会三大部门联结到同一框架内，以推进社会多元合作治理主体的平等协商、互利共赢。因此，对于社会创新而言，影响力投资是一种高效、适应力强的创新工具，能够消除跨社会部门沟通的壁垒、重塑市场思维，为处于经济转型期的中国社会注入新鲜动力。

6.3.3 社会影响力投资的内涵

社会影响力投资是一种创新型投资形式。社会影响力投资是一种在新兴市场和发达市场同时兴起的,利用商业手段来追求综合价值,从风险、回报与社会效益三个维度考量绩效以制定战略的创新型投资形式。在这个定义中,值得注意的是:①社会影响力投资是一种投资方法体系,是一套可以被借鉴和复制的模式与流程,能够成为社会合作治理的具体工具。②社会影响力投资注重使命与愿景的驱动,以及多维绩效的实现,通常借助特定评估工具和标准来测定成果。③社会影响力投资的理论和实践都尚且处于上升发展期,相关概念与定义的范围和条件将会随着时间不断验证、更新和修正。

6.3.4 社会影响力投资的理论基础

影响力投资产生于市场和社会的交界区域,在其理论发展和完善的过程中,综合价值理论、社会企业三角关系理论与合作治理理论,分别从不同的角度出发,为影响力投资的存在意义、目标、价值实现模式、协作方式、合作主体等方面提供了一定程度的解释和辩护。

1. 综合价值理论

艾默生在 2000 年描述"综合价值"(或译作"融合价值")时认为,任何组织在投资生产、完成任务等活动过程中都会创造价值,这些价值通常包含经济、社会和环境成分,这三种价值成分相互关联,即形成"综合价值"。综合价值理论指出,社会影响力投资并非一种"现代社会的畸形突变",而是社会发展到一定程度以后的自发产物。社会价值与商业价值的合流逐渐成为一种趋势,可弥补由于投资与慈善分离的做法而呈现的一些低效的缺陷;而社会影响力投资将传统投资与公益慈善相结合,利用商业手段来追求综合价值,是现代组织(包括企业和第三部门)履行社会责任,改善社会环境,为自身创造长远发展机会的重要过程(巴格-莱文、艾默生,2013)。

2. 社会企业三角关系理论

社会企业是随着现代商业经济与社会参与的发展而产生的一种特殊的企业形式,本质属于一种公益性的经济组织。社会企业强调商业手段与社会价值的结合,其最高宗旨在于为社会创造效益、解决社会问题,它是接受社会影响力投资、提供社会服务、解决社会问题的重要主体。社会企业三角关系理论以社会企业为核心,试图从社会企业的角度出发,解释影响力投资的价值实现模式,以及多方参与的理念。如图 6-3 所示,在社会企业三角关系理论中,三角关系有两层含义:

第一层次的三角关系提倡使用"社会资本",即人际网络与信任,推动"社会创新"的主体(社会企业)通过商业手段实现"社会效应"的正面投资。在这个层次,社会企业由"社会效应"而起,又至"社会效应"而终。社会创新、个人创办社会企业、投资人对社会企业进行投资,是社会影响力投资实现其价值与效益的重要形式。第二层次的三角关系解释政府、市场及社会三方在平台上实现的互动。政府支持社会企业发展的缘由在于社会企业能够协助政府解决多元化和专业化的社会问题;市场推动社会企业的缘由在于,社会企业能够丰富市场形态,也受市场多元价值追求的驱动;而社会通过推动社会企业(及具有可持续发展能力的社会组织)运行达成社会目标与实现公共利益。鉴于投资社会企业及其项目是影响力投资的重要形式,第二层次的三角关系实质上倡导以社会企业为纽带,连接政府、社会和市场,以加强多元主体互信合作,体现了影响力投资参与、合作、共赢的重要理念。

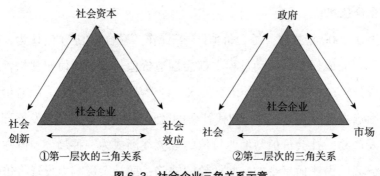

图 6-3 社会企业三角关系示意

3. 合作治理理论

与社会企业三角关系理论的第二层次关系类似,合作治理理论认为在现实社会中,存在着"三重失灵",政府、市场和社会的任何一方都具有"失灵"倾向。社会问题的解决依靠一方往往独木难支,因此要倡导多元合作治理以解决社会问题。在这一逻辑前提之下,随着新公共管理运动和善治理论的不断发展,政府与市场、政府与社会、市场与社会、政府与社会及市场三方的不同合作实践衍生出了不同的联结模式。如图 6-4 所示,在社会治理目标的驱动下:政府与市场的合作主要是通过"PPP 模式"(政府和社会资本合作模式)提供公共物品、解决社会问题;政府与社会的合作体现为政府(向非营利组织)购买服务,两方优势互补;

市场与社会的合作则催生了社会企业、企业社会责任、社会组织的市场化运作等形式，贯彻借助商业思维与手段的社会改善模式。而影响力投资在政府、市场和社会两两合作区域的重合范围内，是一种集结三方的参与、合作与共享的社会治理模式。因此，合作治理理论为影响力投资的主体范畴做了更明晰的圈定，同时解释了影响力投资在社会多元合作治理格局中所处的位置，有利于影响力投资的参与者明确自身位置、界定投资行为的范围与边界。

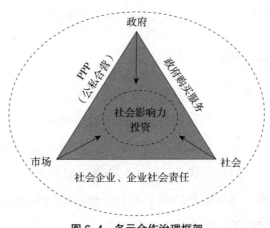

图 6-4　多元合作治理框架

6.3.5　社会影响力投资的计量和估价

社会影响力投资的社会回报和财务回报必须纳入统一的评估，如有可能，还必须纳入统一的衡量标准。除了社会影响力投资和社会结果之间存在明显的因果关系问题，以及社会产品是不可竞争和不可排斥的，对社会影响力投资的评估必须将金融结果和社会结果作为不同的但也是单一目标的组成部分来评估。如果我们想从影响力投资中获得道德价值，社会影响力的衡量非常重要（帕拉尼克和雷维利，2019）。它也是用货币单位表示社会影响的必要条件，因此也是评估投资选择的必要条件。

每个投资者和利益相关者的主观观点很重要，因为大多数此类投资的范围超出了基金经理的问责和控制限度（如环境保护和社会凝聚力等目标的实现通常发生在遥远的未来）。在这种情况下，所有利益相关者的不同利益和偏好不仅会影响社会影响力投资结果的概率评估，也会影响其在货币价值度量时的贴现率的估计，以及社会影响力投资与社会或环境变化之间的因果关系。对社会影响力投资进行评估的需求推动了社会金融信息标准化的进程，促进了衡量标准和评级报告系统的出现，如全球社会影响力投资评级系统、影响力报告和投资标准、参与式和成果矩阵。需要标准化来减少社会影响力投资者对混合（社会和金融）价值的不确定性，并明确提供资本的人和利用资本实现社会影响的人，主要包括捐助者、基金会、政府、投资基金以及社会企业。所有这些各方都是信息供求的重要因素。对信息的需求会导致结构化信息（如报告和指标）的产生。相反，结构化信息的产生将减少投资者感知的不确定性，因此将导致更多的投资。被广泛接受的度量框架的发展和社会经济的增长之间的关系在很大程度上是双向的。①

6.3.6 社会影响力投资的意义

影响力投资的出现顺应了新兴慈善家既追求善款的使用效率又追求经济回报的趋势，是一种"开明的自利"的体现。除了对市场效率和市场活力的促进作用之外，它还能够提升社会文明程度，增强社会、环境、政治与经济等因素之间的关联和互动，创造和谐的社会状态。基于此，影响力投资的意义可以大致归结为：有利于提高市场效率，激发市场活力；有利于解决社会问题，促进公益理念的升级；有利于推动社会创新，推进多元合作治理。

6.3.7 社会创新思维下的中国社会影响力投资展望

"影响力投资"是一种超前的概念，不仅代表着特别的投资方式或资产类型，还意味着一种新型的社会创新思维和工具，其注重顺应合作治理的思维，将多元主体整合到共同利益框架中，以实现经济、社会和环境的综合价值。在我国面临经济结构调整、产业转型、环境污染带来层出不穷的社会问题的当下，运用好影响力投资这一社会创新工具，引导影响力投资市场开拓和规范，有利于基于共同目标和平等互利关系，让多元合作治理不断展现无与伦比的价值与生命力。

1. 政府运用政策模型促进影响力投资

政府主导是整个市场稳定和发展的基石。政府参与其中，放大经济收益的杠杆，才能更好地吸引私人部门积极参与，从而进一步扩大市场规模，改善社会福利，形成良性循环。政府应明确促进影响力投资发展的目标，通过政策推动，促

---

① DESENDER K A. Desender et al. Corporate social responsibility and cost of financing—the importance of the international corporate governance system[J]. Corporate governance: an international review, 2020, 28（3）: 207-234.

进行业发展，保证关键利益相关方的介入，同时平衡与其他政策和机构的利益关系。倡导社会价值与社会责任感；倡导更加开放、接纳现代化的商业行事逻辑，强调市场活动乃至整个资本市场本身对于社会价值、环境效益的追求，在商业中实现社会责任。鼓励市场积极主动地寻求改变，重视创新型变革，引导投资形式、回报模式、契约规范朝着更兼收并蓄的方向发展，以改变整个市场对社会价值的态度。

2. 多元主体建立影响力投资生态系统

参与主体之间的共同数据基础、经验交流和资源共享对影响力投资有重要意义。具体来说，构建较为完善的投资生态系统，即意味着搭建一个包容开放、平等稳定的合作机制，此机制包含供给、需求和中介三个方面的要素，三方在约定下发挥各自的优势，并在一定程度上形成相互影响、制约、监督的稳定关系。如图 6-5 所示，构建生态系统，需要注意两个关键关系：①三方之间的影响、制约和监督关系，即在影响力投资系统运作之前，应当确切缔结合约、制定规范，以防范信任风险和商业风险。②投资—回报—再投资的可持续发展关系。影响力投资是持续化运转的模式，资金的投入与经济回报只是其中很小的环节，但充足的资金却是其运作的基本前提。为此，政府应当出台相应政策，加大扶持力度，积极对社会影响力投资进行试点和推广。

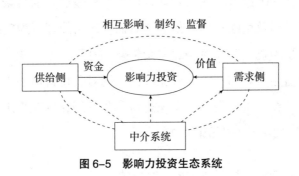

图 6-5　影响力投资生态系统

3. 中介机构完善社会影响力嵌入式评估

对社会影响力投资的评估应当转变固有的思维，追求评估的客观性与有效性。采取以中介机构（主要是第三方评估机构）为中心的嵌入式评估策略，是兼顾科学和效率的有效措施。具体而言：从评估的时间点来看，鉴于以往评估中采用的自我评估，事前、事后或阶段性评估之局限性，对社会影响力投资的价值创造和绩效应当采取第三方全程嵌入式评估，即在项目的前、中、后期，以及若干个随机时点，对投资项目的成本与效益、效率与满意度进行评估，并生成评估报告；从评估的内容来看，应当形成以综合价值为核心，以战略目标为主线，以资金效率、公众评价、内部满意度为重点的评估体系；从评估的工具来看，既要借助国际通行的影响力评估工具，也要不断结合国情对具体评估工具进行改造和提升，以更好地适应评估阶段式嵌入、全程式贯通的目标需求。嵌入式评估的最大挑战在于成本高昂，但这一问题相对于资本总额巨大、资金流向复杂、利益相关方众多的影响力投资项目，并非不可破解的困局。

6.4 电商企业社会创新与创业及盈余管理

在我国经济结构转型加快，国家大力倡导"两型社会"建设的背景下，企业社会责任问题备受关注。为实现"长期利益最大化"，理性的企业必须履行社会责任，缓和与利益相关者的摩擦，树立良好企业社会公民形象。与此同时，企业的经济业务日趋复杂，盈余管理成为一种普遍存在于企业的行为，企业盈余管理和社会责任信息披露的关系成为各界广泛关注的焦点。盈余管理被认为是企业在会计准则的范围内对会计政策的择优选择行为，旨在实现企业利益或市场价值的最大化，管理层通过会计手段进行盈余管理以向外界传递稳定的盈余预期，有利于提高股价、规避诉讼以及增强管理层信心。然而，盈余管理行为实际上掩盖了真实盈余信息，误导了利益相关者对企业盈余信息的理解，也可能导致代理问题。因此，为缓和与利益相关者的摩擦，避免代理问题对公司价值的影响，企业将利用非财务信息如企业社会责任履行信息来进行印象管理，以获得声誉资本，释放积极信号，进而对业绩提升产生积极影响。[①]

6.4.1 电商企业社会创新与创业与盈余管理的关系

1. 概述

盈余管理是企业管理当局在遵循会计准则的基础上，通过对企业对外报告的会计收益信息进行控制或调整，达到主体自身利益最大化的行为。有学者认为盈

---

① 罗珊梅，李明辉. 社会责任信息披露、审计师选择与融资约束——来自A股市场的新证据[J]. 山西财经大学学报，2015，37（2）：105-115.

余管理实际上是企业管理人员通过有目的地控制对外财务报告过程，获取某些私人利益的"披露管理"。而企业社会责任报告可以成为披露企业盈余管理信息的主要途径。

上市公司在履行社会责任的同时，也暴露了与盈余管理的相关关系。然而，企业履行社会责任究竟是出于满足各利益相关方的道德期望、谋求长远发展的战略动机，还是出于管理层私利，对其盈余操作等不当行为进行掩饰包装的机会主义投机动机？如果是关注企业长远发展的战略动机，企业社会责任与盈余管理的关系呈现负相关；如果是管理层为了谋求私利，二者关系可能会呈现正相关。当然，二者的相关关系也受到企业发展规模、地域、发展阶段等因素的影响。

2. 理论基础

（1）道德论。道德论认为企业必须在道德准则的要求下从事"道德正确且有益社会的事"，管理层应该把承担社会责任作为一种道德使命。盈余管理被认为是不道德的，管理层如果是在伦理道德驱使下承担社会责任，就会在经营决策时考虑盈余操纵对社会的负面影响，并减少盈余操纵，为决策者提供透明可靠的财务信息。与那些社会责任差的公司相比，社会责任好的企业有着更高的可预测性盈利、更加持续平稳的收入。投资者在判断企业的盈余持续性时，会考虑企业的社会责任表现，那些表现越好的企业，会有越高的市场评价，以及越高的盈余质量。社会责任表现越好的企业，盈余管理程度越低。因此，如果管理层出于道德意识履行社会责任，其将会有更少的盈余操纵行为。

（2）工具论。企业作为一种以盈利为目的的经济组织，履行社会责任是其创造财富、掩盖或粉饰企业诸如盈余操纵等不当行为的一种手段或工具，即管理者一边通过盈余操纵对业绩进行调整，一边主动披露社会责任信息将投资者的注意力从监督公司的盈余管理转移到公司的社会责任表现。企业试图通过社会责任来消除其不负责任行为可能产生的负面效应。众多基于工具理论的实证研究也证实了管理者会利用社会责任来转移公众对其不当行为的关注。那些进行向上的盈余管理以达到盈余阈值的企业会更倾向于承担社会责任。企业会同时做符合公众利益的好事和损害社会福利的坏事，它们并非真正有社会责任感，更多是通过做好事来对冲其所干坏事，以抵消或减轻坏事可能给企业带来的负面影响。企业盈余质量与社会责任存在显著的负向关系，管理层会基于私利动机，利用社会责任来掩盖其盈余操纵行为。因此，如果企业基于利己主义的工具论承担社会责任，我们将观察到企业社会责任与盈余管理之间的正相关关系。①

3. 企业社会责任与盈余管理负相关

以往的研究表明,具有良好社会责任的企业能够约束真实业务的盈余管理。积极履行社会责任的企业尤其是注重道德责任的企业,通常有相对较少的盈余管理行为,因此它们认为注重道德责任将对公司财报的真实性有较大影响。注重社会责任的企业比一般企业较少进行盈余管理,被监管部门调查的概率也相对来说小很多。注重诚信的企业(如公司文化中包含诚信二字),相对来说通常较少进行盈余管理。企业社会责任不论是对应计项目的盈余管理还是对真实的盈余管理,往往具有不同程度的抑制作用,这也进一步解释了企业履行其社会责任是道德上的推动而不完全是因为形象工程。企业社会责任能够抑制真实的盈余管理,而与应计项目的盈余管理之间不存在显著的相关性。公司的盈余管理行为可以因企业社会责任履行的加强而减少。企业社会责任评分越高,即企业越积极履行社会责任,公司利润盈余程度越低。社会责任型企业倾向于与利益相关者建立长期关系,而不是追求短期利润最大化。在这方面,提供质量收益与企业社会责任活动紧密相连,特别是两者都是为了满足利益相关者的需求。企业社会责任是"伦理"投资的表现,是财务报告质量的可能反映。

4. 企业社会责任与盈余管理正相关

盈余管理不仅对公司内部人员、外部投资者等利益相关者有不利影响,也影响到企业的发展。而企业为解决这一困扰,通常会履行企业社会责任,安抚利益相关者的情绪,并对公司内部及外部营造良好公司文化氛围。同时,企业履行社会责任往往需要额外的成本投入,而付出成本的目的也值得研究。因此三位学者进行实证研究,结论为社会责任与盈余管理呈正相关的关系,此外,这种正相关的关系长期下去会对企业有不利的影响。Kotchen 和 Moon(2011)认为,企业之所以积极履行社会责任,是想要掩饰其所做出的不良行为、不负责任的决策产生的对企业不好的影响。Prior(2008)对多国上市企业数据进行研究,结论显示企业管理者之所以履行社会责任,增加部分人力、物力的支出,是为了掩盖其盈余管理行为。国内学者朱松(2011)提出,投资者在进行投资时往往会偏向于社会责任

---

① WANG Q Y. Corporate social responsibility and financing constraints[C]//Proceedings of 2020 International Conference on Economic Development and Innovation(EDI 2020).Wuhan Zhicheng Times Cultural Development Co. Ltd.,2020: 12.

评分高的企业，而通常这些企业也有较高程度的盈余管理。彭韶兵（2013）对我国上市企业社会责任进行实证分析，研究显示企业不光会做出对社会公众及利益相关者有利的行为，同时也会做出有害社会利益的行为，此时它们履行社会责任。

6.4.2 盈余管理行为的治理

1. 防范企业利用社会责任掩盖盈余管理

企业履行社会责任是出于机会主义而非道德主义，在我国企业社会责任不完善的现状下，如何防范企业社会责任对应计盈余管理的掩盖，成为实践工作中的关键。企业社会责任和盈余管理都具有两面性，企业履行社会责任或操纵盈余都有个"度"，如果企业把握好"度"，将会给企业带来更大的收益，但如果超过"度"的范围，就会受到法律的制裁，甚至导致企业的破产。因此从企业的角度来说，企业管理者应该控制好这个"度"，使其发挥正作用。我国企业社会责任的现状之所以不乐观，主要在于相关部门对企业社会责任的管理力度不够，因此相关部门应该逐步完善企业社会责任监督机制，不断提高企业社会责任意识，抵制企业过度的盈余管理行为，防范企业社会责任充当盈余管理的掩护者。

2. 推行企业社会责任风险导向战略系统审计

我国现行的审计方式是风险导向审计，在做审计工作之前需要对被审计企业进行风险评估，而我国目前的风险评估主要是针对企业内部的风险进行评估，忽略了对宏观环境的评估，这种风险评估在一定程度上增加了审计风险，最终可能会造成审计的失败。而风险导向战略系统审计是对传统风险导向审计的改进，其优点在于能对企业的风险进行全面性的评估分析，从而减少审计风险。如果将风险导向战略系统审计应用到企业社会责任的审计，将有利于提高企业社会责任信息的可靠性和真实性，有利于利益相关者作出正确的判断。虽然应计盈余管理被监测的风险变大，但短期内，企业还是倾向于应计盈余操纵，所以审计部门应该加强对应计项目的审计，如应收账款、固定资产等科目。我国企业社会责任报告属于自愿披露，且报告内容以文字形式为主，报告的可靠性和真实性不能得到保障，利益相关者在投资决策时很难作出正确的决定，因此，为了提高企业社会责任信息的可靠性和真实性，首先需要强化信息使用者对企业社会责任审计的内在需要，加强相关理论和实务的研究；其次审计部门应该对企业社会责任进行风险导向战略系统审计，出具专业的审计意见，降低审计风险，提高信息的完整性和真实性。

3. 建立完善的企业社会责任信息评价机构

虽然我国证监会、上海证券交易所及深圳证券交易所在 2008 年 12 月联合发出通知，从 2009 年起，凡属于上海证券交易所的金融板块、海外上市股板块和标准治理板块以及深圳证券交易所的深证指数成分股的上市公司必须披露独立的企业社会责任报告，但未规定统一的社会责任报告披露格式，企业社会责任报告内容大多是以文字的形式出现，主观性较强，未附有相关数据，这就导致在收集社会责任数据的过程中出现困难，一方面，会影响科学合理的企业社会责任评价体系的建立，这就要求相关部门通过制度来推动企业主动披露社会责任报告，统一规范社会责任信息披露的格式及内容，将企业社会责任披露纳入法制化轨道；另一方面则进一步说明我国缺乏科学完善的企业社会责任信息评价机构。

4. 构建利益相关者相互监督体系

随着会计制度的完善、政府监督及独立第三方监督的加强，利益相关者的利益受到一定程度的保障，但利益相关者总是处于被动地位，其利益的保障完全依靠制度或政府的监督，这不利于实现利益相关者利益的最大化，也不利于提高企业社会责任履行的自主化。因此，要将利益相关者的受损程度降到最低，加强利益相关者的自我保护意识是关键。对于利益相关者来说，首先，利益相关者应该明确自身的权利和义务，主动行使监督权；其次，利益相关者在维护自身利益的同时，还应该监督管理者的经营决策，关注企业的长远发展；最后，各利益相关者应该形成互相监督的利益相关者监督体系，从而保障自身的利益最大化。①

5. 强制采用 IFRS 减少盈余管理

强制采用 IFRS（国际财务报告准则）能够减少盈余管理，提高预测准确性，从而增强盈余预测能力，降低崩盘风险。此外，社会责任公司通过采用 IFRS，在约束盈余管理和提高财务报告透明度方面表现出负责任的行为。随着 IFRS 的采用，场外公司的崩盘风险显著降低，透明度的增强也吸引了更多的外资进入场外市场。②

---

① 尹开国. 企业社会责任视角下财务战略选择研究 [J]. 武汉大学学报（哲学社会科学版），2009，62（6）：805-809.

② 乔咏波，龙静云. 社会责任投资与企业伦理价值观的变革 [J]. 江汉论坛，2019（6）：35-39.

本章小结

本章主要对电商企业社会创新与创业和财务治理的基本内容进行介绍,主要包括企业社会责任与财务治理、企业社会责任与融资行为、电商企业社会创新与创业及投资行为以及电商企业社会创新与创业及盈余管理四个方面。

企业社会责任与财务治理层面,首先简要介绍了利益相关者理论下的企业社会责任与财务治理,面对全球性企业社会责任的强烈挑战,企业财务管理作为企业各种利益关系的焦点必将在财务目标、财务治理、财务政策和财务评价等方面发生相应的变革,从"股东至上"财务管理模式转变为"利益相关者合作"财务管理模式。其次本章将基于利益相关者理论的企业财务治理变革分为以下内容:企业财务目标的变革、企业财务治理机制的变革、企业财务政策的变革以及企业财务评价的变革。最后详细探讨了以企业社会责任为基础的企业财务治理模式,其中包括以社会责任为基础的财务治理模式、社会责任导向的财务治理的经济学解释、社会责任导向的财务治理模式的运作机制三部分内容。

企业社会责任与融资行为方面,本节从企业社会责任与融资结构、社会责任融资方式以及企业社会责任与融资约束三部分着手。第一部分从企业社会责任与融资结构的角度出发,融资结构是指组织的融资构成,包括长期资金(股本金、债券、银行贷款等)和短期负债(银行透支和贸易信贷)。第二部分从社会责任融资方式入手,并解释分析了"社会影响力债券——为成功付费"的公私合作原理,认为较之于传统的"社会影响力债券"和"为成功付费"模式,二者合一的融资模式创新了既有的典型流程。第三部分从企业社会责任与融资约束的角度出发,介绍了此角度下的三大理论基础——信息不对称、利益相关者理论以及信号传递理论。而融资约束的影响因素,主要集中在商业信用、机构投资者、关系网络和金融发展四方面。本节认为企业缓解融资约束的途径主要包括企业社会责任的履行以及社会责任信息的披露。

电商企业社会创新与创业及投资行为方面,首先简要介绍了社会影响力投资产生的两大动力——社会创新需求和多元价值探索。同时,总结介绍了社会影响力投资的内涵:社会影响力投资是一种在新兴市场和发达市场同时兴起的,利用商业手段来追求综合价值,从风险、回报与社会效益三个维度考量绩效以制定战略的创新型投资形式。随后简要介绍了社会影响力投资的三大理论基础以及计量与估价。三大理论基础分别是:①综合价值理论。②社会企业三角关系理论。③合作治理理论。最后基于社会影响力投资的意义以及我国的社会影响力投资发展现状，对社会创新思维下的中国社会影响力投资进行展望。

电商企业社会创新与创业及盈余管理部分。盈余管理被认为是企业在会计准则的许可范围内对会计政策的择优选择行为，旨在实现企业利益或市场价值的最大化，管理层通过会计手段进行盈余管理以向外界传递稳定的盈余预期，有利于提高股价、规避诉讼以及增强管理层信心。基于道德论以及工具论，深入探讨了电商企业社会创新与创业与盈余管理的关系，认为电商企业社会创新与创业与盈余管理存在负相关及正相关两种关系。管理层会基于私利动机，利用社会责任来掩盖其盈余操纵行为，则企业盈余质量与社会责任存在显著的负向关系。因此，如果企业基于利己主义的工具论承担社会责任，则企业社会责任与盈余管理之间存在正相关关系。

 即测即练

 复习思考题

1. 谈谈电商企业社会创新与创业与财务治理的理论基础。
2. 谈谈我国企业社会责任与融资成本的现状。
3. 融资约束的影响因素主要包括哪些？并进行简要分析。
4. 社会责任投资策略主要有哪几种类型？并进行对比和区分。
5. 结合实际，谈谈对社会影响力投资的认识。
6. 谈谈国际经验对我国社会责任投资发展的启示。
7. 探讨分析企业社会责任与盈余管理之间的关系。

升华篇

第 7 章 电商企业社会创新与创业评价指标体系

🔍 知识目标

1. 了解电商企业社会创新与创业评价指标体系各个分维度的内容。
2. 理解电商企业社会创新与创业评价指标体系中每一个指标的详细定义。
3. 根据赋值规则,评价电商企业社会创新与创业水平。

🔍 能力目标

1. 分析在通用型电商企业社会创新与创业评价指标体系中,由于不同的评价者对各级指标尤其是末级指标的理解存在差异所导致的对最终评价结果的影响。
2. 在结合定量指标和定性指标的基础上,结合实际企业案例进行分析。

🔍 思政目标

塑造电商企业社会创新与创业评价及社会影响力评价的综合价值观。

思维导图

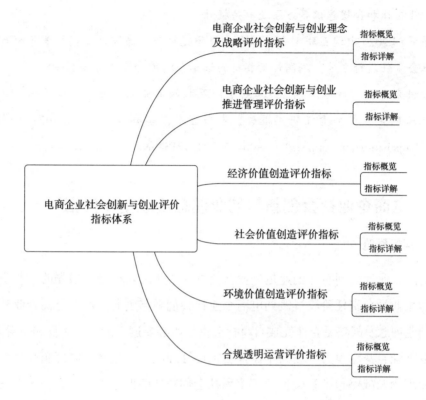

引导案例

2020年10月16日，第二届中国互联网企业社会责任高峰论坛暨《2020中国互联网企业社会责任研究报告》发布会在北京举办。会上，《2020中国互联网企业社会责任研究报告》发布，报告评价互联网企业社会责任发展现状，重点考察了互联网企业的社会责任表现。

在报告列出的18个互联网行业入围社会责任指数前三名企业名单中，电子商务行业里的阿里巴巴（淘宝、天猫）位居社会责任指数排名第一，医疗健康、网络教育行业中，社会责任指数排名第一的企业分别为微医、作业帮。

此次报告聚焦电子商务、医疗健康、网络教育等18个细分领域，筛选240个分析对象，从"社会价值""产品/服务责任""企业家责任""责任管理""企业公益""负面影响"六个维度设置具体指标，评价其社会责任发展现状，重点考察了疫情期间互联网企业的社会责任表现。

报告指出，整体上，18个互联网行业社会责任指数差异较大，电子商务、医疗健康和网络教育行业综合表现相对较好。同时，从舆情测评看，互联网企业在加强行业自律和合规意识等方面还有待提升。

思考：《2020中国互联网企业社会责任研究报告》通过什么指标来评价互联网企业社会责任履行水平？不同评价指标的选择会对评价产生什么影响？

资料来源：中国经济网．第二届中国互联网企业社会责任高峰论坛暨《2020中国互联网企业社会责任研究报告》发布会在京举办[EB/OL]．（2020-10-16）. https://baijiahao.baidu.com/s?id=1680698357948421349&wfr=spider&for=pc.

7.1 电商企业社会创新与创业理念及战略评价指标

7.1.1 指标概览

电商企业社会创新与创业是企业社会责任的实践新形势，领先的企业率先从传统的企业社会责任阶段过渡到电商企业社会创新与创业阶段。电商企业社会创新与创业理念及战略是企业完成自身社会责任所必要遵守的前提条件和立身之本，是企业加强自身竞争力、提高企业社会责任管理能力的地基。电商企业社会创新与创业理念及战略包括社会创新理念和社会创新战略两个方面，共计5个三级指标（表7-1）。

表7-1 电商企业社会创新与创业理念及战略评价指标一览表

一级指标	二级指标	三级指标
社会创新与创业理念与战略	社会创新理念	融入企业实践领域
		融入企业能力
		融入企业自身价值理念
	社会创新战略	可持续发展战略规划
		营销创新战略规划

7.1.2 指标详解

1. 社会创新理念

社会创新理念是用以衡量企业是否具创新的管理经营理念，是否自觉将多样、高效、全面和经济等社会创新原则融入企业的实践领域、能力和自身价值理念的指标。社会创新理念部分包括了融入企业实践领域、融入企业能力和融入企业自身价值理念 3 个三级指标。

（1）融入企业实践领域。融入企业实践领域是指企业自觉将社会创新原则和理念融入企业的发展进程中，让社会创新成为公司发展目标的一部分。

对融入企业实践领域的赋值取决于公司在其自身的实践发展领域中是否体现了电商企业社会创新与创业内涵以及体现的程度，具体的赋值规则如表 7-2 所示。

表 7-2　融入企业实践领域指标赋值规则

分数	指标完成情况
0	在企业自身的实践领域中看不到任何有关电商企业社会创新与创业的内容
0~50	在企业自身的实践领域中体现了一部分具有整体思想的有价值的社会创新思想
50~100	企业的实践领域与社会创新合二为一，上升为社会创新实践领域

（2）融入企业能力。在评价电商企业社会创新与创业能力时，将企业能力考虑进去是非常有必要的，企业必须根据自身能力大小来制定相应完整的社会创新规范。融入企业能力是指企业自觉将社会创新原则和理念融入企业的发展能力中，让履行社会创新责任成为企业自身能力行动的一部分。

对融入企业能力的赋值取决于公司在其自身的能力发展过程中是否体现了电商企业社会创新与创业内涵以及体现的程度，具体的赋值规则如表 7-3 所示。

表 7-3　融入企业能力指标赋值规则

分数	指标完成情况
0	在企业自身能力的发展过程中看不到任何有关电商企业社会创新与创业的内容
0~50	在企业自身能力的发展过程体现了一部分具有整体思想的有价值的社会创新思想
50~100	企业自身能力的发展与社会创新合二为一，上升为社会创新能力发展领域

（3）融入企业自身价值理念。融入企业自身价值理念是指企业自觉将社会创新原则和理念融入企业自身价值理念中，让"求创新"成为企业及其员工的行事准则和原则。

对融入企业自身价值理念的赋值取决于公司在有关自身价值理念的表述中是否体现了电商企业社会创新与创业内涵以及体现的程度，同时还取决于企业在其日常的管理运营中是否有完整规范系统来保证创新价值理念在上下级员工之间的传递，具体的赋值规则如表7-4所示。

表7-4　融入企业自身价值理念指标赋值规则

分数	指标完成情况
0	在企业价值理念表述中看不到任何有关电商企业社会创新与创业的内容
0~25	在企业价值理念表述中体现了一部分具有整体思想的可实践的社会创新思想
25~50	在企业价值理念表述中充分体现了有关电商企业社会创新与创业的内容
50~75	在企业价值理念表述中体现了一部分具有完整意义的社会创新思想和实行价值观的规范系统
75~100	企业价值理念充分体现了具有完整意义的社会创新思想和实行价值观的规范系统

2. 社会创新战略

在企业社会责任的评价体系中，社会创新战略是用以衡量企业是否从战略角度将社会公众利益目标、自身企业发展目标和环境目标融合为一体，通过制定可持续发展战略规划和营销创新规划，让社会创新责任成为企业发展创新战略的一部分。社会创新战略部分包括了可持续发展战略规划和营销创新战略规划2个三级指标。

（1）可持续发展战略规划。"可持续性"通常被定义为环境、经济和社会层面的发展能力。企业在商业运营、生态环境、社会和经济层面可持续发展，创造了利益相关者的长期性价值。[1] 在企业社会责任的评价体系中，可持续发展战略是指企业自觉根据内部和外部的社会环境以及内部利益相关者与外部利益相关者的需求制定出具有可行意义的兼顾环境、经济和可持续发展的公司企业战略规划。这里的内部利益相关者是指企业内部的职工、管理者、所有者等，内部利益相关者利益的实现与企业的绩效息息相关，现有研究表明，电商企业社会创新与创业和企业绩效正相关，而外部利益相关者是指下游客户、上游供应商、经销商、政府、非营利组织等利益相关者。

对可持续发展战略规划的赋值取决于企业是否制定了完整的可持续发展规划、战略规划的可行性和有效性以及其执行情况的效果，具体赋值如表7-5所示。

---

[1] 林洁珍，黄元山. 从企业社会责任到社会创新：发展和伦理问题[J]. 伦理学研究，2018（6）：92-97.

表 7-5　可持续发展战略规划指标赋值规则

分数	指标完成情况
0	在企业的发展进程中看不到任何有关可持续发展战略规划的内容
0~25	在企业的发展进程中体现了一部分具有整体思想的可实践的可持续发展战略规划的内容，但内容少，约等于没有
25~50	在企业发展进程中充分体现了有关可持续发展的内涵，但缺乏充分的应用，且没有相关方的监管，约等于没有效果
50~75	在企业发展进程中体现了一部分具有完整意义的可持续发展的思想和实行可持续发展观的规范系统，且切实地应用到企业的日常管理运营中，有一定的效果
75~100	在企业发展进程中充分体现了具有完整意义的社会创新思想和具有可持续发展观的规范系统，且执行效果显著，企业可持续运营得到充分提升

（2）营销创新战略规划。营销创新战略规划是指企业通过营销以提升社会创新工作能力和绩效为目标，制定和实施的针对社会创新部门或者社会创新领域的专项规划。

对营销创新战略规划的赋值取决于企业是否制定了完整的营销创新战略规划、战略规划的可行性和有效性以及其执行情况的效果，具体赋值如表 7-6 所示。

表 7-6　营销创新战略规划指标赋值规则

分数	指标完成情况
0	在企业的营销工作中看不到任何有关社会创新战略规划的内容
0~25	在企业的营销工作中体现了一部分具有整体思想的可实践的社会创新战略规划的内容，但内容少，约等于没有且执行力几乎为零
25~50	在企业营销工作中充分体现了有关社会创新的内涵，但缺乏充分的应用和有关方的监督
50~75	在企业营销工作中体现了一部分具有完整意义的社会创新发展的思想和可实行社会创新的规范系统，并且切实地应用到企业的日常管理运营中，有一定的效果和执行力
75~100	在企业营销工作中充分体现了具有完整意义的社会创新思想和实行创新营销的规范系统，且执行效果显著，企业的社会创新能力得到充分提升

7.2　电商企业社会创新与创业推进管理评价指标

7.2.1　指标概览

电商企业社会创新与创业推进管理体系是企业日常经营管理规范的重要组成部分，它通过各种详细的指标来规定了电商企业社会创新与创业推进管理有关的政策和规范制定，指导着电商企业社会创新与创业推进的工作。社会创新推进管理评价指标主要包括社会创新治理、社会责任创新沟通和创新合规管理3个方面共计9个三级指标（表7-7）。

表7-7 电商企业社会创新与创业推进管理评价指标一览表

一级指标	二级指标	三级指标
社会创新推进管理	社会创新治理	社会创新体系
		社会创新专项研究
		社会创新培训
	社会责任创新沟通	社会创新理念
		外部社会创新沟通机制
		社会创新报告机制
	创新合规管理	守法合规体系建立
		社会创新领导机构
		社会创新工作机制

7.2.2 指标详解

1. 社会创新治理

社会创新治理是指在企业内部通过建立社会创新体系和相应措施，保证电商企业社会创新与创业理念得到落实从而确保企业创新经营管理目标的实现。社会创新治理部分包括社会创新体系、社会创新专项研究和社会创新培训3个三级指标。

（1）社会创新体系。社会创新体系具体是指公司为了推进社会创新、推进管理专门建立了相应的体系，如是否有完整可行的部门、人员来保证和监督电商企业社会创新与创业工作的进程，包括社会创新报告的发布、内外部权益的保证和明确的文字书面说明等内容。

对社会创新体系的赋值取决于企业是否制定了完整的电商企业社会创新与创业体系、体系的繁杂程度、相应规定的可行性以及公司人员的态度等，具体的赋值规则如表7-8所示。

表 7-8 社会创新体系指标赋值规则

分数	指标完成情况
0	在企业运营管理过程中看不到任何有关社会创新体系的内容
0~25	在企业运营管理过程中体现了一部分具有整体思想的可实践的社会创新体系思想
25~50	在企业运营管理过程中充分体现了建立电商企业社会创新与创业体系的内容
50~75	在企业运营管理过程中体现具有完整意义的社会创新体系，内容详细，可行性强
75~100	在企业运营管理过程中体现具有完整意义的社会创新体系，内容非常详细，执行力非常强，电商企业社会创新与创业推进管理工作得到保障

（2）社会创新专项研究。社会创新专项研究是指企业通过参与有关社会创新专项工作的研究，来保证企业内社会创新推进管理工作的顺利进行，包括进行实地考察研究、书本理论研究和自身实践研究等。

对社会创新专项研究的赋值取决于企业是否进行了较为全面的电商企业社会创新与创业专项研究、研究详尽程度以及研究结果的可利用性等，具体的赋值规则如表 7-9 所示。

表 7-9 社会创新专项研究指标赋值规则

分数	指标完成情况
0	在企业运营管理过程中没有进行任何有关社会创新的专项研究
0~25	在企业运营管理过程中进行了简单的社会创新专项研究，但研究结果没有得到利用，几乎没有效果
25~50	在企业运营管理过程中进行了电商企业社会创新与创业专项的研究，从事过相应的课题，企业较为重视，但次数较少
50~75	在企业运营管理过程中进行了较多次社会创新专项研究，且研究水平较高，研究结果得到利用，对电商企业社会创新与创业推进管理工作起到较大作用
75~100	在企业运营管理过程中进行多次社会创新专项研究，且研究水平高，研究结果得到充分利用，对电商企业社会创新与创业推进管理工作起到非常重大的作用

（3）社会创新培训。社会创新培训是指企业组织公司员工和管理层进行有关社会创新培训方面的工作，从而保证社会创新推进管理工作的有效进行。

对社会创新培训的赋值取决于企业是否进行了有关电商企业社会创新与创业培训的相关工作、工作进行的有效程度以及员工的接受度等，具体的赋值规则如表 7-10 所示。

表 7-10　社会创新培训指标赋值规则

分数	指标完成情况
0	在企业运营管理过程中没有进行任何有关社会创新培训的工作
0~25	在企业运营管理过程中进行了有关社会创新培训的工作，但涉及企业员工数少且内容少，几乎没有效果
25~50	在企业运营管理过程中进行了有关社会创新培训的工作，有一定效果，但时长短，有效性差
50~75	在企业运营管理过程中进行了社会创新培训的工作，有较大效果
75~100	在企业运营管理过程中进行了充分的社会创新培训的工作，效果显著

2. 社会责任创新沟通

"内部社会责任沟通机制建立情况"反映的是内部社会责任沟通渠道是否畅通和有效。一个健全的内部沟通机制，有利于信息在企业内部充分流动和共享，有利于提高企业工作效率，增强民主管理，保证企业决策科学合理。[1] 社会责任创新沟通包括社会创新理念、外部社会创新沟通机制和社会创新报告机制3个三级指标。

（1）社会创新理念。社会创新理念是指企业以社会创新为导向从而确保社会创新推进管理工作的进行。

对社会创新理念的赋值取决于企业是否明确提出社会创新理念和电商企业社会创新与创业的价值观是否清晰等，具体的赋值规则如表7-11所示。

表 7-11　社会创新理念指标赋值规则

分数	指标完成情况
0	在企业运营管理过程中看不到任何有关社会创新理念的内容
0~25	在企业运营管理过程中体现了一部分具有整体思想的可实践的社会创新理念
25~50	在企业运营管理过程中充分体现了社会创新理念的内容
50~75	在企业运营管理过程中体现具有完整意义的社会创新理念，内容详细，可行性强
75~100	在企业运营管理过程中体现具有完整意义的社会创新理念，内容非常详细，目标明确，电商企业社会创新与创业推进管理工作得到保障

（2）外部社会创新沟通机制。外部社会创新沟通机制是指企业参与有关社会创新沟通的外部交流活动。

---

[1] 李永臣，曹希. 供电企业社会责任评价指标体系研究[J]. 环境工程，2013，31（S1）：677-680.

对外部社会创新沟通机制的赋值取决于企业是否参加了有关社会创新沟通的外部交流活动、活动交流次数的多少以及企业员工和外部的交流程度等，具体的赋值规则如表7-12所示。

表7-12　外部社会创新沟通机制指标赋值规则

分数	指标完成情况
0	在企业运营管理过程中没有进行任何有关社会创新沟通的外部交流活动
0~25	在较长一段时间内仅进行一次有关社会创新沟通的外部交流活动，且内容少，丰富度不够
25~50	在较长一段时间内进行了多次有关社会创新沟通的外部交流活动，但深度不够，效果微乎其微
50~75	在一段时间能保持相当频率的有关社会创新沟通的外部交流活动，内容较为丰富，有一定效果
75~100	在一段时间能保持相当高频率的有关社会创新沟通的外部交流活动，内容非常丰富，对电商企业社会创新与创业推进管理工作起到显著效果

（3）社会创新报告机制。社会创新报告机制是指企业有关社会创新内容的报告活动。

对社会创新报告机制的赋值取决于企业是否建立了社会创新报告机制、报告的详尽程度以及企业员工配合程度等，具体的赋值规则如表7-13所示。

表7-13　社会创新报告机制指标赋值规则

分数	指标完成情况
0	在企业运营管理过程中没有建立有关的社会创新报告机制
0~25	在企业运营管理过程中建立了社会创新报告机制，但只是简单的文件说明，发挥效果不佳，起不到作用
25~50	在企业运营管理过程中建立了社会创新报告机制，有比较详细的文字规定说明，对于电商企业社会创新与创业推进管理工作起到一定作用
50~75	在企业运营管理过程中建立了社会创新报告机制，有大量详细文字规定说明，企业上级领导比较重视，对于电商企业社会创新与创业推进管理工作起到较大作用
75~100	在企业运营管理过程中建立了社会创新报告机制，有非常详细的文字规定说明，对于电商企业社会创新与创业推进管理工作起到很大的作用

3. 创新合规管理

创新合规管理是指在企业内部通过建立社会创新管理措施，保证电商企业社会创新与创业推荐管理工作得到落实从而确保企业创新经营管理目标的实现。创新合规管理包括守法合规体系建立、社会创新领导机构和社会创新工作机制3个三级指标。①

（1）守法合规体系建立。守法合规体系建立具体是指公司为了推进社会创新管理专门建立了守法合规体系，包括建立社会创新合规体系、守法合规理念和法律合规体系等内容。

对守法合规体系建立的赋值取决于企业是否制定了完整的电商企业社会创新与创业守法合规体系、体系的繁杂程度以及相应规定的合法性等，具体的赋值规则如表7-14所示。

表7-14 守法合规体系指标赋值规则

分数	指标完成情况
0	在企业运营管理过程中看不到任何有关社会创新守法合规体系的内容
0~25	在企业运营管理过程中体现了一部分具有整体思想的具有法律意义的社会创新守法合规体系思想
25~50	在企业运营管理过程中充分体现了建立电商企业社会创新与创业守法合规体系的内容
50~75	在企业运营管理过程中体现具有完整法律意义的社会创新守法合规体系，内容详细，可行性强
75~100	在企业运营管理过程中体现具有完整法律意义的社会创新守法合规体系，内容非常详细，电商企业社会创新与创业推进管理工作得到保障

（2）社会创新领导机构。社会创新领导机构是指在企业内部通过建立社会创新领导机构和相应措施，保证电商企业社会创新与创业推进管理得到落实从而确保企业创新经营管理目标的实现。企业创新治理部分包括设立社会创新领导部门和相应领导人员、内外部的监督和明确的企业内部政策文字说明三个部分。

对社会创新领导机构的赋值取决于企业是否设立社会创新领导部门和相应领导人员、内外部的监督工作是否得到落实、相应规定的可行性以及公司人员的态度等，具体的赋值规则如表7-15所示。

---

① YUAN C M, WU F P. A performance evaluation model on corporate social responsibility based on ANP. [C]//The 2nd International Conference on Information Science and Engineering, IEEE, Hangzhou, China, 2010.

表 7-15 社会创新领导机构指标赋值规则

分数	指标完成情况
0	在企业运营管理过程中看不到任何有关社会创新领导机构的内容
0~25	在企业运营管理过程中建立了社会创新领导机构,但只是临时部门,发挥效果不佳,起不到作用
25~50	在企业运营管理过程中建立了社会创新领导机构,由公司级别较高领导担任机构领导,对于电商企业社会创新与创业推进管理工作起到一定作用
50~75	在企业运营管理过程中建立了社会创新领导机构,由公司级别较高领导担任机构领导,对于电商企业社会创新与创业推进管理工作起到较大作用
75~100	在企业运营管理过程中建立了社会创新领导机构,由公司级别最高领导担任机构领导,对于电商企业社会创新与创业推进管理工作起到了非常重大的作用

（3）社会创新工作机制。社会创新工作机制是指在企业内部通过建立社会创新工作机制和相应措施,保证电商企业社会创新与创业推进管理工作得到落实从而确保企业创新经营管理目标的实现。[1] 企业创新治理包括企业设立社会创新工作机制、内外部的监督和明确的企业内部政策文字说明三个部分。

对社会创新工作机制的赋值取决于企业是否设立了社会创新工作机制、机制的运行情况、内外部的监督工作、相应规定的可行性以及公司人员的态度等,具体的赋值规则如表 7-16 所示。

表 7-16 社会创新工作机制指标赋值规则

分数	指标完成情况
0	在企业运营管理过程中没有建立有关的社会创新工作机制
0~25	在企业运营管理过程中建立了社会创新工作机制,但只是简单的文件说明,发挥效果不佳,起不到作用
25~50	在企业运营管理过程中建立了社会创新工作机制,有比较详细的文字规定说明,对于电商企业社会创新与创业推进管理工作起到一定作用
50~75	在企业运营管理过程中建立了社会创新工作机制,有大量详细文字规定说明,企业上级领导比较重视,对于电商企业社会创新与创业推进管理工作起到较大作用
75~100	在企业运营管理过程中建立了社会创新工作机制,有非常详细的文字规定说明,企业上级领导非常重视,对于电商企业社会创新与创业推进管理工作起到很大的作用

---

[1] FANG S X, WANG A M. Measurement of corporate social responsibility of automobile enterprises based on AHP-GRA model[J]. Journal of intelligent and fuzzy systems, 2020, 38（6）: 6947-6956.

7.3 经济价值创造评价指标

7.3.1 指标概览

经济价值创造是指企业在运营管理过程中产生的对社会经济发展有益的直接经济价值和间接经济价值。如果企业在经济价值方面表现良好，企业社会责任可以得到有效的支持。企业承担的社会责任就是提供商品和服务，增加社会就业。企业能够更好地履行社会责任的必要条件是良好的企业绩效、高利润和社会资源的优化配置。企业的财务绩效较差，企业的社会责任也较差。因此，我们必须认识到这样一个事实：如果一个企业没有获得足够的利润，那么它就没有能力承担高度的社会责任。

扩展资源 7-1

企业经济价值创造主要包括直接经济价值和间接经济价值两个方面共计 7 个三级指标（表 7-17）。

表 7-17 经济价值创造评价指标一览表

一级指标	二级指标	三级指标
经济价值创造	直接经济价值	营业收入
		资产负债率
		利润率
	间接经济价值	对就业发展的贡献
		对自身行业领域的贡献
		对国家税收的贡献
		对社会创新的贡献

7.3.2 指标详解

1. 直接经济价值

直接经济价值指的是企业日常运营生产产生的直接经济效益，包括营业收入、资产负债率和利润率。有观点认为，企业社会责任肯定会增加企业的运营成本，但是从经济价值创造的角度来看，企业社会责任可以提供巨大的潜在利益，如赢得投资者的信任、巩固和供应商的关系、获得更多的客户认可以及换取较少的政府干预并最终建立良好的企业形象。这些潜在的收益，远远超过社会责任的成本，且能进一步提高经营水平。[①]

---

① SUN W, YANG S, XIE M. Financial evaluation of real estate corporate social responsibility[C]//2011 International Conference on Information Management, Innovation Management and Industrial Engineering, 2011.

（1）营业收入。营业收入是指企业从事主营业务和其他业务所取得的收入。它是指企业在一定时期内销售商品或者提供服务所取得的货币收入。

对营业收入的赋值取决于企业日常经营业务收入的多少和收入是否呈增长趋势，具体的赋值规则如表7-18所示。

表7-18　营业收入指标赋值规则

分数	指标完成情况
0	在企业运营管理过程中没有记录任何有关营业收入的数据
0~25	企业营业收入低，且呈下降趋势
25~50	企业营业收入较低，趋势平稳
50~75	企业营业收入高，呈微上升趋势
75~100	企业营业收入很高，且逐年呈中高幅度的上升趋势

（2）资产负债率。资产负债率代表了企业的负债水平，即企业的资产中有多少是通过负债取得的。资产负债率=公司总负债/公司总资产，它是衡量企业利用债权人资金来进行自身经营活动的指标，也反映了债权人向企业提供信贷资金的风险安全程度。

由于所扮演的角色不同，如债权人希望资产负债率越低越好，这样他们的投资风险就小，企业股东却希望企业的资产负债率高，而企业的经营者则希望企业资产负债率低但又让前两方都能满意，因此，如何让三方都尽量满意，是衡量企业资产负债率水平的关键，具体的赋值规则如表7-19所示。[①]

表7-19　资产负债率指标赋值规则

分数	指标完成情况
0	在企业运营管理过程中没有记录任何有关资产负债率的数据
0~25	企业资产负债率的水平得到了企业股东、债权人和经营者其中一位的满意
25~50	企业资产负债率的水平得到了企业股东和经营者的满意，但债权人不满意
50~75	企业资产负债率的水平得到了债权人和经营者的满意，但企业股东不满意
75~100	企业股东、债权人和经营者都满意资产负债率的水平

---

① LI C P, ZU B H, LI Z X, et al. Corporate social responsibility and social responsibility needs of stakeholders[C]// 2011 International Conference on Remote Sensing, Environment and Transportation Engineering, 2011.

（3）利润率。利润率是指企业通过日常经营管理获得利润的能力。利润率 = 企业营业利润 / 企业营业收入，它代表了企业的运营效率和回报。

对利润率的赋值取决于企业利润率的大小和利润率是否呈增长趋势，具体的赋值规则如表 7-20 所示。

表 7-20 利润率指标赋值规则

分数	指标完成情况
0	在企业运营管理过程中没有记录任何有关利润率的数据
0~25	企业利润率低，且呈下降趋势
25~50	企业利润率较低，趋势平稳
50~75	企业利润率高，呈微上升趋势
75~100	企业利润率很高，且逐年呈中高幅度的上升趋势

2. 间接经济价值

追求经济效益与社会责任有机统一，能帮助企业提升社会声誉，培育品牌价值，形成制度约束，实现可持续竞争优势。间接经济价值是指企业日常运营生产产生的间接经济效益，包括对就业发展的贡献、对自身行业领域的贡献、对国家税收的贡献和对社会创新的贡献。[①]

（1）对就业发展的贡献。对就业发展的贡献是指企业在日常经营管理中体现的对整个就业环境发展的贡献。企业除了关注自身的发展，同时也要通过提升招工人数的方法来化解整个就业市场的萎靡态势。

对就业发展的贡献的赋值取决于企业招工人数的多少，是否雇用贫困、残疾弱势群体以及女性员工占比率的大小，具体的赋值规则如表 7-21 所示。

表 7-21 对就业发展的贡献指标赋值规则

分数	指标完成情况
0	企业没有雇用任何当地人
0~25	企业雇用当地人，但当地人占比率低，同时没有考虑贫困、残疾等弱势群体
25~50	企业雇用当地人，当地人占比率较低，但考虑雇用贫困、残疾等弱势群体

---

① 赵红，孙键，胡锋，等. 基于行业内部的企业社会责任评价指标体系构建 [J]. 同济大学学报（自然科学版），2012，40（4）：650–656.

续表

分数	指标完成情况
50~75	企业雇用当地人，当地人占比率高，同时雇用贫困、残疾等弱势群体，且比例呈上升趋势
75~100	企业雇用当地人，当地人占比率非常高，同时雇用贫困、残疾等弱势群体，企业内部女性占比率也远超平均水平

（2）对自身行业领域的贡献。对自身行业领域的贡献是指企业在日常经营管理中体现的对自身行业领域发展的贡献。企业除了关注自身的发展，同时也要通过参与整个行业的公众事务来提升所处行业领域的发展。[①]

对自身行业领域的贡献的赋值取决于企业有没有加入所处行业领域具有公信力的协会、在协会中是否有发言权以及企业对该协会的重视程度等，具体的赋值规则如表7-22所示。

表 7-22　对自身行业领域的贡献指标赋值规则

分数	指标完成情况
0	企业没有参加任何关于自身行业领域的协会
0~25	企业参加了关于自身行业领域的协会，但基本不参与任何讨论，成效基本为零
25~50	企业参加了关于自身行业领域的协会，参与过几次讨论，但没有做出有利于行业发展的事务
50~75	企业参加了不止一个关于自身行业领域的协会，积极参与讨论，做出了有利于行业发展的事务
75~100	企业参加了不止一个关于自身行业领域的协会，非常积极地参与讨论并在协会中担任具有重要影响力的角色，做出了有利于行业发展的事务且效果深远

（3）对国家税收的贡献。对国家税收的贡献是指企业在税收方面对国家的贡献。

对国家税收的贡献的赋值取决于企业有没有按时缴纳税收、是否依法缴纳相应数量的税款、每年缴纳税款数额的增长率以及是否偷税漏税，具体的赋值规则如表7-23所示。

---

① LIN T T，HUANG T C. The evaluation model for cooperate social responsibility from a management flexibility perspective[C]//2013 IEEE International Conference on Industrial Engineering and Engineering Management, 2013.

表 7-23　对国家税收的贡献指标赋值规则

分数	指标完成情况
0	在企业运营管理过程中没有向国家缴纳任何税款
0~25	企业营业缴纳税款，但税款数额不稳定，对当地税收起不到作用
25~50	企业营业缴纳税款，税款数额较稳定，对当地税收起到一定作用
50~75	企业营业缴纳税款，税款数额稳定，对当地税收起到作用
75~100	企业营业缴纳税款，税款数额呈逐年较大幅度的上升趋势，对当地税收起到非常重要的作用

（4）对社会创新的贡献。对社会创新的贡献是指企业以社会问题为导向，为社会问题提供创新性的解决方案，同时获得经济利益。

对社会创新的贡献的赋值取决于是否自觉将多样、高效、全面和经济等社会创新原则融入企业的实践领域、能力和自身价值理念并为社会创新作出对应的发展贡献，具体的赋值规则如表 7-24 所示。

表 7-24　对社会创新的贡献指标赋值规则

分数	指标完成情况
0	在企业运营管理过程中看不到任何有关电商企业社会创新与创业的内容
0~25	在企业自身的实践领域中体现了一部分具有整体思想的有价值的社会创新思想，但没有付诸行动
25~50	企业的实践领域与社会创新合二为一，上升为社会创新实践领域且有一定的影响力
50~75	企业的实践领域与社会创新合二为一，上升为社会创新实践领域且具有相当的影响力
75~100	企业的实践领域与社会创新合二为一，上升为社会创新实践领域且具有非常大的影响力，创新成果显著，对社会创新发展作出巨大贡献

7.4　社会价值创造评价指标

7.4.1　指标概览

企业产生的价值包括经济价值和社会价值。虽然企业实现营收是首要的，但是社会价值的实现也将有利于企业的进一步发展，提高企业影响力。对企业的社会价值进行合理科学的评价有利于促进企业担当社会责任，树立良好的企业形象，增强企业核心竞

扩展资源 7-2

争力。社会价值创造评价指标主要包含为员工创造价值、为客户创造价值、为政府创造价值、为行业创造价值、为社区创造价值 5 个方面，共计 21 个三级指标。其中，为员工创造价值有 6 个三级指标，为客户创造价值有 5 个三级指标，为政府创造价值有 3 个三级指标，为行业创造价值有 3 个三级指标，为社区创造价值有 4 个三级指标，如表 7-25 所示。

表 7-25 社会价值创造评价指标一览表

一级指标	二级指标	三级指标
社会价值创造	为员工创造价值	年度工资总额
		年度人均收入
		员工工资增长率
		员工培训费用比
		生产安全每百万人工伤
		安全生产总投资
	为客户创造价值	研发投资占比
		研发人员占比
		年度市场召回次数
		售后服务机制
		客户满意度
社会价值创造	为政府创造价值	年度纳税总额
		税收贡献率
		新员工数
	为行业创造价值	公平竞争
		合同履约率
		对外合作数
	为社区创造价值	公益捐赠总额
		扶贫助残人数
		志愿活动次数
		员工志愿者数量

7.4.2 指标详解

1. 为员工创造价值

员工是企业的主要财富，企业需要依靠员工来运作，相应地，企业也应该为员工创造更多的财富。该项二级指标主要包含年度工资总额、年度人均收入、员工工资增长率、员工培训费用比、生产安全每百万人工伤、安全生产总投资等方面。

（1）年度工资总额。年度工资总额是指企业在一个年度内直接支付给职工的劳动报酬总额，包括计时工资、计件工资、职工奖金、工作津贴，以及加班工资等。年度工资总额是一个企业承担社会责任的重要指标，具体赋值如表7-26所示。

表7-26 年度工资总额指标赋值规则

分数	指标完成情况
0~20	年度工资总额与往年相比大幅度减少
20~40	年度工资总额与往年相比有所减少
40~60	年度工资总额与往年持平
60~80	年度工资总额与往年相比有所增加
80~100	年度工资总额与往年相比大幅度增加

（2）年度人均收入。年度人均收入是一项反映工资总体水平的指标，是指企业、事业、机关单位的职工在一定时期内平均每人所得的货币工资额。它不同于每一个人的具体工资水平。年度人均收入表明一定时期员工工资收入的高低程度，是反映员工工资水平的主要指标，具体赋值如表7-27所示。

表7-27 年度人均收入指标赋值规则

分数	指标完成情况
0~20	年度人均收入与往年相比大幅度减少
20~40	年度人均收入与往年相比有所减少
40~60	年度人均收入与往年持平
60~80	年度人均收入与往年相比有所增加
80~100	年度人均收入与往年相比大幅度增加

（3）员工工资增长率。企业应该结合经济效益、人工成本情况，参照地区工资指导线、劳动力市场工资价位和行业人工成本等信息做好工资增长决策，提高员工的积极性，具体赋值如表7-28所示。

表 7-28　员工工资增长率指标赋值规则

分数	指标完成情况
0	员工工资增长率为 0
0~25	员工工资增长率低，低于同行业基准线
25~50	员工工资增长率较低，略低于同行业基准线
50~75	员工工资增长率较高，略高于同行业基准线
75~100	员工工资增长率高，高于同行业基准线

（4）员工培训费用比。员工培训费用比是指员工培训支出占整体支出的比例。从长远来看，成功培训员工最终可以为企业节省用人成本，不仅给企业带来更多收入，还会提高员工保留率，具体赋值如表 7-29 所示。

表 7-29　员工培训费用比指标赋值规则

分数	指标完成情况
0	无员工培训
0~25	员工培训费用比低，低于同行业基准线
25~50	员工培训费用比较低，略低于同行业基准线
50~75	员工培训费用比高，略高于同行业基准线
75~100	员工培训费用比高，高于同行业基准线

（5）生产安全每百万人工伤。在企业评估安全绩效时，要跟踪的最重要的 KPI（关键绩效指标）之一是误工工伤频率，即报告期内发生的误工工伤数量，大多数公司选择计算每百万人工伤。其公式如下：

生产安全每百万人工伤 =[（报告期内误工工伤次数）× 1 000 000] /（报告期内工作总时数），具体赋值如表 7-30 所示。

表 7-30　生产安全每百万人工伤指标赋值规则

分数	指标完成情况
0	生产安全每百万人工伤同比有增加
0~25	生产安全每百万人工伤同比略微降低

续表

分数	指标完成情况
25~75	生产安全每百万人工伤同比降低
75~100	生产安全每百万人工伤同比大大降低

（6）安全生产总投资。安全生产总投资是指企业在一段时期内用于安全保障方面的投资，体现了企业对员工权益的保障，具体赋值如表7-31所示。

表7-31 安全生产总投资指标赋值规则

分数	指标完成情况
0	安全生产总投资为0或与往年相比大幅度减少
0~25	安全生产总投资与往年相比有所减少
25~50	安全生产总投资与往年持平
50~75	安全生产总投资与往年相比有所增加
75~100	安全生产总投资与往年相比大幅度增加

2. 为客户创造价值

客户是企业主要的服务对象，本质上企业就是要不断地为更多的客户创造更多的价值，实现自身的企业价值。该项二级指标主要包括研发投资占比、研发人员占比、年度市场召回次数、售后服务机制、客户满意度等。

（1）研发投资占比。研发投资占比是指企业用于研发新产品的投入资金占整体支出的百分比，体现了企业的创新意识，有助于提高企业的国际竞争力，同时也会为客户创造更多的价值，具体赋值如表7-32所示。

表7-32 研发投资占比指标赋值规则

分数	指标完成情况
0	研发投资占比与往年相比大幅度减小或者缺乏相关资料记录
0~25	研发投资占比与往年相比有所减小
25~50	研发投资占比与往年相比基本持平
50~75	研发投资占比与往年相比有所增加
75~100	研发投资占比与往年相比大幅度增加

（2）研发人员占比。研发人员占比是指企业中用于科研、开发等相关人员数量与全体员工数量的比值。占比高说明了企业是创新型企业，也会带来更多的技术进步和快速的产品迭代升级，为客户创造价值，具体赋值如表 7-33 所示。

表 7-33　研发人员占比指标赋值规则

分数	指标完成情况
0	研发人员占比与往年相比大幅度减小或者缺乏相关资料记录
0~25	研发人员占比与往年相比有所减小
25~50	研发人员占比与往年相比基本持平
50~75	研发人员占比与往年相比有所增加
75~100	研发人员占比与往年相比大幅度增加

（3）年度市场召回次数。企业在一定时期内召回产品的次数体现了企业的产品质量水平，也是企业是否为客户负责的重要指标之一，具体赋值如表 7-34 所示。

表 7-34　年度市场召回次数指标赋值规则

分数	指标完成情况
0	年度市场召回次数很多或者缺乏资料记录，处理不及时
0~25	年度市场召回次数较多，处理较为及时，远高于行业标杆水平
25~50	年度市场召回次数一般，处理及时，高于行业标杆水平
50~75	年度市场召回次数较少，处理非常及时，接近行业标杆水平
75~100	年度市场召回次数非常少，处理非常及时并且流程非常规范完整，服务态度好，达到行业标杆水平

（4）售后服务机制。企业在生产经营的过程中必须关注到售后服务机制的建设与完善，给消费者和客户带来较好的售后体验，也会提高企业的影响力。该项指标主要取决于企业是否制定售后服务机制，机制是否完善全面以及实际执行的效果，具体赋值如表 7-35 所示。

表 7-35　售后服务机制指标赋值规则

分数	指标完成情况
0	没有售后服务机制

续表

分数	指标完成情况
0~25	有简单的售后服务机制,没有系统和制度化
25~50	有一般的售后服务机制,有一定的规章制度,但是贯彻落实不够到位
50~75	有较好的售后服务机制,规章制度较为完善,贯彻落实到位
75~100	有非常好的售后服务机制,规章制度非常完善,贯彻落实非常到位

(5)客户满意度。要想提高企业的服务质量,企业需要定期对客户进行客户满意度调查或者在服务后及时询问客户评价,并且及时处理和改进反馈的问题,具体赋值如表7-36所示。

表7-36 客户满意度指标赋值规则

分数	指标完成情况
0	没有开展过客户满意度调查
0~25	开展过少量的客户满意度调查,形式单一,满意度结果一般,处理改进不及时
25~50	定期开展客户满意度调查,形式较为单一,满意度结果较好,处理改进较为及时
50~75	定期开展客户满意度调查,形式较为丰富,满意度结果很好,处理改进很及时
75~100	建立了常态化的客户满意度调查机制,流程标准且完善全面,并纳入考核绩效,处理改进高效、彻底,促进了服务质量的提升

3. 为政府创造价值

政府部门是企业进行生产经营的监督者和管理者,企业为政府创造价值的指标主要包括年度纳税总额、税收贡献率、新员工数。

(1)年度纳税总额。年度纳税总额是指企业全年实际交纳的所有税金之和,包括增值税、消费税、城建税、房产税、土地使用税、车船税、企业所得税和个人所得税、印花税等。年度纳税总额越高说明企业作出了更多的GDP贡献,为政府创造的价值越多,具体赋值如表7-37所示。

表7-37 年度纳税总额指标赋值规则

分数	指标完成情况
0	年度纳税总额与往年相比大幅度减少
0~25	年度纳税总额与往年相比有所减少

续表

分数	指标完成情况
25~50	年度纳税总额与往年相比基本持平
50~75	年度纳税总额与往年相比有所增加
75~100	年度纳税总额与往年相比大幅度增加

（2）税收贡献率。税收贡献率是指企业占用的单位资产所作出的税收产出或税收贡献。税收贡献率强调以科学发展观认识税收，以精细化管理思维管理税收，以社会资源的有效配置经济思想看税收经济关系，论税收贡献的大小就必须参考纳税人占用社会资源的情况，要明确纳税人的税收贡献是在占用了多少资源的条件下创造的，具体赋值如表7-38所示。

表 7-38　税收贡献率指标赋值规则

分数	指标完成情况
0	税收贡献率小或者缺乏资料记录
0~25	税收贡献率较小，远低于行业标杆水平
25~50	税收贡献率一般，低于行业标杆水平
50~75	税收贡献率较大，接近行业标杆水平
75~100	税收贡献率很大，达到行业标杆水平

（3）新员工数。企业在一定时期内通过招聘员工，扩大企业的规模，提高企业的生产量，同时也增加了就业岗位，为政府部门解决就业问题创造了价值，具体赋值如表7-39所示。

表 7-39　新员工数指标赋值规则

分数	指标完成情况
0	没有新增员工
0~25	新增少量员工，与往年相比有所减少
25~50	新增员工数量一般，与往年相比基本持平
50~75	新增较多员工，与往年相比有所增加
75~100	扩大招聘，新增大量员工，与往年相比大幅度增加

4. 为行业创造价值

为行业创造价值是指企业应该为合作伙伴、上下游供应商,乃至竞争对手等其他行业内外企业履行相应的社会责任,主要包括公平竞争、合同履约率和对外合作数这三个方面。

(1) 公平竞争。企业在生产经营过程中应当遵守相关的法律法规,符合行业规范和商业道德,不得有恶性竞争、垄断等不正当竞争行为。因此,公平竞争是评价企业合法合规经营以及为行业创造价值的重要指标之一,具体赋值如表7-40所示。

表7-40 公平竞争指标赋值规则

分数	指标完成情况
0	有不正当竞争行为
0~25	无不正当竞争行为,但没有监督管理机制
25~50	无不正当竞争行为,但监督管理机制不够完善,执行不够
50~75	无不正当竞争行为,监督管理机制较为完善,执行力度较好
75~100	无不正当竞争行为,监督管理机制非常完善,执行力非常好

(2) 合同履约率。合同履约率是指一个时期内企业实际履行合同数与应履行合同数的占比,体现了企业的信用程度和实际管理、组织、生产等水平,具体赋值如表7-41所示。

表7-41 合同履约率指标赋值规则

分数	指标完成情况
0	合同履约率为0
0~50	合同履约率低于一半
50~100	合同履约率高于一半
100	合同履约率为100%

(3) 对外合作数。企业除了自身的经营生产外,还需要与其他企业、组织或单位进行各种业务合作,提高企业的效益,具体赋值如表7-42所示。

表 7-42 对外合作数指标赋值规则

分数	指标完成情况
0	没有任何合作
0~25	有合作，合作对象类型单一，合作形式单一，效益基本没有提高
25~50	有合作，合作对象类型较为单一，合作形式较为单一，效益略微提高
50~75	有合作，合作对象类型较为丰富，合作形式较为丰富，效益明显提高
75~100	有合作，合作对象类型十分丰富，合作形式十分丰富，效益大幅度提高

5. 为社区创造价值

除了以上四个对象，企业还需要为社区创造价值，履行相应的社会责任，参与到社会公益中，推动社会的和谐发展与进步，主要包括公益捐赠总额、扶贫助残人数、志愿活动次数、员工志愿者数量等方面。

（1）公益捐赠总额。公益捐赠总额体现了企业在一定周期内承担社会慈善责任的实际情况，取决于企业是否有公益捐赠、是否定期捐赠，以及总额的变化情况，具体赋值如表 7-43 所示。

表 7-43 公益捐赠总额指标赋值规则

分数	指标完成情况
0	没有任何公益捐赠
0~25	有较少次数的公益捐赠，无常态化机制，数额较小
25~50	有较多次数的公益捐赠，有常态化机制，数额较大
50~75	公益捐赠次数较多，定期组织且形式多样，数额很大
75~100	公益捐赠次数很多，定期组织且形式多样，总额同比增长很大

（2）扶贫助残人数。扶贫助残人数是指一段时期内企业直接或者间接帮扶的贫困、残疾、高龄等人群的数量，是企业为社区实际作出贡献和创造价值的表现，具体赋值如表 7-44 所示。

表 7-44　扶贫助残人数指标赋值规则

分数	指标完成情况
0	没有扶贫助残
0~25	扶贫助残人数较少，没有定期慰问机制
25~50	扶贫助残人数较多，有定期慰问机制，覆盖人群较窄
50~75	扶贫助残人数很多，有定期慰问机制，覆盖人群较广
75~100	扶贫助残人数非常多，有定期慰问机制，覆盖人群很广，有一定影响力，获得相关报道和表彰

（3）志愿活动次数。志愿者活动次数是指一段时期内企业组织员工参与的公益活动次数，具体赋值如表 7-45 所示。

表 7-45　志愿活动次数指标赋值规则

分数	指标完成情况
0	没有组织参与志愿活动
0~25	志愿活动次数较少，且为临时组织活动，没有常规化，参与人数较少，活动规模小
25~50	志愿活动次数较多，多为定期组织活动，参与人数较多，活动规模较大
50~75	志愿活动次数很多，定期组织活动，参与人数很多，活动规模很大
75~100	志愿活动次数非常多，定期组织并精心策划活动，参与人数非常多，活动规模非常大，获得主流媒体报道

（4）员工志愿者数量。员工志愿者数量是指企业里从事公益志愿活动的员工数量，该项指标取决于员工志愿者的实际数量以及每年的人数增减情况，具体赋值如表 7-46 所示。

表 7-46　员工志愿者数量指标赋值规则

分数	指标完成情况
0	没有员工志愿者
0~25	员工志愿人数较少，同比人数有所降低
25~50	员工志愿人数较多，同比人数基本持平
50~75	员工志愿人数很多，同比人数有所增长
75~100	员工志愿人数非常多，同比人数增长较多

7.5 环境价值创造评价指标

7.5.1 指标概览

企业在承担企业社会责任时也要包含对环境保护和生态建设方面产生的价值，即环境价值创造。环境价值创造评价指标主要包含环境管理、节能减排和环境保护 3 个方面的二级指标。其中，环境管理有 4 个三级指标，节能减排有 3 个三级指标，环境保护有 3 个三级指标，如表 7-47 所示。

表 7-47 环境价值创造评价指标一览表

一级指标	二级指标	三级指标
环境价值创造	环境管理	环境管理体系
		环保标准遵守
		环保信息透明
		环保宣传程度
	节能减排	资源利用率
		污染物指标
		温室气体排放总量
	环境保护	保护措施
		生态治理
		环保公益

7.5.2 指标详解

1. 环境管理

环境管理是企业承担环保责任的基础和前提，主要包括环境管理体系（EMS）、环保标准遵守、环保信息透明和环保宣传程度等内容。

（1）环境管理体系。环境管理体系是企业或其他组织的管理体系的一部分，用来制定和实施其环境方针，并管理其环境因素，包括为制定、实施、实现、评定和保持环境方针所需的组织结构、计划活动、职责、惯例、程序、过程和资源。

因此，环境管理体系的赋值是由企业是否建立环境保护体系，是否完善，是否拥有相关认证，是否不断监测、评审与完善等方面决定的，具体赋值如表 7-48 所示。

表 7–48　环境管理体系指标赋值规则

分数	指标完成情况
0	没有建立环境管理体系
0~25	建立了单一的环境管理体系，但是没有相关认证
25~50	建立了多样的环境管理体系，有国内机构认证
50~75	建立了比较完善的环境管理体系，有国内外机构认证
75~100	建立了十分完善的环境管理体系，有国内外机构认证，并且不断检测与改进

（2）环保标准遵守。企业在进行生产经营活动时要遵守国家环保政策和行业的环保标准。国家环保的法律法规很多，涉及管理、防治、评估等多个方面，如《中华人民共和国环境保护法》《中华人民共和国大气污染防治法》《中华人民共和国固体废物污染环境防治法》《中华人民共和国环境影响评价法》等法律。行业的环保标准也很多，包括不同的级别，有国际标准、国家标准、行业标准、地方标准、企业标准等。能够遵守的标准级别多，体现企业承担了更多的环境保护责任。

因此，环保标准遵守的赋值标准主要取决于企业是否严格遵守国家环保政策，是否达到行业的标准，是否获得相关的标准认证等，具体赋值如表 7–49 所示。

表 7–49　环保标准遵守指标赋值规则

分数	指标完成情况
0	没有遵守国家环保政策的承诺或举措
0~25	承诺遵守国家环保政策，采取了一些举措落实国家部分环保政策
25~50	承诺遵守国家环保政策，采取了较多措施落实国家环保政策如环境管理政策、环境经济政策等
50~75	承诺遵守国家环保政策，采取了一系列措施全面落实国家环保政策，获得省部级以下环保部门授予的荣誉
75~100	遵守国家环保政策，采取了一系列措施全面落实国家环保政策，获得省部级以上环保部门授予的荣誉

（3）环保信息透明。环保信息透明指标主要针对企业污染管理、处理、排放数据以及生态保护工作情况等方面的情况向公众公开信息进行评价。信息公开越透明、越全面、越及时的企业得分越高，具体赋值如表 7–50 所示。

表 7-50　环保信息透明指标赋值规则

分数	指标完成情况
0	未对环保信息进行公示
0~25	环保信息的公示较少
25~50	环保信息的公示一般，无反馈平台建设
50~75	环保信息的公示较多，有反馈平台建设
75~100	环保信息的公示很多，反馈平台建设良好，具有一定的影响力

（4）环保宣传程度。环保宣传程度是指企业在有关环境保护和生态建设方面实施宣传活动、知识培训、工作报道等事件的重视程度和实际效果。重视程度越高，以及实际效果越好，企业的得分越高，具体赋值如表 7-51 所示。

表 7-51　环保宣传程度指标赋值规则

分数	指标完成情况
0	无环保宣传
0~25	环保宣传较少
25~50	有环保宣传、环保培训等，但不太重视
50~75	有环保宣传、环保培训等，比较重视
75~100	有持续的环保宣传，有组织的环保培训，且十分重视，具有一定的影响力

2. 节能减排

节能减排是企业承担环境保护责任主要的工作内容。国家也出台了详细的节能措施评价指标以及污染物控制要求，主要体现在资源利用率、污染物指标和温室气体排放总量三个方面。

（1）资源利用率。在经济新常态状态下，企业必然要提高资源利用率，这是当前工业 4.0 时代企业的核心竞争力之一，也是企业履行企业社会责任的必要条件。资源利用率包含了产量原材料消耗率、单位产量耗水量、单位产量能耗量、废料再利用率等，具体赋值如表 7-52 所示。

表 7-52　资源利用率指标赋值规则

分数	指标完成情况
0	资源利用率小，有大量浪费资源的情况

续表

分数	指标完成情况
0~25	资源利用率较低,远低于行业标杆水平
25~50	资源利用率一般,低于行业标杆水平
50~75	资源利用率较大,接近行业标杆水平
75~100	资源利用率很大,达到行业标杆水平

（2）污染物指标。绿水青山就是金山银山，而污染物就是破坏环境的最大杀手，所以企业必须严格遵守污染物指标的要求。按照中国现行环境保护法律确立的排放标准体系，国家污染物排放（控制）标准包括水污染物排放标准、大气污染物排放标准、噪声排放标准、固体废物污染控制标准、放射性和电磁辐射污染防治标准。国务院关于印发"十三五"生态环境保护规划的通知将污染物分为主要污染物和区域性污染物。主要污染物为化学需氧量、氨氮、二氧化硫、氮氧化物。区域性污染物为重点地区重点行业挥发性有机物、重点地区总氮、重点地区总磷。因此，该项赋值取决于污染物的排放量和减排量，具体赋值如表7-53所示。

表7-53 污染物指标赋值规则

分数	指标完成情况
0	各项均超出指标
0~25	各项基本达到指标最低要求
25~50	各项达到指标的要求
50~75	各项达到指标的要求,部分超出指标的要求,且相比往年有进步
75~100	各项超出指标的要求,且相比往年有大幅度进步

（3）温室气体排放总量。温室气体是指导致全球温室效应的气体成分。京都议定书规定控制的六种温室气体为二氧化碳（CO_2）、甲烷（CH_4）、氧化亚氮（N_2O）、氢氟碳化合物（HFCs）、全氟碳化合物（PFCs）、六氟化硫（SF_6）。其中，以后三类气体造成温室效应的能力最强，但对全球升温的贡献百分比来说，二氧化碳由于含量较大，所占的比例也最大，约为25%。各国家地区都在实施一些减排措施。我国也于2020年9月22日在第七十五届联合国大会上提出："中国将提高国家自主贡献力度，采取更加有力的政策和措施，二氧化碳排放力争于2030年

前达到峰值，努力争取 2060 年前实现碳中和。"因此，该项赋值取决于企业是否严格控制和检测温室气体排放量，是否满足国家要求，具体赋值如表 7-54 所示。

表 7-54 温室气体排放总量指标赋值规则

分数	指标完成情况
0	没有温室气体排放的相关数据
0~25	仅有少量的数据记录，开展个别项目和措施，效果不明显
25~50	记录比较完整，企业的温室气体排放总量有所下降
50~75	记录完整，企业的温室气体排放总量较大幅度下降，减排效果明显
75~100	记录详细且完整，企业采取了大量实际举措，温室气体排放总量大幅度下降，在行业内表现突出

3. 环境保护

环境保护是指企业应该在生产、组织、运营过程中参与到环境保护中，并且做出具体和实际的行为，达到生态环境保护的目的。

（1）保护措施。企业在保护环境方面应该实行的措施包括：开发 CDM（清洁发展机制）项目、碳中和、核查碳足迹、开展气候变化适应研究、在企业风险管理中纳入气候变化因素、通过培训宣传或倡议推动行业和社会应对气候变化等诸多内容。保护措施的赋值取决于企业是否采取应对气候变化的措施、措施的内容以及对行业的影响等，具体赋值如表 7-55 所示。

表 7-55 保护措施指标赋值规则

分数	指标完成情况
0	没有采取任何环境保护措施
0~25	采取了 1 项环境保护措施
25~50	采取了 2 项环境保护措施
50~75	采取了 3 项环境保护措施
75~100	采取了 4 项及以上的环境保护措施

（2）生态治理。生态治理是指企业以提供技术、产品或服务等方式参与生态环境的恢复与治理。生态治理的赋值取决于企业是否参与生态恢复与治理、参与的方式和效果等，具体赋值如表 7-56 所示。

表 7-56　生态治理指标赋值规则

分数	指标完成情况
0	没有参与生态治理
0~25	简单应付生态治理要求，没有实际效果
25~75	参与了生态治理与恢复，有实际效果和一定的行业影响力
75~100	参与了生态治理与恢复，有很好的实际效果，且属于行业内的标杆企业

（3）环保公益。企业除了应该注重在自身的生产环节中节能减排外，也应该多参与环保活动，积极地投身于一些环保公益活动，推动环保公益事业的发展。环保公益是指企业开展的以环境保护为主题的公益活动，包括环境教育、环境捐赠、植树造林等。企业应当定期组织员工开展环保公益活动，绿化美丽家园，践行绿色生活。这不仅是对国家建设美丽中国、推进生态文明建设的积极响应，也体现了公司崇尚绿色生活、倡导公益环保理念的企业文化。环保公益的赋值取决于企业是否开展过环保公益活动，公益项目是否多样、是否可持续、公益项目的影响力等，具体赋值如表 7-57 所示。

表 7-57　环保公益指标赋值规则

分数	指标完成情况
0	没有举办任何形式的环保公益活动
0~25	开展类型单一，缺乏组织性，无宣传效果
25~50	开展类型较为单一，有组织性，有一定的宣传效果
50~75	开展类型多样，组织完整，达到较好的宣传效果
75~100	开展类型丰富，活动定期可持续，被主流媒体报道，且有一定的影响力

7.6　合规透明运营评价指标

7.6.1　指标概览

企业参与生产经营的过程中也需要主动、诚实、透明地向社会告知企业运营情况，即合规透明运营。合规透明运营评价指标主要包含信息公开、运营状况、外部交流与内部决策 3 个方面的二级指标。其中，信息公开有 3 个三级指标，运营状况有 5 个三级指标，外部交流与内部决策有 3 个三级指标，如表 7-58 所示。

表 7-58　合规透明运营评价指标一览表

一级指标	二级指标	三级指标
合规透明运营	信息公开	财务报告
		社会责任报告
		管理信息披露情况
	运营状况	管理体系
		行政处罚情况
		审计监督
		内部腐败情况
		合规培训
	外部交流与内部决策	信息反馈平台建设
		自觉沟通情况
		集中决策与民主决策

7.6.2　指标详解

1. 信息公开

从 2014 年开始，我国制定了相关的企业年报公示制度和法律法规。其虽然在信息服务和监管领域颇有成效，但是在改善我国的企业信用方面仍存在不少问题，如信息覆盖不够全面、信息披露率较低、预判性企业信息较少和信息内容真实度低等。因此，信息公开是企业是否合规透明运营的关键因素。该项二级指标主要是对企业公示信息的内容数量、内容种类、内容完整性作出指标评价。

（1）财务报告。企业应当将企业主要财务指标、整体运行情况、业绩考核结果等信息公开，并且企业的财务报告的组成内容越完善、越丰富，该项的赋值越高。一套完整的财务报表包括资产负债表、利润表、现金流量表、所有者权益变动表（或股东权益变动表）和财务报表附注等，具体赋值如表 7-59 所示。

表 7-59　财务报告指标赋值规则

分数	指标完成情况
0	没有发布财务报告
0~25	偶尔发布财务报告，报告内容简略，发布形式极为简单
25~50	定期发布财务报告，报告内容一般，发布形式较为简单
50~75	定期发布财务报告，报告内容质量较高，且发布形式较为丰富，超出行业一般水平
75~100	定期发布财务报告，报告内容质量非常高，且发布形式十分丰富，达到行业标杆水平

（2）社会责任报告。企业在承担企业社会责任时，也需要及时透明地向公众公示自己履行责任的目标与现状，接受公众的意见反馈、监督。其主要包含经济、利益相关者、政治、环境、社会等方面。该项指标的赋值取决于报告的内容丰富度、可信度等方面，具体赋值如表 7-60 所示。

表 7-60　社会责任报告指标赋值规则

分数	指标完成情况
0	没有发布社会责任报告
0~25	偶尔发布社会责任报告，报告内容不详细、不系统，发布形式极为简单
25~50	定期发布社会责任报告，报告内容的质量一般，发布形式较为简单
50~75	定期发布社会责任报告，报告内容较为详细、较为系统，且发布形式较为丰富
75~100	定期发布社会责任报告，报告内容十分详细、十分系统，且发布形式十分丰富，具有一定的行业影响力

（3）管理信息披露情况。企业应该及时向公众告知有关公共利益的员工管理、组织变动、行政处罚等情况，如企业的人员罢免、调动、处罚、表彰，组织结构变动和行政管理部门的处罚等情况，让公众和企业利益相关者透明地知晓企业的运营情况，具体赋值如表 7-61 所示。

表 7-61　管理信息披露情况指标赋值规则

分数	指标完成情况
0	没有建立管理信息披露机制或缺乏相关信息资料
0~25	制定了零散的信息披露制度，披露内容仅限于法律明确要求的内容，不能完全满足利益相关方的诉求，披露渠道较为单一，对信息披露的程序没有严格的规范
25~50	制定了较为完善的信息披露制度，披露内容较为丰富但与利益相关方的诉求还有一定的差距，披露渠道较为单一，对信息披露程序有一定的规范
50~75	制定了较为完善的信息披露制度，披露内容基本符合利益相关方诉求，披露渠道较为多元，披露程序较为规范
75~100	制定了完善的信息披露制度，以利益相关方诉求期望为依据确定披露的内容，披露渠道十分多样，便于利益相关方获取，披露程序十分规范严谨

2. 运营状况

运营状况是衡量企业履行法律责任的重要指标，也体现了企业的发展前景，主要包含管理体系、行政处罚情况、审计监督、内部腐败情况、合规培训 5 个三级指标。

（1）管理体系。合规的管理体系是企业立身之本，混乱的管理体系必将使企业存在巨大组织风险，难以获得长足发展。因此，企业需要建立合规的管理体系，并且随着时代的发展还需要不断进步与改善，以适应新经济条件下的新变化，这也是衡量一个企业是否能够发展壮大的关键因素，具体赋值如表7-62所示。

表7-62 管理体系指标赋值规则

分数	指标完成情况
0	管理体系混乱
0~25	管理体系较差，远低于行业平均水平
25~50	管理体系一般，低于行业平均水平
50~75	管理体系较好，达到行业平均水平
75~100	管理体系非常好，超出行业平均水平，为行业标杆

（2）行政处罚情况。企业在生产运营过程中需要遵守相关的法律法规，接受行政部门的监督管理。因此，通过企业的行政处罚情况可以有效地看出企业在一段时间内是否遵纪守法、是否合规营运，具体赋值如表7-63所示。

表7-63 行政处罚情况指标赋值规则

分数	指标完成情况
0	行政处罚较多
0~25	少数的行政处罚，比往年有所减少
25~50	较少数的行政处罚，比往年大大减少
50~100	极少数行政处罚，比往年表现良好
100	没有行政处罚情况

（3）审计监督。合规的企业应该建立健全审计监督机制，加强企业内部审计人员的培训和内部审计质量的检查，及时发现并纠正经营运作中的问题，推动形成有效的内部审计管理和运行机制。并且，企业也要完善督查整改机制，及时向社会公众公布审计结果，加大跟踪督促整改力度，内外结合促进问题整改落实。审计监督的赋值主要取决于企业审计监督工作机制、审计方式、审计队伍建设等方面，具体赋值如表7-64所示。

表 7-64　审计监督指标赋值规则

分数	指标完成情况
0	无审计监督机制
0~25	审计监督机制不完善，远低于行业平均水平
25~50	审计监督机制建设一般，低于行业平均水平
50~75	审计监督机制建设较好，达到行业平均水平
75~100	审计监督机制建设非常好，超出行业平均水平，为行业标杆

（4）内部腐败情况。企业的腐败情况体现了企业的整体精神面貌。腐败情况较多的企业内部必然缺乏较高的集体荣誉感和集体战斗力。内部腐败情况的赋值主要取决于公司是否发生腐败事件和次数，以及腐败事件的影响程度，具体赋值如表 7-65 所示。

表 7-65　内部腐败情况指标赋值规则

分数	指标完成情况
0	腐败事件发生数较多，影响较大
0~25	腐败事件发生数一般，影响一般
25~50	少数腐败事件发生，影响较小
50~100	极少数腐败事件发生，影响非常小
100	没有腐败事件发生

（5）合规培训。合规培训是企业合规管理的重要运行机制之一，主要包含企业为提高员工合规意识以及能力等方面所开展的会议培训、宣传讲座等。合规培训的赋值主要取决于企业是否定期进行合规培训、覆盖人群以及培训的频率、形式、内容和效果，具体赋值如表 7-66 所示。

表 7-66　合规培训指标赋值规则

分数	指标完成情况
0	没有开展合规培训
0~25	开展过合规培训，但是数量较少，没有定期开展，覆盖人群窄
25~50	开展过合规培训，但是数量一般，没有定期开展，覆盖人群一般
50~75	开展过合规培训，数量较多，且定期开展，覆盖人群较广，内容和形式较为单一
75~100	开展过合规培训，数量较多，且定期开展，覆盖人群较广，内容和形式也丰富多样

3. 外部交流与内部决策

企业不仅要做到信息透明公开，也要处理好信息反馈和信息决策这两个方面的内容，形成信息决策、公开、反馈的闭环，畅通信息的流通，接受社会的监督和意见。

（1）信息反馈平台建设。信息反馈平台是指企业为保障利益相关方权益和企业稳定发展，接受社会公众监督而建设的对外公布信息的平台。信息反馈平台建设的好坏关系到企业的整体形象和影响力。信息反馈平台建设的赋值主要取决于平台建设的质量和效果，具体赋值如表7-67所示。

表7-67 信息反馈平台建设指标赋值规则

分数	指标完成情况
0	无信息反馈平台建设
0~25	信息反馈平台建设不完善，远低于行业平均水平，外部评价较差
25~50	信息反馈平台建设一般，低于行业平均水平，外部评价一般
50~75	信息反馈平台建设较好，达到行业平均水平，外部评价较好
75~100	信息反馈平台建设非常好，超出行业平均水平，为行业标杆，外部评价非常好

（2）自觉沟通情况。合规的企业应该在日常运营中积极主动地与外部进行交流，包括政府部门、客户、合作伙伴、相关利益者，这是企业达到合规透明运营目的和提升企业形象的重要手段。自觉沟通情况的赋值主要取决于沟通的机制、形式、内容、频率、效果等方面，具体赋值如表7-68所示。

表7-68 自觉沟通情况指标赋值规则

分数	指标完成情况
0	与外部几乎没有沟通或缺乏相关信息资料
0~25	偶尔与外部沟通，渠道单一，形式单一，外部评价低
25~50	与外部零散沟通，次数一般，渠道较为单一，形式较为单一，外部评价一般
50~75	与外部定期沟通，次数较多，渠道较为丰富，形式较为丰富，外部评价较好
75~100	与外部定期沟通，次数很多，渠道十分丰富，形式十分丰富，外部评价非常好

（3）集中决策与民主决策。民主集中制是党和国家的根本组织制度，也是进行科学决策的行为准则和客观要求。贯彻执行好民主集中制不仅直接关系到党和

国家的前途与命运，也可以促进企业又好又快的发展。因此，企业在进行重大决策时，应该发扬集中决策与民主决策竞争，在充分调查的基础上，广泛地听取职工的意见和要求，作出正确的集中决策，保障企业生存和发展。集中决策与民主决策的赋值取决于民主集中制的贯彻和执行情况，具体赋值如表7-69所示。

表7-69 集中决策与民主决策指标赋值规则

分数	指标完成情况
0	没有贯彻和执行民主集中制
0~25	民主集中制不完善，公众评价低
25~50	贯彻和执行民主集中制一般，公众评价较低
50~75	认真贯彻和执行民主集中制，公众评价较好
75~100	认真贯彻和执行民主集中制，公众评价很好，获得过政府表彰

本章小结

本章分别从电商企业社会创新与创业理念及战略、电商企业社会创新与创业推进管理、经济价值创造、社会价值创造、环境价值创造、合规透明运营这六个维度的评价指标对电商企业社会创新与创业评价指标体系进行阐述。首先，电商企业社会创新与创业理念及战略作为企业完成自身社会责任所必要遵守的前提条件和立身之本，本章从社会创新理念和社会创新战略两个方面具体分析了5个三级评价指标。然后，电商企业社会创新与创业推进管理体系是企业日常经营管理规范的重要组成部分，该项的评价指标主要包括社会创新治理、社会责任创新沟通和创新合规管理三个方面共计9个三级指标。其次，企业能够更好地履行社会责任的必要条件是良好的企业绩效、高利润和社会资源的优化配置，所以本章也详细分析了企业在运营管理过程产生的直接经济价值指标和间接经济价值指标，如营业收入、资产负债率、利润率和对就业发展、自身行业领域、国家税收和社会创新的贡献。除了经济价值外，企业也会产生社会价值，并且对企业的社会价值进行合理科学的评价有利于促进企业担当社会责任，树立良好的企业形象和增强企业核心竞争力，因此本章从企业为员工、客户、政府、行业和社区这五个方面创造价值将社会价值创造评价指标划分为具体的21个三级指标。并且，企业在承担企业社会责任的同时也注重对环境的保护以及生态的建设，该方面产生的价值即为环境价值创造，其评价指标主要包含环境管理、节能减排和环境保护三个方面。最后，针对企业合规透明运营评价指标，本章主要从信息公开、运营状况、外部交流与内部决策三个方面详细地说明了各项三级指标。

即测即练

复习思考题

1. 电商企业社会创新与创业评价指标体系由哪几个维度组成？
2. 结合实际电商企业社会创新与创业活动，从经济价值创造角度评价其社会创新水平。
3. 在企业社会责任的评价体系中，社会创新理念和社会创新战略有什么联系与区别？
4. 电商企业社会创新与创业推进管理体系的含义与价值是什么？
5. 结合实际细化分析不同行业的社会创新理念和战略评价指标。
6. 依据社会创新推进管理评价指标具体分析一个企业案例。

第 8 章 电商企业社会创新与创业及人力资源管理

知识目标

1. 了解人力资源管理的概念、要素和特征。
2. 了解人力资源管理对于电商企业社会创新与创业的影响机制作用。
3. 明确企业在创新中的人力资源管理模式。
4. 理解人力资源管理对电商企业社会创新与创业的必要性。

能力目标

1. 辨析电商企业社会创新与创业和人力资源管理之间的联系。
2. 结合现有知识储备对当前社会的人力资源管理状况进行评价。

思政目标

1. 塑造电商企业将社会创新与创业和人力资源管理相融合的观念。
2. 培养电商企业社会创新与创业中优化人力资源管理的意识。

第 8 章 电商企业社会创新与创业及人力资源管理

思维导图

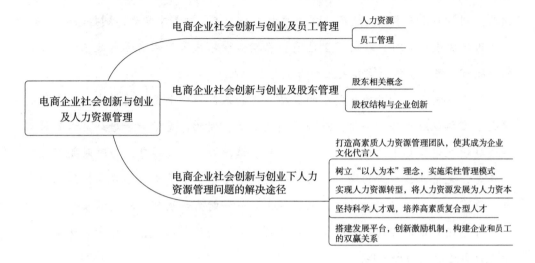

引导案例

成立于 1995 年的亚马逊，一开始只经营网络的书籍销售业务，到现在已成为全球商品品种最多的网上零售商和全球第二大互联网企业，在公司名下，也包括 Alexa Internet、a9、lab126 和互联网电影数据库（Internet Movie Database，IMDb）等子公司。2018 年 9 月 4 日，亚马逊股价一度超过 2 050.50 美元，成为继苹果公司之后第二家市值破万亿美元的美国公司。亚马逊的成功不仅是因为前卫的思想与高质量的产品，其高效创新的内部人员组织结构也为其搭建了长期稳健发展的必要基石。其中，值得一提的是亚马逊对员工的幸福培训计划。

亚马逊的创始人兼 CEO（首席执行官）贝佐斯认为，当今社会竞争如此激烈，很多人在工作中体会不到自己的幸福感，自然也就不愿意投入更多的热情到自己的工作中去，为此贝佐斯提出了自己的幸福培训计划，目的是提升员工的幸福感。从以往的一些调查数据统计来看，在美国最有幸福感的员工认为自己的幸福是来自一流的员工激励机制、充足的福利和完善的职业发展计划，还有工作和生活的绝妙平衡。于是，贝佐斯开始用心去提高这方面的水平。他提出的员工培训计划从未将员工视为一名"员工"，而是一个成长中的人才，总是把员工培训看作发展员工个性和能力的一种方式，他屡次强调培训是要将员工的个性和亚马逊团队的"群性"平均对待的。在亚马逊的那些灵活的小团队中，不同性格、不同教育背景、不同人生阅历的人在一起为了同一个具体目标而努力和奋斗，他们各自的工作态度和工作能力在同一个团队中呈现，并凝聚成团队的力量。从微软公司的逃兵，到自由派艺术家，从原来在牛津大学苦读诗文的大学学者，到摇滚音乐家。亚马逊还骄傲地宣称，在公司里已有一名职业滑冰选手和两名赛车选手，除此之外，还有头戴三顶学士帽和用五种语言交谈的人。

对亚马逊来说，成功是团队的成功，但它来自一个个员工的努力，团队的成绩大小直接取决于每一个员工综合素质的高低。因此，贝佐斯在培训员工的时候就坚持要把培养员工的个人能力放在首位。培养人才，贝佐斯认为时时要明确的一点是，无论什么方式的培训，亚马逊要传达给每一个员工的不只是技能上的培养，更多的是一种文化和精神上的融入，是一种能力和思想，特定的技术或是操作程序不过只是外在的东西，员工要了解到的还是亚马逊的整体理念，从而在其中发挥自己的能力和个性。

这次培训计划启动之后，亚马逊在长达4年的时间内预先支付培训课程与书籍费用，这其中的费用就占去了全部培训费用的95%。亚马逊推出这项培训计划拟向自己的计时员工每年支付2 000美元，培训课程包括护士、飞机维修或电脑辅助设计等市场热门需求的职业技能。此外，亚马逊还表示公司已经和美国劳工统计局合作，着重挖掘社会上最需要且薪金最高的工作，让员工融入这些行业的培训中去。该项计划一上马就有很多人指出，亚马逊是不是在为自己的裁员计划做准备？贝佐斯针对这种说法提出了否认，他指出，此次培训的目的主要是让员工保持幸福感。亚马逊负责全球客户业务的副总裁戴维·克拉克说："长期、投入和热情的员工是亚马逊完成人们所期待的高水准客服工作的关键。"同时，他也表示，"如果人们在自己的职业生涯中有其他的选择，我们只希望他们实现这个目标，从长期来看，这对大家都好。"无疑，这项培训不仅是为了员工个人的幸福着想，更多的还是对亚马逊信誉提升的一种周全考虑。

亚马逊长久以来始终能够在激烈的竞争中稳坐第一把交椅，员工的培训理念和员工综合素质的提升功不可没。贝佐斯不是从前一般只是简单地向自己的员工传授个人经验，而是要设法提高整个团队的学习能力，进而在这个基础上提升每个员工的综合素质，把团队建设成学习型的团队，亚马逊也因此迎来事业上的下一个辉煌。

思考：

1. 你认为亚马逊在人力资源管理方面有哪些成功的经验？

2. 在确定适用于整个公司全球性范围内的人力资源管理实践方面，亚马逊应当如何进行决策？

资料来源：亚马逊的员工培训案例 [EB/OL].(2018-02-19). https://www.hrsee.com/?id=652.

8.1 电商企业社会创新与创业及员工管理

8.1.1 人力资源

1. 人力资源的相关含义

1919 年，约翰·康芒斯（John Rogers Commons）在《产业信誉》中首次使用了"人力资源"一词。1921 年，他在《产业政府》一书中再次使用了"人力资源"这一概念。一般认为，康芒斯是第一个使用"人力资源"术语的人。但当时他指的人力资源和我们现在所理解的人力资源在含义上相去甚远。

我们目前理解的人力资源概念，是由德鲁克于 1954 年在《管理实践》中首先正式提出并加以明确界定的。他认为，人力资源是指企业员工天然拥有并自主支配使用的协调力、融合力、判断力和想象力。他提出这一概念，是想表达传统人事所不能表达的含义。人力资源是一种特殊的资源，必须通过有效的激励机制才能开发利用，并给组织带来可观的经济价值。人力资源又称劳动力资源或劳动力，是指能够推动整个经济和社会发展，具有劳动能力的人口总和。

人力资源的最基本方面包括体力和智力，如果从现实的应用形态来看，则包括体质、智力、知识和技能四个方面。

具有劳动能力的人，不是泛指一切具有一定脑力和体力的人，而是指能独立参加社会劳动，推动整个经济和社会发展的人。因此，人力资源既包括劳动年龄内具有劳动能力的人口，也包括劳动年龄外参加社会劳动的人口。

关于劳动年龄，由于各国的社会经济条件不同，劳动年龄的规定也不尽相同。一般国家把劳动年龄的下限规定为 15 岁、上限规定为 64 岁。我国招收员工规定一般要年满 16 周岁，员工退休年龄规定男性为 60 周岁（到 60 岁退休，不包括 60 岁），女性为 55 周岁（不包括 55 岁），所以我国劳动年龄区间应该为男性 16 ~ 59

岁，女性 16～54 岁。

对于人力资源的定义，人力资源咨询专家团比较认可的是以下观点：人力资源是指一定时期内组织中的人所拥有的能被企业所用，且对价值创造起贡献作用的教育、能力、技能、经验、体力等的总称。这个解释包括以下几个要点：①人力资源的本质是人具有的脑力和体力的总和，可以统称为劳动能力；②这一能力要能够对财富的创造起贡献作用，成为社会财富的源泉；③这一能力要能够被组织所利用——这里的"组织"可以大到一个国家或地区，也可以小到一个企业或作坊。

2. 人力资源的特性

人力既然可作为一种资源，其价值就存在于有效的利用之中。无论是对于整个国家，还是小到一个地区甚至一个企业，人力资源都是最重要的一种资源。毛泽东曾经在《唯心历史观的破产》中对人力资源有过一番评价："世间一切事物中，人是第一个可宝贵的。"这个评价深刻地阐述了人力资源管理的重要性。因此，首先应该全面、正确地认识人力资源的特性，以便进行合理的配置、管理和开发，使其价值得到最大的发挥。

（1）生产性和消费性。生产性和消费性是人力资源的重要特征之一，也是其区别于其他非人力资源的重要特征之一。人力资源的生产性强调其首先是物质财富的创造者，而且是在其他条件配合之下的创造。例如，人力资源必须与自然资源等其他非人力资源结合，有充分的活动空间与时间，有相应的活动条件的配合，才可以继续下去。人力资源的消费性则强调人力资源的维持需要消费一定量的物质财富，并且是无条件的消费。因此，人力资源的生产性和消费性是相辅相成的，生产性能创造物质财富，是人类生存和发展得以继续的必要条件之一；消费性不同于生产性，后者只是提供条件，而前者却为人类的生存与发展创造条件，同时也是人力资源本身的生产和再生产的条件。例如，能够维持人的基本生存大计，满足需要，提供教育与培训，包括专门的技术训练等。但是，生产性与消费性相比，生产性总是大于消费性的，否则社会就无法发展了。

当然，当人力资源的数量过剩，质量结构与现行经济结构及社会需求相互脱节或不匹配时，就会造成人力资源和物质资源的双重浪费，并有碍社会的发展。

（2）能动性和自主性。人力资源的能动性是其区别于物质资源的一个重要特征。所谓能动性，就是指人的体力与智力结合在一起，具有主观能动性，而且有不断开发的潜能。因此，可以从以下几方面对人力资源的能动性进行理解和把握：

一是说明人具有意识性，知道活动的目的性，便于对自己的行为、行动方向作出有效的判断和选择，调节自身与外部的关系；二是说明人在生产活动中处于主体地位，是支配其他一切资源的主导因素，也包括对生产工具的创造、使用和改造；三是说明人力资源具有自我开发性，在生产过程中，人一方面是对自身的损耗，

扩展资源 8-1

但更重要的另一方面是在劳动中通过合理的自身活动，使自己的劳动能力得到补偿、更新和发展，其他资源则不具备这种特性；四是说明人力资源在活动过程中的可激励性，即通过提高人的工作能力和实施对工作动机的激励来提高工作效率。另外，由于人具有社会意识，作为劳动者的人在社会生产中居于主体地位，所以人在构成劳动供给与否、劳动供给的投入方向与投入数量方面具有自主决定权和选择偏好。这种自主性其实就是人力资源能动性的一种延伸，这种特性也是用人单位选择人力资源、政府从宏观配置人力资源必须考虑的因素。

（3）智能性。人力资源中渗透了智力因素，即具有智能性，这使它具有强大的功能。因为人类创造了工具和机器，具有通过改造使物质资料成为自己的手段，即通过自己的智力使自身人体器官延长和放大，使自身的能力无限扩大，开发出数量巨大的物质资源，从而取得巨大的效益。在当今的知识经济时代，人力资源的智能性不仅体现在效益方面，而且直接关系个人、用人单位和国家的发展。人类的智力具有继承性，这使人力资源所具有的劳动能力随着时间的推移得以积累、延续和进一步增强。

（4）个体差异性。个体差异性，即不同的人力资源个体在个人的知识技能条件、劳动参与倾向、劳动供给方向、工作动力、工作行为特征等方面均有一定的差异。人的个体差异性也成为社会人力资源需求岗位对其选择产生一定差异的决定性因素之一。市场配置人力资源可以在微观层次通过个人与用人单位的双向选择，承认和完成有差异的配置，从而有效地达到人力资源的优化配置，达到人力资源与物质资源及资本之间的合理配置，并取得较好的经济效益和社会效益。

（5）持续性。人力资源的持续性是指人力资源是可以不断开发的资源。它不同于物质资源，经过数次开发一旦成为最终产品便无法继续开发下去。这种持续性，说明人力资源是一个可以"多次开发"的资源，使用、培训、提高、创造都包含在开发的过程中。也就是对一个具体的人来讲，直到他的生命终结之前，或者更准确地说到他的职业生涯结束之前，都可以被视为可以持续开发的资源。根

据这一特征，完全可以认为人力资源管理就是不断开发这一资源的管理行为。

（6）时效性。人力资源不同于其他的物力资源，具有时效性。物力资源可以长期储存，其品位、质量一般不会随着时间的推移而下降，如矿产资源等。然而，人力资源储而不用，就会荒废和退化。这是因为人从事工作的自然时间有限，人在各个年龄阶段所表现出来的工作能力、工作状态不同，如果长时间地处在不使用、不开发的状态，那么原有的作用和能力就会慢慢丧失。之所以这样，就是由于人生有限，劳动能力是可以衰减的，智力、知识和技能也会发生变化。

人作为生命有机体，能从事劳动的自然时间早已被限定在生命周期的中间一段，人的劳动能力随时间而变化。培养一个成熟的工人，通常需要20年的时间，失去一个成熟的业务骨干，花费在重新聘用、安置、培训上的成本也不是一笔小数目。对于在职员工，如果不及时合理使用，劳动者的智力和体力就会丧失。这些都非常清楚地说明了人力资源的使用过程具有非常明显的时效性。

8.1.2 员工管理

随着企业的发展，员工管理在企业中变得越来越重要，出现了专门的员工管理部门。员工管理部门的日常工作主要包括对员工的招募、甄选、录用、培训、岗位调配、绩效考核、奖惩、晋升、工资、福利、社会保险及劳动关系的处理等，分为六大主要模块——人力资源规划、招聘与配置、培训与开发、绩效管理、薪酬管理、员工关系管理。

1. 人力资源规划

人力资源规划是指为使企业稳定地拥有一定质量和必要数量的人力，实现包括个人利益在内的组织目标而拟定一套措施，以求得在企业未来发展过程中人员需求量和人员拥有量的相互匹配。

制订人力资源规划，一方面，可以保证员工管理活动与组织的战略方向和目标相一致；另一方面，可以保证员工管理活动中各个具体环节协调一致，消除冲突。同时，在实施此规划时，还必须在法律和道德观念方面创造一种公平的就业机会。

2. 招聘与配置

招聘是根据企业发展的需要，针对企业将要空缺的职位，找到企业需要的人员。招聘可以分为两部分：一是新职工的招聘；二是企业的一些管理人员的选拔，具体如下。

（1）招聘的岗位要求和人数。确定空缺岗位的要求，以及该岗位需要员工到位的具体时间。

（2）招聘岗位的人员要求。根据企业任职者说明书的要求，确定空缺岗位对人的要求有哪些，哪些要求是这个岗位的关键。

（3）招聘渠道。确定企业公布招聘信息的方式及预算。

（4）招聘方法。确定招聘将采用哪种方法，分几个阶段进行，每个招聘阶段的主要考核点在哪里，是否需要借助外界力量，费用预算是多少。

（5）劳动合同。针对招聘岗位的特点，确定在劳动合同中是否需要进行特殊的要求和说明。

（6）总的资金预算。确定前几项招聘费用之和再加上招聘过程中所需要的人员差旅费和补助。

招聘与配置具有如下功能。

（1）为组织不断输入新鲜血液，实现组织内部人力资源的合理配置，从人力资源方面为组织扩大经营规模和调整结构提供可靠保证。

（2）减少人员流动，提高组织队伍的稳定性，因为合理的招聘录用能使人尽其才并从工作中获得高度的满足感。

（3）减少人员培训与开发的开支，或者提高培训的效率。

（4）使管理活动更多地投入于如何使好员工变得更好，而不是对不称职员工的改造，从而提高管理的效率。

3. 培训与开发

培训是指通过传授知识、更新观念及提高技能等方法，使员工具备完成本岗位目前或未来工作所必需的基本技能，以及提高工作绩效的一系列活动。通过培训，员工的工作能力和知识水平得以提升，工作业绩得到提升，从而实现企业的经营业绩。

开发是依据员工需求与组织发展目标，用各种直接或间接的方法对员工的潜能进行开发，促进员工的全面发展，完成员工职业生涯规划，以实现员工职业生涯发展目标。

员工管理过程就是人力资源开发过程，而人力资源开发过程是在广义上调动员工的积极性，利用各种手段促进员工发展的各种活动，包括一些间接手段和自我提升方法。

培训与开发贯穿员工管理的各个环节。培训与开发在员工管理的各项工作中都起到或多或少的作用。

（1）培训开发与人员招聘的关系。培训的需求分析可以作为人员招聘的基本标准。如果所招聘的工作人员可以满足培训的需求，特别是在内部人力资源储备不够和不能满足组织的发展需求时，培训人员提出的新标准就成为人员录用的尺度。同时，任何已经招聘的各类工作人员都必须接受不同层次、不同类别的岗前培训，以建立相应的职业观念、职业规范和职业能力。

（2）培训与人员选拔任用的关系。组织对人员的选拔和任用是指使一些优秀的工作人员获得更高层的工作岗位。为了使这些人更好地适应和满足新的工作要求，充分发挥其工作能力，必须培训之后才能上岗。同样，以其他标准选拔和任用的人员如果能很快、很好地满足新的工作要求，就可以减少对培训的需求，也减少组织实施培训的开支。

（3）培训与绩效考核的关系。工作绩效评价是对工作绩效特征的考核，与培训相关的因素是如何确定工作绩效考核的标准。培训与评价的关系是相辅相成的。培训所制定的合格标准就是工作绩效考核的标准。培训可以帮助获得工作绩效的考核标准，而工作绩效考核的结果又决定了对培训的需求和对培训效果的考核与评定。

（4）培训开发与激励的关系。培训开发可以使员工认识到自身的能力价值与组织对他们的认可和重视。一旦员工对组织产生认同与归属感，员工的能力和潜能就能得到真正发挥，进而表现出工作绩效的提高。

4. 绩效管理

绩效考核的目的在于借助一个有效的体系，通过对业绩的考核，肯定过去的业绩并期待未来绩效的不断提高。传统的绩效工作只是停留在绩效考核的层面，而现代绩效管理则更多地关注未来业绩的提高。关注点的转移使现代绩效工作重点也开始转移。体系的有效性成为人力资源工作者关注的焦点。一个有效的绩效管理体系包括科学的考核指标、合理的考核标准以及与考核结果相对应的薪资福利和奖惩措施。纯粹的业绩考核使绩效管理只能局限在对过去工作的关注，更多地关注绩效的后续作用才能把绩效管理工作的视角转移到未来绩效的不断提高上。

扩展资源 8-2

绩效管理的目的在于：帮助员工对自己的潜力有一个真正的认识，并在实际工作中发挥这些能力；为人力资源策略的制定提供依据，改进招聘、培训、激励等诸多员工管理方面的策略。

无论企业处于何种发展阶段，绩效管理对于提升企业的竞争力都具有巨大的推动作用，所以进行绩效管理是非常必要的。绩效管理对于处于成熟期的企业而言尤其重要，没有有效的绩效管理，组织和个人的绩效就得不到持续提升，组织和个人就不能适应残酷的市场竞争的需要，最终将被市场淘汰。绩效管理的作用主要表现在以下几个方面。

（1）绩效管理为最佳决策提供了重要的参考依据。绩效管理的首要目标是为组织目标的实现提供支持，特别是在制定重要的决策时，绩效管理可以使管理者及其下属在制订初始计划过程中及时纠偏，减少工作失误，为最佳决策提供重要的行动支持。

（2）绩效管理为组织发展提供了重要支持。绩效管理的一个重要目标是提高员工业绩，引导员工努力的方向，使其能够跟上组织的变化和发展。绩效管理可以提供相关的信息资料作为激励或处分员工、提升或降级、职务调动及进一步培训的依据，这是绩效管理最主要的作用。

（3）绩效管理为确定员工的工作报酬提供依据。绩效管理的结果为确定员工的实际工作报酬提供了决策依据。实际工作报酬必须与员工的实际能力和贡献相结合，这是组织分配制度的一条基本原则。为了鼓励员工做出成绩，组织必须设计和执行一个公正合理的绩效评估系统，对那些最富有成效的员工和小组给予明确的加薪奖励。

（4）绩效管理为员工潜能的评价及相关人事调整提供依据。绩效管理中对能力的考评是通过考察员工在一定时间内的工作业绩，评估他们的现实能力和发展潜力，看其是否符合现任职务所具备的素质和能力要求，是否具有担负更重要工作的潜能。组织必须依据管理人员在工作中的实际表现，对组织的人事安排进行必要的调整。对能力不足的员工应安排到力所能及的岗位，而对潜能较强的员工应提供更多的晋升机会，对另一些能力较为平衡的员工则可保持其现在的职位。当然，反映员工过去业绩的评价要与描述将来潜力的评价区分开来。为此，组织需要创设更为科学的绩效考核体系，为组织制订包括降职、提升或维持现状等内容的人事调整计划提供科学的依据。

5. 薪酬管理

薪酬管理是员工管理的关键环节之一。一个运行良好、公平的薪酬系统不仅能对外产生强大的吸引力，而且可以极大地激励内部员工达成组织目标，创造高质量的绩效。薪酬可以划分为基本薪酬、可变薪酬以及福利（和服务）三大部分。基本薪酬是指一个组织根据员工所承担或完成的工作本身或者是员工所具备的完成工作的技能或能力而向员工支付的稳定性报酬。可变薪酬是薪酬系统中与绩效直接挂钩的部分，有时也被称为浮动薪酬或奖金。可变薪酬的目的是在绩效和薪酬之间建立一种直接的联系，因此，可变薪酬对于员工具有很强的激励性，对于企业绩效目标的达成起着非常积极的作用。它有助于企业强化员工个人、员工群体乃至公司全体员工的优秀绩效，从而达到节约成本、提高产量、改善质量以及增加收益等多种目的。福利在组织的薪酬管理中，也具有重要的作用。福利是一个内容广泛、性质多元和具有一定强制性的范畴。①它是对员工生活方面的一种平均、满足需要性的照顾。②它有着一定的社会保险和职业安全保护的强制性内容。③它在一些项目上实行差别性的发放，成为激励性薪酬的一个部分，并因为一些高福利的项目而成为吸引人才和留住人才的重要手段。

6. 员工关系管理

员工关系的处理在于以国家相关法规政策及公司规章制度为依据，在发生劳动关系之初，明确劳动者和用人单位的权利与义务；在合同期限之内，按照合同约定处理劳动者与用人单位之间的权利和义务关系。对于劳动者来说，需要借助劳动合同来确保自己的利益得到实现，同时对企业尽到应尽的义务；对于用人单位来说，劳动合同法规更多地在于规范其用工行为，维护劳动者的基本利益，但同时也保障了用人单位的利益，包括对劳动者供职期限的约定、依据适用条款解雇不能胜任岗位工作的劳动者以及合法规避劳动法规政策、为企业节约人力资本支出等。

对于任何一个企业员工来讲，工作的开展必然涉及相互的沟通。部门与部门工作交接、相互协调也需要选择正确、有效的沟通渠道和方式。作为企业管理者，必须将企业的沟通渠道建立成高效、顺畅的神经网络，使工作信息迅速、准确地传达到位，工作进展、员工状态、意见建议也可以及时反映到管理者层面。对于各级管理者来说，选择正确的沟通方式是开展工作的基础技能之一，必须学会在不同工作环境下使用相应的沟通技巧。

员工忠诚度和EAP（员工帮助计划）是近年来新兴的课题。如何能够保持员工对企业的忠诚，需要企业管理者进行科学、认真的规划，其中，EAP和离职管理是比较重要的方法与环节。

7. 员工管理的作用

（1）利于企业适应激烈竞争。随着知识经济时代的到来，特别是我国加入世界贸易组织以后，以人力资源为核心的竞争也达到了白热化程度，而且这种竞争呈现出国内竞争、国际竞争相互交织的特点。特别是发达国家凭借其强大的经济实力和优越的工作、生活条件，在全球范围内"掠夺"各类高素质人力资源。为此，必须切实加强和改善对人力资源的管理，致力于增加人力资本的占有量，促进生产力的发展和管理效率的提高，以此应对全方位的激烈竞争。

（2）利于促进企业的生产经营。劳动力是企业劳动生产力的重要组成部分，只有通过合理组织劳动力，不断协调劳动力之间、劳动力与劳动资料和劳动对象之间的关系，才能充分利用现有的生产资料和劳动力资源，使它们在生产经营过程中最大限度地发挥作用，并在空间和时间上使劳动力、劳动资料、劳动对象形成最优的配置，从而保证生产经营活动有条不紊地进行。

（3）利于调动企业员工工作的积极性和提高劳动生产率。企业管理中的人是社会中的人，他们不但需要衣、食、住、行等物质生存条件，而且有思想、有情感、有尊严，这就决定了企业人力资源管理必须设法为劳动者创造一个适合他们多方面需要的劳动环境，让他们在一个好的环境中安心工作、积极进取，从而给企业带来更大的经济效益。因此，企业必须善于处理好物质奖励、行为激励及思想教育工作三者的关系，使企业员工始终处于旺盛的工作状态，能充分发挥自己的特长，努力学习技术和钻研业务，不断改进工作，从而达到提高劳动生产率的目的。

（4）利于减少劳动耗费，提高经济效益。经济效益是指经济活动中成本与收益的比较。产品成本中员工工资所占比重不断增长，而合理组织劳动力、科学配置人力资源可以有效地减少劳动耗费，从而显著地提高企业经济效益。

（5）利于促进经济社会发展。21世纪30年代，是我国经济社会发展进入新的历史阶段的重要时期，是进行经济结构战略性调整的重要时期，也是完善社会主义市场经济体制和扩大对外开放的重要时期。做好各方面的工作、加速实现经济社会发展的第三步战略目标，都离不开各企业部门的管理、服务，而要做好管理、服务，取决于高素质的人力资源。因此，必须把加强和改善管理，培育和开发大量高素质人力资源作为经济社会发展的加速器。

8.2 电商企业社会创新与创业及股东管理

企业股东作为企业的直接受益者及直接责任人,在促成电商企业社会创新与创业方面发挥着重要作用。股东主要分为中小股东及大股东,其和管理层之间的协调,可以保障股东权利及权益,做好和管理者之间的协调工作,有利于电商企业社会创新与创业。

8.2.1 股东相关概念

1. 股东权利的概念与特征

(1)股东权利的概念。股东权利是一项重要的民事权利,是股东基于对公司的出资,而在法律上对公司所享有的全部权利,其不仅体现经济收益,也暗含股东需要对公司负担的义务。股东权利是一个较为抽象的概念,《中华人民共和国公司法》(以下简称《公司法》)第四条将股东权利定义为:"公司股东依法享有资产收益、参与重大决策和选择管理者等权利。"

(2)股东权利的特征。

①股东权利是一种特别的成员权。成员权或者叫社员权,指的就是当股东成为一个社团法人中的一员之后,在社团法人中所享有的权利。股东(成员)通过对社团法人出资,获得了成员的资格,同时该股东(成员)也失去了对其出资的所有权。之所以说是特别的成员权,是因为股东权利有别于其他的成员权。股东对公司出资的目的主要在于追求利润、获得财富。而非营利法人并不是主要以营利为目的,一般来讲主要是谋求一种公共性利益。

②股东权利涵盖的范围广、综合性强。股东权利可以说是若干个权利的综合体,并非一种单独的权利,它一方面包含了股东在公司中的财产性权利,如分红请求权、剩余财产分配请求权等;另一方面又包含了非财产性权利,如表决权、提案权等。非财产性权利的有效行使,可更好地保护股东的财产性权利。

③股东权利是一种民事权利。表决权属于股东权利的一种。股东权利在《公司法》和《中华人民共和国证券法》(以下简称《证券法》)中都有规定,而且也可以适用民法中的意思自治原则,即私法自治原则,所以股东权利是一种民事权利,是一种私权。

2. 中小股东和大股东的区分

中小股东与大股东,两者并非法律意义上的概念,在法律上,该两者的地位是平等的。由于公司经营规模的扩大,股份分散,相对于公司的大股东,即持股比例超过10%的大股东,众多持股比例较小的股东被称为中小股东。我国仅在《公司法》第二百一十六条第二款规定了控股股东的概念,未对中小股东进行法律意义上的定义,中小股东只是相对于控股股东的一个概念,我们可以推定认为,中小股东一般是指除了控股股东以外,对公司经营管理、人员任免、重大事项等无法产生决定性或重大影响的股东。而大股东作为企业的所有者,并且由于其身份的特殊性及其掌握的控制权,对企业的发展战略具有决策权,在电商企业社会创新与创业方面也发挥着更大的作用。

3. 控股股东与管理层基于公司控制权的权力划定

股东大会中心主义是一种将股东大会定位为公司治理核心的公司治理模式,根据这种模式,股东对公司享有绝对的控制权,对于包括董事会、监事会、独立董事等人员的聘免以及公司经营政策、方针、实施方案,公司合并、分立、清算等在内的公司一切事务均有决定权。股东大会中心主义下,公司治理的终极目标是股东利益最大化,其是在公司制度兴起时产生的,由于早期公司规模相对较小,这就使公司的所有者以其权力大小承担公司经营风险责任,从而决定公司的一切决策权归于公司所有者,即产生股东大会中心主义。

由于股东大会掌握公司几乎一切事务的决定权,董事会则基本属于股东大会的附庸,对股东大会的决议消极执行。对此,理论界提出,应当把公司视为一个独立的整体,须认可其经济、社会、法律意义上的价值,而不能仅把公司当成"股东的公司",此即"企业自体理论"。

在此理论基础上,开始逐步提出承认并加强董事会的独立权力,董事会中心主义逐渐兴起。这是由于:①随着公司规模的扩大,股东数量日益增多,股权逐渐分散,众多股东对于公司经营管理的意见出现不一致。②公司企业本身也是一个独立的法人实体,是多方主体利益和意志的聚合,公司法不仅要实现股东的投资利益,也要寻求对所有利益相关者利益的兼顾和保护。③由于股权分散,部分中小股东缺乏话语权,其权益往往受到控股股东的侵害,这就需要董事会通过行使职权,对控股股东的权力加以制衡。①

---

① 韩丽君,昝佳玲. 当代中国企业人力资源管理创新探究[J]. 中国金属通报,2021(5):149–150.

8.2.2 股权结构与企业创新

赵洪江、陈学华和夏晖[①]实证分析发现，随着控股股东持股比例的增加，股权越集中，企业创新投入越多，即集中的股权结构会对企业创新产生正向影响。随着第一大股东持股比例的增加，我国上市公司研发投入水平呈现出先降低、后上升的正 U 形关系。因为随着控股股东持股比例的增加，控股股东与非控股股东利益趋向于一致，将会减少对非控股股东利益的损害，追求私有收益的行为也会减少，更多地选取对企业长期发展有益的项目，增大企业创新投入。相反，第一大股东持股比例的提高使得存在于第一大股东与非控股股东之间的第二类代理问题更加突出，控股股东能够利用自身超额控制权进行资金占用、转移资源等行为，从而导致企业创新资金需求不足，对企业创新产生负向影响。

控股股东持股份额越高，资产流动性限制越大，风险分散越不足，因此，为了规避风险以及出于自身利益的考虑，控股股东会减少高风险的创新项目。非控股股东相对于控股股东的持股比例越高，对企业创新的负向作用越大。然而，非控股股东通过对控股股东的监督，抑制了控股股东的隧道行为（tunneling），提高了企业投资效率，进而促进企业创新。任海云的研究也指出，"一股独大"的股权结构并不利于企业创新，而第一大股东与非控股股东的相互制衡对企业创新有正向影响。

公司管理层或者说董事会的职权、权力并非其固有，是建立在两权分离制度和委托代理理论基础上的。

1. 两权分离制度

管理层取得公司经营管理权的经典理论，同样来自伯利和米恩斯的两权分离理论。他们在其著作《现代公司与私有财产》一书中提出了"公司所有与公司经营分离"的理论。他们认为，所有权是对公司财产的占有、使用、收益、处分等权利；而经营管理权来源于其与所有权的分离，其原本是所有权中的一项权利，是指通过运用某种法定权利或施加压力，能够实际选举公司大部分董事会成员的权利。这种权利可以对公司董事会成员和其他高级管理层人员的任免起到决定作用，也可以对诸如资源配置、生产、投资等公司重大事项进行决策，因此，这种

[①] 赵洪江，陈学华，夏晖. 公司自主创新投入与治理结构特征实证研究 [J]. 中国软科学，2008（7）：145-149.

经营管理权在一定程度上可以被理解为一种对公司各种资源控制支配的权利。据此理论，上市公司股东数量较多、股权分散，而管理层则是不持或持有少量激励股权的董事，"没有财富的所有和对财富没有所有的控制似乎是公司发展的一个合乎逻辑的结果"。

两权分离理论也是伴随着公司制度的发展而产生的。在公司发展史上，这两种权利并非从始分离。公司财产来源于投资者的让渡，出资者把财产所有权转移给公司。出资人成为股东，对公司享有股权，从而也拥有了公司经营管理权。在最初的无限责任公司中，公司经营权完全归属于股东。但随着有限责任公司、股份制公司的出现，企业规模日益扩大，完全由股东对公司进行经营管理已难以满足企业发展需求，于是逐渐将公司经营管理权从所有权中分离出来，将其交给相对专业的管理人员进行管理，由管理层行使经营管理权。据此，公司股东基于持有公司的股份，享有相应的股权；而管理层则享有经营管理权，从而形成了所有权和经营权分离的状态。

最早提出"公司控制"这一概念的是美国哥伦比亚大学教授伯利和米恩斯。他们在其经典著作《现代公司与私有财产》一书中阐述了公司控制权，公司控制权是公司董事会或管理层在公司财产运用上的支配权，公司的最终控制权归谁掌握，就须由谁来决定董事会的人选。后来，又有学者在此基础上做了具体细化的研究。决策管理包括最初决策的提出和其后的执行，而决策控制则包括对决策方案的批准和执行决策方案的监督。据此而言，决策管理权对应的行使者是公司管理层，而决策控制权则是由股东或股东大会享有。

对于公司控制权，目前我国立法文件中，如《公司法》《证券法》等均无明确规定，仅在《上市公司收购管理办法》中对上市公司控制权做了相对明确、具体的规定，该办法第八十四条规定："有下列情形之一的，为拥有上市公司控制权：

（一）投资者为上市公司持股50%以上的控股股东；

（二）投资者可以实际支配上市公司股份表决权超过30%；

（三）投资者通过实际支配上市公司股份表决权能够决定公司董事会半数以上成员选任；

（四）投资者依其可实际支配的上市公司股份表决权足以对公司股东大会的决议产生重大影响；

（五）中国证监会认定的其他情形。"

可见我国法律对公司控制权的界定主要侧重于对股权或表决权的行使方面。在股份制公司尤其是上市公司治理中，股东大会由全体股东组成，是公司的权力机构，依法享有对公司经营方针、投资计划的决定权，董事的选举、更换权及其报酬决定权，董事会报告的审批权以及其他重大事项的决策权等。股东所享有的表决权基于其所持有的股份比例，上市公司股东大会表决采取"一股一票"和"资本多数决"原则。在这种议事规则下，只有表决权达到一定比例才有可能对表决结果产生实质影响，这就使得只有持有控股权的控股股东，实际拥有了对董事会成员的任免决定权，或者说控股股东的表决能对董事会成员的组成产生较大甚至是决定性的影响，从某种程度，控股股东具备了拥有公司控制权的可能。董事会虽然是股东大会的执行机构，但其作为公司日常经营管理的决策机构，实际上行使着公司经营管理权。

两权分离制度是随着公司制度发展起来，为了解决公司规模扩大、公司治理专业化等问题而被学者所提出。该制度的建立，为解决企业因规模不断扩大而产生的一系列经营管理问题，起到了一定积极有利的作用。但正如一枚硬币具有正反两面，两权分离制度也有其缺陷和弊端。该制度设立的出发点是使公司股东，尤其是控股股东，将经营管理权让渡给管理层。股东的目的是追求公司利润最大化，以谋取自身经济利益，但在其不能有效控制公司的情况下，其必然会为了取得话语权而与管理层做斗争；同样，管理层由于几乎不持有公司股权，存在为追求自身利益最大化而背离公司及股东利益的可能性。为了实现管理层自身利益，其会尽量使公司控制权掌握在自己手中，并加以巩固，从而出现管理层"道德风险"。由此，必将产生股东尤其是控股股东与管理层对公司控制权的争夺问题。

正如前文所述，谁享有公司控制权，谁就能够对公司资源实现占有、处分，并对公司经营管理产生重大影响。因此，为了取得公司控制权，控股股东和管理层势必会从各自利益出发，使用各种手段展开争夺。尤其是在公司面临被收购、新股东尤其是新的控股股东进入公司的情况下，新股东往往会利用其持股数量多、占股比例大的优势，改组董事会，以实现其自身利益；而被收购公司董事会同样出于维护自身利益的目的，则会使用各种反收购手段加以抵制和阻挠。新股东和董事会之间的利益冲突极易引发控制权争夺。

2. 委托代理理论

为了从法学角度对所有权和经营权分离后两者的关系加以界定，委托代理理论被提出。该理论产生于20世纪60年代，企业所有者为了使公司适应激烈的市场竞争、实现企业利润最大化，便找寻具备专业知识的管理者，代理所有者经营管理公司，从而形成一种委托代理关系。从公司企业角度来看，对于这种契约性的体现，科斯在论文《企业的性质》中有所阐述。科斯指出：市场交易的调节和"看得见的手"可以规范、调整企业管理和企业行为，这只"看得见的手"便是"权威"（power）。在某种意义上，科斯所认为的"权威"可以理解为现代公司理论中的"公司控制权"。科斯认为，节约交易成本是这种"权威"最主要的功能，因为随着公司业务的发展，需要和对方签订合同，即为"契约"，同时，为了节省签约成本，长期契约会取代短期契约。然而，在长期契约关系中，由于社会环境等客观情况的不确定性和不可预测性，这些长期契约便成为不完全契约。不完全契约，是指由于对未来发生事情的难以预测性，因此在有些情况下，无法在契约中对相关权利义务加以明确。对于这些未予明确的"空白点"，谁拥有决策权，谁就享有公司的"剩余控制权"。

基于理论分析，在合法的基础上，出资者有权使用、支配自己的资产，即有权决定自己出资资本的使用，因此，公司的出资者理应成为"剩余控制权"的享有者，即对于不完全契约中未予明确的"空白点"，出资者有权加以明确或决定。现代公司治理中的股东与董事会便反映了这种契约关系。随着现代公司的发展，公司规模日益扩大，股东数量不断增多，股权变得日益分散。一方面，相对分散的股权难以形成足以对公司产生控制性的股权；另一方面，中小股东也欠缺管理公司的专业技能和必要经验，因此，拥有股权的出资者即股东，以股东会授权的形式和程序，将公司经营管理权委托管理层行使，通过雇用、聘任等方式选择专业管理人对公司进行管理，于是，形成了公司治理中的委托代理关系。

8.3 电商企业社会创新与创业下人力资源管理问题的解决途径

借鉴成功企业的人力资源管理经验，历来就是一条有效的学习途径。我国改革开放40多年来的实践证明：瞬息万变的新经济时代竞争的本质和核心就是人才经济的竞争。目前，我国尚未完成第二次改革浪潮——工业化革命，同时又面临全球第三次改革浪潮——信息化冲击。转型期的中国企业要想把握机会、持续稳定发展，就必须重视新型人才的培养和开发，认真分析知名成功企业人力资源管理经验和制度发生良好作用的环境、背景条件，学习先进人力资源管理制度体系构建的思路，并结合我国企业的人力资源管理环境及现状来构建适合我国企业特点的人力资源管理制度，以应对世界经济大环境复杂多变的形势。

8.3.1 打造高素质人力资源管理团队，使其成为企业文化代言人

多数跨国企业都拥有一支专业的人力资源管理团队，随着企业竞争从产品竞争到人力资源竞争的转变，人力资源管理已经上升到与企业战略规划同等重要的地位，人力资源从业者不能仅局限于办理人事手续，更要成为企业战略的整体把握者和有效执行者。这就要求人力资源从业者重新审视自己的定位和角色，并提升从业技能；既要懂业务，还要认同、重塑与再造公司文化，具备职业道德，更好地为企业做好人力资源战略规划、分解和监督执行。知名企业人力资源管理经验让我们认识到人力资源管理团队需要具备高素质。

1. 人力资源管理团队重品牌

人力资源管理者诚信度高、个人品牌强，其管理工作成效就大。有人说，未来人力资源管理经理要扮演五种角色：生意人、优秀人际关系专家、战略计划设计者、卓越心理专家、见多识广博学专家。

2. 时间分配重战略

将工作时间主要集中在关键性战略问题上的人力资源管理者工作效果好、执行能力强、引导变革有力度、工作有方向感，不会被具体工作细节耗费精力。人力资源管理者应将时间更多地用于关注战略问题趋势研究，如关注融资、外部竞争态势和客户需求等。

3. 企业管理重文化

企业文化气氛浓厚的公司，往往取得较好的工作绩效。其员工对公司价值理念、知识共享认同度很高，这是人力资源管理团队在公司文化宣传、推动上起到的关键性作用。

4. 经营知识是能力

经营知识是指理解公司经营和运作等业务功能的能力。只有懂得公司财务、战略、技术以及具备组织能力，人力资源管理者才能在各种战略讨论中起有价值的作用，才会逐渐成为企业文化代言人，并进而将企业文化推广宣传，形成企业品牌特色。

8.3.2 树立"以人为本"理念，实施柔性管理模式

随着社会生产力进步、知识经济到来，传统人力资源管理模式已经不能适应新形势发展要求，新的管理模式——柔性管理也就应运而生。柔性管理理念来自丰田公司，是指在企业员工素质日益提高，管理者与被管理者差距日渐缩小的情况下，企业与员工的关系从雇佣关系转为合作关系，管理方式向网络型扁平化、柔性化方向发展。柔性管理，可以极大地激发员工的积极性、创造性、主动性和自觉性。例如，谷歌公司的"弹性时间"使员工自觉、自愿地将自己的知识、思想奉献给企业，为企业创造更大价值，Gmail、谷歌 News 等产品就是这样诞生的。柔性管理可以让每个员工或每个团队获得独立处理问题的能力、独立履行职责的权利，而不必层层请示。它能更好地提供"人尽其才"的机制和环境，使企业迅速、准确地作出决策，在激烈竞争中立于不败之地。柔性管理也将人情、人性作为管理者应考虑的范畴。丰田公司的"团队活动""故乡通信"，促进了员工相互之间沟通亲睦、自我启发；谷歌公司的员工福利制度，解决了员工的后顾之忧，使员工能全身心地投入工作；本田公司的"既往不咎""平等待人""混血主义"等人事制度的柔性管理，不仅为本田公司创造了可观的经济效益，并且使员工有了归属感、认同感和自豪感，使得本田公司员工流动率仅为 2%。因此，以人为本的柔性管理将是适应信息经济时代企业管理的发展趋势。

8.3.3 实现人力资源转型，将人力资源发展为人力资本

既然人力资源管理已经上升到与企业战略规划同等重要的地位，那么企业更应关注怎样才能将人力资源价值最大化这个关键问题。全球范围内人力资源职能的重心已由增强内部运营转向推动企业绩效。半数企业正在进行人力资源职能转型，把人力资本和人力资源区分开来，人力资本将成为企业最宝贵的核心竞争要素，是提高企业竞争力和收益的关键载体。要实现人力资本转化：①要重视人力资本的价值与作用。当今世界经济全球化加速发展，科学技术突飞猛进，产业结构调整步伐加快，国际竞争日趋激烈，人才竞争最后集中表现为对人力资本的竞争。"人"是一种可开发也必须开发的"资源"。从消极"管理"人，到必须培训教育和开发"人"，提高人的潜能发挥。②加大人才培训等人力资本投资力度。企业花费在教育培训等提升人才综合素质方面的开支所形成的资本，会比一般人力投入带来更长期的收益，对知识和智能资本的投资视作"一本万利"。西方现代经济学家普遍认为，

通过人力资本投资而形成的人力资本，和物质资本一样，都是经济增长的主要因素，而且它对经济增长的贡献比物质资本更大。③抓紧人力资源规划。

8.3.4 坚持科学人才观，培养高素质复合型人才

党的十七大报告明确提出："提高自主创新能力，建设创新型国家"，"加快转变经济发展方式，推动产业结构优化升级"，"优先发展教育，建设人力资源强国"。这实际上提出了我国未来两大战略目标和人力资源管理的新方向。虽然我国是一个人口大国，人力资源是我国一大优势，但不可否认，我国整体人力资源素质偏低。我国过去一直走的是劳动密集型的发展道路，在当前全球环境复杂多变的情况下势必会影响到企业可持续发展。日本松下电器公司有这样一句名言："出产品之前先出人才。"由此可见：高素质人才是企业发展的原动力。而人才并不是天生的，他可以通过学校素质教育和企业职业培训来培养。以丰田公司来说，丰田公司的人事部门每年都会招聘一批优秀人才，安排在各地销售部门进行锻炼，之后选拔部分有潜力的人才进入人事部门，从基础开始，逐步培养成为人事管理、人才培养、职业规划等领域的专家，再通过轮岗派到世界各地丰田事业体的管理、营销等部门担任要职，成为既懂销售又懂人事的管理者。同时还要坚持科学人才观，打破人才使用中的论资排辈现象，大力起用、重用年轻人才。例如，日本佳能公司，其高级职员都是根据员工的工作实力选拔出来的，什么学校毕业等因素根本不在考核标准之内。佳能公司派到日内瓦总代理店的负责人福田，当年才25岁。佳能公司的员工不论资排辈，优秀人才可以获得破格提拔的机会和意想不到的报酬。

8.3.5 搭建发展平台，创新激励机制，构造企业和员工的双赢关系

知识经济时代，我们的经济、社会与文化生活都发生翻天覆地的变化，个人价值观也发生根本转变，企业和员工的关系呈现出新的发展趋势——战略合作伙伴。原来企业和员工的关系是一种领导与被领导的关系，管理模式是一种刚性模式，员工只是单纯地执行和被动地工作，企业不能有效地发挥员工最大潜能。而在新关系下，企业和员工是通过一个共同的平台、一种活动谋求各自合理条件下的价值回报，使得企业利益最大化、员工满意度最大化，双方彼此促进、共同发展，以实现企业与员工双赢目标。国内外一些知名企业也正是深刻认识到这一点，均已形成其特有的人才策略。例如，全球第三大独立软件供应商，欧洲最大的软

件公司——SAP 公司，为了激发员工的积极性，采用一系列充满活力、富于创新的管理举措：①公司内部结构简单，坚决摒弃等级森严的制度，其弹性的组织和平坦的阶层，以及传递快速的信息通道是 SAP 公司成功的保证。②SAP 公司倡导授权给员工，让员工参与企业的管理，员工不再是"打工者"，而是企业的"投资者"，企业在追求利益最大化的同时也在追求员工利益最大化，同样 SAP 公司的员工对企业非常忠诚，员工每年的流动率在 2% 以下，远低于同行业 10%～20% 的流动率。③SAP 公司还提供丰厚的福利待遇吸引人才，为员工提供免费餐饭、购房长期无息贷款等，在人力资源上的花费占总营业额的 36%。①

总之，人力资源管理工作随着国民经济和企业的发展而不断进步，随着全球经济一体化而呈现出很多新变化。我们应注重新型人才的培养与开发，努力学习和借鉴国内外成功企业人力资源管理方面的先进经验，将先进的人力资源管理模式本土化；创新人力资源管理模式，提升人力资源从业者技能，开发和利用人力资源潜能，使人力资源价值实现最大化，提升应对复杂多变经济环境的能力和水平，以确保我国企业在世界竞技场中立于不败之地。

本章小结

本章主要就企业责任创新和人力资源之间的关系进行阐述，介绍了人力资源的相关概念，就人力资源的细分区块分别进行了阐述。将人力资源主要划分为员工及股东两个方面，从这两个不同角度分析企业采用何种做法进行创新。对于员工管理部门的日常工作主要包括对员工的招募、甄选、录用、培训、岗位调配、绩效考核、奖惩、晋升、工资、福利、社会保险及劳动关系的处理等，所以我们将其分为六大主要模块——人力资源规划、招聘与配置、培训与开发、绩效管理、薪酬管理、员工关系管理。从股东管理方面则是首先介绍有关股东权利及义务的相关概念，股东作为公司的直接受益者，其主要冲突在于和管理者之间，此外大股东与中小股东也存在显著差异，本书均有相关涉猎。

而后解释说明了电商企业社会创新与创业下人力资源管理问题的解决途径。其主要方法为：打造高素质人力资源管理团队，使其成为企业文化代言人；树立"人为本"理念，实施柔性管理模式；实现人力资源转型，将人力资源发展为人力

---

① SAP 之前世今生 | 佳作重读 [EB/OL].(2020-06-09).https://www.sohu.com/a/400628573_374240.

资本；坚持科学人才观，培养高素质复合型人才；搭建发展平台，创新激励机制，构造企业和员工的双赢关系。

提高人力资源管理在企业发展中的地位，对人事管理具有重要意义。人力资源管理需要进行持续的发展与创新，保证其能够紧跟时代趋势，与此同时，对企业的创新与发展也具有积极作用。创新型的人力资源管理需要以人为本，保证员工的利益，保证企业股东及管理者的利益，这样才能激发整体员工的积极性，对公司的整体发展具有促进作用。现阶段的人力资源管理还需要提高信息技术的利用效率，全方位地促进企业创新。

即测即练

复习思考题

1. 什么叫人力资源问题？主要有哪些体现方式？
2. 怎样从人力资源管理角度来对企业责任创新进行分析？
3. 结合所学知识，对当前社会的人力资源管理状况进行评价。
4. 员工分类管理从哪些方面进行？其之间的联系又有哪些？
5. 怎样提高股东的积极性？结合实例谈谈你的看法。
6. 结合实际企业案例对企业中人力资源创新的认识误区和实践误区进行分析。
7. 除了书中所提到的电商企业社会创新与创业下人力资源管理问题的解决途径，你还能想到哪些方法？

第 9 章 电商企业社会创新与创业及市场营销管理

知识目标

1. 理解在社会创新背景下进行企业营销的必要性。
2. 了解人力资源管理对于电商企业社会创新与创业的影响机制作用。
3. 了解营销伦理问题的产生动因及解决对策。
4. 了解企业社会责任评价方法与体系。

能力目标

1. 列举几种企业进行社会创新的营销概念及其表现形式。
2. 结合现有知识储备对企业在社会创新背景下进行企业营销决策的影响因素进行评价。

思政目标

塑造电商企业在社会创新与创业背景下正确的营销伦理价值观。

思维导图

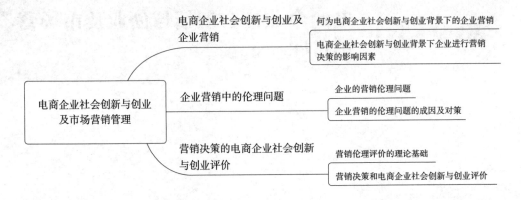

引导案例

蚂蚁森林是阿里巴巴集团于 2016 年耗资 5 亿元推出的公益项目。时隔 5 年，蚂蚁森林的发展态势良好，借助手机支付宝 App，蚂蚁森林几乎成为中国年轻人践行绿色公益的重要形式。

蚂蚁森林的玩法相对简单，用户群体规模也相应较大。具体而言，在支付宝公益板块上有一个蚂蚁森林选项，用户点进去之后可以用一些节约碳排放量的行为去兑换绿色能量，如用步行代替开车或者在线缴纳水、电费等，然后用这些绿色能量在手机上播下一棵树苗，养成一棵虚拟的树。在种植过程中，用户可以使用自己的能量完成树苗浇水，也可通过合种等方式实现互助浇水。等到树木长成之后，支付宝和相关的合作方就会在地球的某个角落真的种下这么一棵树，来守护相应的面积。不仅如此，蚂蚁森林还为完成树木种植的用户颁发相应的环保证书，以奖励用户践行环保的行为。

支付宝公布蚂蚁森林数据显示，截至 2020 年 3 月 12 日，已有四成中国人用手机种树，参与者达到 5.5 亿，累积碳减排 1 100 万吨，已种下 1.22 亿棵真树，种植面积达 168 万亩（1 亩≈666.67 平方米）。

植树是众多企业选择履行的企业社会责任方式，而蚂蚁森林将传统的捐赠树苗、设立植树基金或亲手植树等直接慈善手段转变为间接、低成本、高口碑的公益模式。将用户兴趣较低的公益活动包装为用户兴趣较高的娱乐活动形式，调动用户积极性。将公益活动与商业活动相联系，以商业活动推动公益活动，降低社会责任成本，反过来以公益营销促使用户偏好商业活动，实现社会效益与商业效益双赢。

思考:"蚂蚁森林"体现了何种企业营销形式?阿里巴巴集团还做过哪些营销决策?

资料来源:蚂蚁森林数据:四成中国人用手机种树 参与者达到 5.5 亿 [EB/OL].(2020-03-12).https://www.sohu.com/a/379485322_114774.

9.1 电商企业社会创新与创业及企业营销

9.1.1 何为电商企业社会创新与创业背景下的企业营销

1. 定义与发展

电商企业社会创新与创业是企业社会责任的实践新形势,两者虽不是同一概念,但在许多方面都存在紧密联系。基于此,本书首先回顾在 CSR 背景下,企业进行营销决策的动因与表现形式,再分析社会主体基于社会创新进行企业营销的特点与内涵。

扩展资源 9-1

传统的经济学理论认为,企业的社会责任就是在法律许可的范围内尽可能地创造利润,企业假如能高效率地使用资源以提供社会需要的产品和服务,并以消费者愿意支付的价格销售它们,企业就尽到了自己的社会责任。今天这种经济价值观念受到了越来越多的挑战,全社会对于企业在承担社会责任方面有着越来越高的期望。根据中国企业经营者成长与发展专题调查报告显示的数据,企业经营者也普遍认同"优秀企业家一定具有强烈的社会责任感"。

事实上,承担社会责任并非代表企业单方面的付出,当企业将社会责任的履行进行拓展延伸,并适时将之发展为一种促进销售的工具时,这一促销工具就是一种新颖的社会营销手段。已有研究表明,企业履行 CSR 有助于获取利益相关者的支持与信任,从而降低交易成本、提升企业绩效,还是提升品牌形象、获得更多消费者支持的有效途径之一。比如企业通过履行 CSR 可以有效地帮助政府解决诸如赈灾、助学等社会问题,而作为政府,当企业有效地帮助其缓解财政压力后,其会在资源获取方面给予企业更多的支持。在此背景下,社会责任营销(CSR marketing)开始成为企业提升声誉、获取各利益相关方信任的重要工具。在当前的经济实践中,将企业社会责任承担与企业营销战略结合已然成为一种普遍现象。企业进行慈善捐款、积极参与社会建设、增加员工福利、承诺采取更环保天然的产品原料的行为都是企业进行社会责任营销的方式。

电商企业社会创新与创业来源于企业社会责任的发展，其主要作用是提高社会价值和企业价值，是指在企业生产经营过程中，通过创新能力和组织管理能力，解决社会问题的同时给企业带来实际的价值创造，由纯粹的慈善行为过渡到了企业和社会共同盈利的阶段。与企业责任营销相比，电商企业社会创新与创业背景下的营销活动具有以下几个特点。

（1）更强调企业的主动性。社会创新营销活动的开展是基于企业发展战略的主动出击。在企业社会责任履行阶段，企业所实行的慈善活动或者所展现出的良好社会形象，或多或少都受到了外在因素的影响。即使在发展后期，不少企业主动认识到企业社会责任履行的重要性，但仍然在企业盈利与社会责任承担方面存在一定的认知局限。电商企业社会创新与创业则为企业履行社会责任提供了不同于"零和逻辑"的一种新实践思路，将企业提高组织管理效能与企业社会责任履行有机结合，一定程度上减少了社会责任履行的阻碍，催生出更多主动型与互利互惠型的营销活动。

（2）更强调企业内外部营销的一致性。在企业社会责任阶段，企业更多通过慈善捐款、开展公益活动等形式提升企业社会形象。无论是营销活动的目的，或是营销活动所针对的对象，都主要针对客户、政府与媒体等外部利益相关者。在电商企业社会创新与创业背景下，企业营销活动将内部员工、股东纳入考虑范围，旨在通过内外部社会责任一致性营销，提升社会形象的同时，建设良好的企业文化，实现企业内部的高度凝聚。

2. 电商企业社会创新与创业背景下的相关营销观念

（1）内部营销与外部营销。随着企业经营实践的发展，人们发现电商企业社会创新与创业背景下的营销活动不应仅是针对外界做出的营销努力。事实上，企业内部的认同对公司的发展同样重要。一些学者认识到内部社会责任形象建设的重要性，从内外社会责任的履行与联系方面进行了研究。

①内部社会创新营销公司的 CSI（企业社会创新）活动会提升员工对公司的认同，而这种认同反过来又会影响员工对公司的承诺，即公司的 CSI 表现是维持公司与员工良好关系的有效途径。

内部社会创新营销是指将员工当作客户，并通过在企业内部实施一系列符合电商企业社会创新与创业行为的活动，构建企业内部的文化价值观，提升员工等内部利益相关者对其企业组织及企业发展战略的深度认同。聪明的营销者意识到，公司内部的营销活动可能与外部营销活动同样重要，甚至可能更重要。[①]Piercy 和 Morgan[②]强调，内部营销计划可以增强员工对外部营销战略的认识、理解、参与及认同，从而减少和消除战略实施过程中可能发生的变革阻力，大大增加成功实施外部营销战略的可能性。Wieseke 等[③]从内部营销的角度指出，组织认同是一个领导以其组织观念不断渗透给下属的过程，领导—属下（follower）任期长短和领导魅力都会调节这种级联效应。换句话说，如果员工的认知与企业高层乃至企业对外所传达的观念不一致，这种认知差异将会极大降低员工的组织认同。

②外部社会创新营销。正如前文所说，电商企业社会创新与创业与消费者购买意愿之间的影响路径同样能够形成正向的闭环效应，即"积极的社会创新—客户认同感—消费者购买意愿"，客户认同感的产生一方面来源于对企业承担社会责任的认可，另一方面来源于对创新思维、创新产品的认可。

具体而言，企业通过外部社会责任营销，激发出消费者的感知和行为两种反应。感知反应属于消费者的内在反应结果，主要研究企业履行社会创新行为如何影响消费者对企业及其产品的感知状态及其态度评价，包括消费者的企业评价、产品满意度、产品质量感知；行为反应属于消费者的外在反应结果，主要研究电商企业社会创新与创业行为如何影响消费者购买行为，包括消费者的购买意愿、购买忠诚及其愿意支付的溢价水平等。企业自身的因素会对消费者反应起到重要的调节作用，主要体现在企业自身的声誉、企业能力、企业社会责任以往的表现，以及产品的质量、价格等。

由内至外的社会责任营销企业可以将电商企业社会创新与创业活动作为一个吸引、激励和留住人才的杠杆，使其成为其区别于竞争对手的独特资源优势。通过内部营销活动，企业将社会责任整合到工作产品（job-products）之中，通过满足雇员的多方面需求（如自我提升、工作生活一致等），使雇员产生对公司的认同和归属感，进而获得内心的自豪、幸福感（内部效果）和外在的工作表现，如更

---

① KOTLER P, KEVIN K L, LU T H. Marketing management in China[M]. London: Pearson Education, 2008.
② PIERCY N, MORGAN N. Internal marketing—the missing half of the marketing programme[J]. Long range planning, 1991, 24（2）: 82–93.
③ WIESEKE J, AHEARNE M, LAM S K, et al. The role of leaders in Internal marketing[J]. Journal of marketing, 2009, 73（2）: 123–145.

高的工作效率和关注产品质量(外部效果)等。

(2)社会营销观念、善因营销(cause-related marketing)、环境营销。

①社会营销观念。社会营销观念产生于20世纪中后期,由于美国消费者权益运动和环境保护运动的兴起,人们开始重视企业营销决策中的社会道德问题;经过40多年的发展,科特勒[①]等又根据时代和社会的发展,提出社会营销是通过使用市场营销原理与技术来影响目标受众,让他们自愿地接受、拒绝、改变和放弃某种行为,从而保障个人、集体或社会整体的利益。由此可知,社会营销观念将市场营销技巧、影响目标受众的行为以及实现社会利益联系在一起,迫使企业在制定营销策略时必须充分考虑企业自身、消费者需求和企业的社会责任。

在我国,社会营销观念由来已久。早在20世纪末期,国内众多学者便意识到企业营销决策中考虑社会责任承担的重要性。在追求"一己经济效益"市场营销观念的指导下,企业置消费者利益、社会公众利益与人类社会发展于不顾,会加剧假冒伪劣产品制售、社会环境污染与自然资源浪费等问题,最终将严重损害社会公众利益,给可持续发展带来障碍。而社会营销观念,是一种把消费者利益、社会利益与企业利益结合起来、统一起来的市场观念。营销观念是一个企业的命脉,它是一种骨子里的东西,影响着企业在市场竞争中的地位与未来表现。而社会营销观念是营销观念的高级形式,它强调的是:组织的任务是确定目标市场的需求、欲望和兴趣,比竞争者更有效地提供满足客户的商品,提供商品的方式能对消费者和社会双重有益。

近些年来,关于社会营销观念的研究逐渐增多,如图9-1所示。其立足于消费者需要、企业利润和社会利益三个方面,分析企业引入社会营销观念的必要性,并从社会营销的角度对企业社会责任践行提出建议。

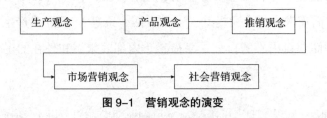

图 9-1 营销观念的演变

---

① KOTLER P. Marketing management: analysis, planning, implementation and control[M]. Engkwood Cliffs: Prentice Hall, 1988.

②善因营销。善因营销是将企业与非营利机构，特别是慈善组织相结合，将产品销售与社会问题或公益事业相结合，在为相关事业进行捐赠、资助其发展的同时，达到提高产品销售额、实现企业利润、改善企业社会形象的目的，如图9-2所示。善因营销是一种崭新的营销方式，它兼顾了企业、消费者和社会的利益，因而受到广泛支持。

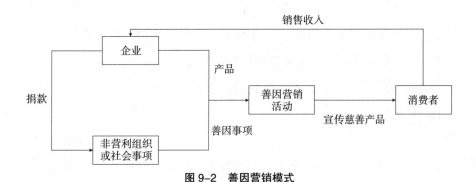

图 9-2　善因营销模式

善因营销①这个词出现的时间并不是很久，它最初是由美国运通公司（American Express）在1981年提出的。当时，美国运通公司与非营利组织艾丽丝基金会合作，通过将捐赠与销售额挂钩的方式，来为翻新自由女神像筹建资金，结果不仅使美国运通公司的销售额成倍增长，同时也为艺术团体募集了大量资金。美国运通公司将这种销售与福利事业挂钩的营销战略称为"善因营销"，并且在美国专利局将这个术语作为一个服务标记进行注册。这一成功的案例引发了席卷全美的善因营销运动。20世纪90年代，善因营销产业产值增长了500%。②

善因营销之所以发展迅速，主要是由于社会责任得到了社会各界的认可，但是履行社会责任可能会和企业利润目标产生冲突，手段—目的的矛盾危及了承担社会责任的持续性。为了从战略高度保证对非营利组织的支持，很多大公司将目标投向善因营销，它们认为，善因营销可以获得企业、非营利组织和客户的三赢结局，在社会责任营销中占有独一无二的地位，因此近年来得到了蓬勃发展。

对于众多中小企业而言，如下五种善因营销是较为常见也切实可行的选择。

第一，企业慈善捐赠。企业直接向慈善机构或公益团体进行捐赠，通常采用

---

① 胡瑜慧.善因营销：企业承担社会责任的新方式[J].生产力研究，2009（20）：145-147.
② 李慧.善因营销国内外最新理论研究综述[J].兰州学刊，2008，178：93-95.

现金、捐款和实物服务的形式。这大概是所有企业社会活动中最传统的形式，几十年来一直都是企业想到公益活动时的第一反应。

第二，发起独立的公益推广活动。企业自行发起和管理推广活动，以达到提升大众对某个社会公益问题、特定公益对象的了解和关注，或支持某项公益事业的筹资、参与或志愿者招募的目的，如 The Body Shop 在欧盟范围内成功推广禁止使用动物作为试验品等。

第三，与公益机构互惠互利。企业和某个非营利机构合作，建立互惠互利关系，既能提高产品销售，又能为公益机构提供支持。

第四，志愿服务社区。企业支持鼓励其员工、零售合作伙伴在当地社区组织与公益活动中提供志愿服务。

第五，与合作伙伴进行战略性结盟。从 1996 年开始，在每年的夏、秋季节，宝洁公司都会在全国大中城市携手下游零售商业伙伴，开展一年一度的为希望工程筹集善款的义卖、捐资销售活动。该活动以卖场为公益平台，以方便消费者在购物的同时成为希望工程捐助者。活动期间，只要消费者购买宝洁产品，宝洁公司即拿出部分利润代替消费者向希望工程捐赠；只要商业伙伴向希望工程捐款，宝洁公司即提供相应数额的配备资金与其共建希望小学，而且在共建希望小学命名上，宝洁合作伙伴在先；在共建希望小学后续管理上，宝洁积极承担全部管理责任。

③环境营销。市场导向的营销观念在极大地满足人们物质生活需要的同时，也给全球的资源与环境带来巨大的压力，于是以引导人与自然和谐发展的环境营销就应运而生。本书认为，只要在营销中考虑到环境责任的营销观念及活动，就可称为环境营销。

环境营销将企业的自身利益、消费者利益及社会利益三者相结合，致力于促进经济可持续发展和环境的改善。环境营销的概念范畴包括绿色营销、生态营销和可持续营销。从概念与内涵来看，环境营销具备以下几个特征。

第一，环境营销观念要求企业在营销中不仅考虑企业和消费者利益，还考虑社会和环境利益，企业需要遵守道德规范、履行社会责任。

第二，环境营销体现在市场调查、新产品开发、定价、促销、分销及售后服务等营销活动的全过程，强调在传统营销组合中纳入环境因素。

第三，从目标看，环境营销要实现企业、消费者和社会利益三方面的平衡，目标是使企业的利润目标与环境保护的社会目标相协调，促进企业和社会的可持续发展。

9.1.2 电商企业社会创新与创业背景下企业进行营销决策的影响因素

结合市场营销学的市场环境分析逻辑，可以将企业基于社会创新的营销活动的前导因素分为宏观因素与微观因素两个层面。

1. 宏观层面的影响因素

宏观因素，是指社会大环境中影响企业在营销决策中进行社会责任考量的部分，主要包括政治因素、经济因素、社会文化因素与科技因素四个方面。[①]

（1）政治因素。在电商企业社会创新与创业营销的宏观环境分析中，政治环境是企业首先需要考虑的因素。企业想要合理、合法地生存，以及从事创新性市场营销活动，必须首先遵守所在地政治环境的规范。一般而言，企业在营销活动中的社会责任表现与政治制度、政府及相关政策、国家及地方法律等因素息息相关，政府及相关政策对企业进行营销活动方面的规定将会对营销内容、营销活动的实施产生重要影响。在当前的营销环境中，政府可以通过行政干预、税收等方式，鼓励企业在市场营销活动中更多承担社会责任，传播与社会价值观相符的内容，营造出和谐、创新、绿色、开放、共享的社会发展环境。

（2）经济因素。企业的任何营销活动都会受到宏观经济环境的影响。同样，一个国家或地区的电商企业社会创新与创业发展在很大程度上受到其所处经济大环境的影响。在发达国家和地区，由于整体经济发展态势良好，企业能够有更多的资源和精力去履行社会责任，也能更好地将社会问题转化为发展机遇，实现企业价值与社会价值的协同创造，在营销活动中，自然也更能从社会角度去思考价值传递与价值创造。但是在一些仍然没有脱贫的国家或地区，无论是政府还是消费者，对于企业社会责任履行的要求都比较低。与此同时，随着经济全球化的深入，国外品牌大量涌入，消费者对电商企业社会创新与创业营销行为的感知以及评价明显受到品牌来源国的影响。

（3）社会文化因素。企业的营销活动应当根据不同地区和市场的文化习俗作出调整，企业所践行的社会责任行为及其程度也应当由社会文化因素的不同而产

---

① 朱永明，李佳佳，姜红丙. 企业社会责任研究述评与展望：基于市场营销领域[J]. 财会月刊，2020（10）：94-101.

生差异。社会文化作为非制度性因素，囊括了道德体系、文化习俗、生活习惯等诸多内容，对于营销活动中的企业社会责任履行都有着显著影响。企业开展社会营销活动时，应该把当地的文化体系纳入考虑范围，规避文化冲突，传播目标国（地区）所认可与遵从的价值内容。

（4）科技因素。移动互联网时代的信息传递和沟通方式发生了巨大的变革，线上营销的普及度以及效果已经全面超越了传统的线下营销，给企业社会责任同样带来了明显的影响。一方面，企业积极履行社会责任的信息以及社会责任缺失的信息都会通过多渠道触达消费者，从而使消费者更快、更全面地了解企业。企业积极履行社会责任的优势和社会责任缺失的劣势都会被放大，这在一定程度上推动了企业主动履行社会责任，同时减少了社会责任缺失行为。另一方面，企业在营销活动中可以借助多种技术手段，通过营销方式与营销内容的创新，将企业营销与社会问题相结合，创造出"1+1＞2"的宣传效果。

2. 微观层面的影响因素

本书主要从企业自身、行业环境与消费者三个角度考量影响企业进行社会营销创新的微观因素。

（1）企业自身。企业开展营销活动前需要进行市场环境分析，自身因素往往是其中最容易被忽视的一项。企业在社会创新背景下，进行营销活动的具体行为以及行为程度和效果，不仅会受到利益相关者的驱动，更会受到企业自身因素的影响，包括企业内部特征和企业文化。企业在营销活动中的社会创新行为首先会受到企业性质与领导团队的影响。一方面，与其他营利性企业相比，企业由于其独特的社会性质，在营销决策中更多考虑履行社会责任，而不是利益获得。另一方面，企业领导团队的个人经历也将极大地影响营销决策。当企业领导者拥有公共政府部门或者社会环保组织的任职经历时，这种经历将会引导企业采取积极的社会责任履行行为，如电商企业社会创新与创业等。此外，企业本身的文化也对营销决策的社会责任履行产生了重要的影响。尤其是以社会共赢、和谐等内容作为经营宗旨与价值观导向的企业，将会更加注重将电商企业社会创新与创业与经营管理的各个环节相融合。

（2）行业环境。企业在开展营销活动时，需要考虑自身在行业中所处的地位，关注竞争对手的市场动态，更会受到行业竞争程度以及行业变化的影响。当企业进行社会创新相关决策时，虽然是独立进行，但仍会受到市场竞争、行业地位、行业协会、行业属性等因素的影响。就企业对员工的社会责任而言，激烈的行业竞争会导致企业削减对于员工培训、社会保障的支出；就企业对社区的社会责任而言，高社会责任倡导的行业比低社会责任倡导的行业更具人文关怀。另外，行业协会也可以通过一定途径干预企业在营销活动中的社会创新行为，显著提高企业在善待员工、保护环境、慈善捐助等社会责任方面的投入。

（3）消费者。企业的最终目的都是实现产品与服务的转移。同理，无论是企业的何种营销行为，最后的受众都是消费者。消费者是企业最重要的利益相关者，对企业主动履行社会责任，进行电商企业社会创新与创业起到重要的拉动作用。

由于企业的经济价值需要通过消费者的一系列消费行为来实现，企业在开展社会责任相关活动时，首先需要着重考虑消费者因素的影响。在电商企业社会创新与创业背景下，企业可以通过产品与服务的创新，进一步满足消费者的多种需求。此外，通过输出消费者喜闻乐见的价值观，实现品牌价值创新与消费者认同的有机结合，是企业在营销活动中有效履行社会责任、进行电商企业社会创新与创业的重要方式。

9.2 企业营销中的伦理问题

9.2.1 企业的营销伦理问题

周玉泉[①]基于中国传统儒家思想，将现代市场营销伦理中问题归为五类，分别是产品伦理缺失、营销渠道伦理失范、促销伦理不规范、违背定价伦理与市场调研伦理失范。程月明[②]通过研究，将企业营销伦理问题分为产品伦理问题、定价伦理问题、推销渠道伦理问题与促销伦理问题四类。本书参考上述学者的成果，将企业的营销伦理问题分为以下五类。

1. 产品伦理问题

一般而言，企业的产品伦理问题，主要体现在产品的内在质量和产品的外观质量两个方面。产品的内在质量主要体现为内在属性，包括性能稳定程度、使用年限、可靠程度、安全性与经济性等；产品的外观质量指产品的外部属性，包括产品的创意设计、造型、颜色组合与包装等。与外观质量等特性比较，内在质量

---

① 周玉泉.基于中国传统儒家思想的现代市场营销伦理探讨[J].生产力研究，2010（4）：219-220，236.
② 程月明.企业营销伦理问题及成因分析[J].江西社会科学，2012，32（5）：228-231.

是产品质量的首要方面,是最主要、最基本的要求。无论何种企业性质,只有首先保证其所提供的产品及服务内在质量,外观质量才有意义。

结合上述分析,产品伦理问题紧紧围绕着产品的内外属性,可分为内在质量方面的产品伦理问题与外观质量的产品伦理问题两类。具体而言,内在质量方面的产品伦理问题包括性能问题、安全性问题与使用寿命问题等;外观质量的产品伦理问题包括设计问题与包装问题等。

2. 定价伦理问题

价格是营销决策中的关键部分。定价中的伦理问题形式多样,主要有串谋定价、歧视定价、掠夺定价和价格欺诈。串谋定价,是指企业相互串通,订立价格协定,以共同占领市场、谋取高额利润的行为。通过垄断高价获得不正当高额利润的串谋定价行为,不仅违背了公平原则,也欺骗和愚弄了消费者。歧视定价,就是指企业以不同价格,向不同消费者提供相同等级、相同质量产品的销售方法。就同一种产品对不同的消费者实行不同价格的行为,即为价格歧视行为。显然,该行为通过价格欺骗,剥夺了高价购买消费者的合法权益,不仅失信于消费者,更有悖于伦理道德。而掠夺定价,是指企业将价格定在成本以下,以达到将竞争对手挤出市场的目的。然而,实行掠夺定价的企业并不止步于此,待对手退出市场后,前期由于低价而牺牲掉的利益将会通过提价的方式追回。因此,掠夺定价是企业为了消除竞争,以牺牲短期利润为手段,从而谋取高额长期利益的行为。价格欺诈,是指企业利用虚假或者使人误解的不正当价格策略和手段,来欺骗、诱导客户与其进行交易并使客户利益受损的行为。价格欺诈无疑是不道德的行为,这种行为侵犯了客户的知情权,同时也妨碍了市场交易的公平性和合理性。

3. 分销渠道伦理问题

菲利普·科特勒认为:"分销渠道,是促使产品或服务顺利地被使用或消费的一整套相互依存的组织。"[1] 通俗意义上说,分销渠道即企业产品所有权和实体由生产领域转移至消费领域所经历的通道,包括一切促成该转移过程的企业与个人。分销渠道伦理问题,可分为直接分销渠道伦理问题和间接分销渠道伦理问题两类。

直接分销渠道没有中间商参与,产品由生产企业直接销售给消费者。在该种分销模式下,伦理问题主要有侵犯消费者的隐私权、骚扰和激怒消费者、推销人

---

[1] 科特勒,凯勒.营销管理[M].何佳讯,于洪彦,牛永革,等译.15版.上海:格致出版社,2016.

员缺少诚信、欺诈消费者以及传销等。其中，隐私权的侵犯也许是涉及直销渠道的最棘手的公共政策问题。消费者每次通过互联网或电话订购产品、抽奖、申请信用卡或订购杂志，他们的姓名、地址和购买习惯就会被列入公司建立的数据库。消费者虽然经常能从数据库营销中得益，如他们可以收到更多符合他们兴趣的产品推销、直销商年终寄给消费者的纪念品等。然而直销商有时很难分清他们精心挑选的消费者的欲望与隐私权的界限，所以经常出现对消费者隐私权的侵犯。

间接分销渠道，是当今消费品销售的主要方式。与直接分销渠道不同，产品自生产企业到消费者手中，还需要经过产品中间商之手。间接分销渠道伦理问题，广泛体现在生产企业、中间商与终端消费者的相互关系中。在生产企业和中间商的伦理关系中，存在生产企业对中间商实行不公平拿货价格、欺诈等问题。在中间商和终端消费者的伦理关系之中，也存在中间商违背和生产企业的约定，欺诈消费以获取高额利润等问题。

4. 促销伦理问题

促销就是营销者向消费者传递有关本企业及产品的各种信息，说服或吸引消费者购买其产品，以达到提高销售量的目的。促销实质上是一种沟通活动，即营销者发出刺激消费的各种信息，把信息传递到一个或更多的目标对象，以影响其态度和行为。促销伦理问题，主要表现在商业广告和人员推销中。商业广告是以盈利为目的的广告，主要通过传播媒介所进行的有关商品、劳务、市场、观念等方面的广告传播活动。不管商品广告所传播的信息内容是什么，最终目的都是为广告主的企业或个人获得盈利。因此，为了实现最大盈利目的，不少企业铤而走险，出现了大量违背伦理的商业广告。目前广受关注的商业广告伦理问题包括虚假广告问题、攻击性广告问题、暴力性广告问题与儿童广告问题等。人员推销是指企业通过销售人员直接向中间商或消费者进行宣传介绍活动，以说服中间商或消费者购买企业产品的促销方式。销售人员在目标市场的工作态度是否热情主动，行为是否符合法律和道德规范，都会影响企业的形象。所以，企业人员推销的伦理问题，主要表现在企业销售人员上，集中体现在企业销售人员与客户之间，具体表现为欺诈客户、歧视客户、误导宣传、排他阻挠、不正当竞争等。

以下是几种常见的人员推销问题。

（1）故意误导。在推销活动中，推销人员迫于完成任务的压力或受到高额提成的诱惑，常常利用消费者的知识漏洞，对产品作出不正确的陈述或虚假的承诺。

（2）高压推销。许多推销人员都具备"越挫越勇的精神"，在实际推销中，这些推销人员"永不言败"，对消费者纠缠不放，即使消费者已经明确表示不需要他们的产品，他们还是频繁出现在消费者的周围，竭尽全力迫使消费者购买产品。

（3）消费者差别对待。消费者差别对待包括两层意思：①对不同的消费者在服务态度或提供方便性上有差异。②对同一消费者在其购买前后的态度上有差异。

（4）送礼和款待。送礼行为的伦理问题是：在怎样一个临界点上，送礼行为会变成行贿？所送礼物的价值通常作为区分送礼行为和行贿行为的标准；就像送礼一样，如果款待被用来对客户施加额外的影响和压力，超出了产品本身的特点和好处对客户的吸引，款待行为则超出了伦理的界限。

5. 市场调研伦理失范

市场调研是现代企业获取市场信息并据此制定企业经营战略的必要途径。随着市场竞争的加剧，越来越多的企业充分认识到市场调研的重要性。大力增加市场调研的人力、财力和物力的投入，千方百计获取市场信息。在这个过程中，有的企业通过各种不正当的手段窃取他人的成果。例如，派人打入其他企业窃取市场情报，用重金收买竞争对手的管理人员和技术人员等。此外，由于相当数量的企业缺乏必要的用户隐私保护政策和措施，企业通过市场调研所获取的大量客户个人信息，包括客户提供的个人身份、联系方式、健康状况、信用和财产状况等很容易被窃取或侵犯。甚至个别黑心企业为获取不正当利益，故意对外散播消费者个人信息。

9.2.2 企业营销的伦理问题的成因及对策

1. 企业营销伦理问题的成因

（1）缺乏与市场营销相适应的道德规范体系。市场营销是商品经济高度发展的产物。我国商品经济发展相对落后于其他国家。直到党的十四大确立我国实行社会主义市场经济，国有企业开始实行自主经营、独立核算与自负盈亏，企业才真正开始树立营销观念，并将其作为生产和销售的指导思想与经营理念。社会主义市场经济的建设不同于传统计划经济，在经济体制改革中，资源配置由计划方式转向市场配置，生产方式由小生产转向社会化大生产，这些生产关系的调整要求上层建筑作出相应的调整和变化。而原有的道德规范逐渐部分地失去存在的合理性，社会经济的正常运行要求建立与社会主义市场经济相适应的道德规范和道德体系。但这种道德体系的建立必须是在认清社会主义市场经济建设的性质与方向之后，因此新道德规范的滞后在所难免。虽然当前市场经济体制建设已步入正轨，但由于各种历史遗留问题，我国仍然要大力加强与市场营销相适应的道德规范体系建设。

（2）极端的"利己主义"导致企业道德价值目标缺位。[①]"利己主义"作为经济学理论研究的出发点，产生于道德哲学的范畴。16世纪，意大利文艺复兴思想家尼可罗·马基亚维利（Niccolò Machiavelli）把"权力欲望"和"财务欲望"看作人性的基础，提出了"人性本恶"理论。作为经济学的"鼻祖"，亚当·斯密（Adam Smith）吸收前人思想成果，以"利己主义"为基础，提出了"经济人"假设。正如斯密所说："我们每天所需的食物和饮料是出于他们自利的打算，而不是出自屠夫、酿酒和面包师的恩惠。"人的本性即"利己主义"，把个人视为追求私利的"经济人"，这种自利的欲望给经济带来动力，同时也会产生与社会利益的矛盾，导致"利己主义"泛滥。后期的斯密看到了"自利经济人"的局限性，并在《道德情操论》中提出"利他"的思想，进而揭示道德是人类社会赖以生存和发展的基础，而人的行为应遵循一般道德准则，即人应该遵循合理的"利己主义"。合理的"利己主义"主张，在不损害社会和他人利益的前提下追求个人利益。合理的"利己主义"认为，每个人都有获得个人利益和享受个人幸福的权利，人都是利己的，人的利己心不仅不会损害社会利益，反而会促进个人利益的增加，从而也增进了社会利益。然而，特别是随着资本主义社会形态的不断演进，"经济人"的局限性日益明显地暴露出来，在不择手段争夺财富的狂热举动中，人们忘却了伦理道德也是一种对社会经济发展有价值的东西，而且越来越表现为极端的"利己主义"。极端的"利己主义"认为，每一个人都应该只追求自己的利益，至于用什么手段，则是无须考虑的问题。极端"利己主义"这种只顾自己利益而不顾他人利益的思想，使商业领域欺诈之风日盛，导致企业道德价值目标缺失，企业营销伦理问题比比皆是。

（3）信息不对称带来的"市场失灵"导致市场诚信缺失。信息不对称是指交易中的各人拥有的信息不同。在市场经济活动中，不同主体对有关信息的了解是

---

① 吕荣胜，高蕾蕾.营销伦理研究述评[J].经济纵横，2008（1）：70-72.

有差异的；掌握信息比较充分的人员，往往处于比较有利的地位，而信息贫乏的人员，则处于比较不利的地位。信息不对称可能导致逆向选择（adverse selection）。一般而言，卖家比买家拥有更多关于交易物品的信息。

由于经济活动的参与人具有的信息是不对称的，信息拥有方为谋取自身的利益而去损害另一方的利益。虽然信息不对称会在短期内让一些道德不良的企业欺骗消费者而获利，但这会损害正当的市场交易，当消费者担心被欺诈而严重影响交易活动时，市场的正常作用就会丧失，市场配置资源的功能就不灵了，从而出现"市场失灵"，结果导致企业诚信等道德问题频繁产生。正如阿克洛夫的"旧车市场"模型所揭示的，信息不对称将会导致劣货驱逐良货，造成货币交易体系的混乱。

（4）"政府失灵"使企业制衡机制短缺，从而导致企业营销伦理问题产生。由于市场不是万能的，"看不见的手"并不能保证每一个人或企业组织都诚信公平，而政府"看得见的手"可以调节市场机制、弥补市场缺陷、纠正市场失灵。因此，作为一种国家权力机构，政府可以用"看得见的手"制定市场规则、规范企业行为，为企业生存和发展创造条件。政府这种对企业形成的强有力制衡，不仅对国民经济进行宏观调控，也保证企业享受法定权利，促使企业公平竞争与公正交易。在价值规律的作用下，市场配置社会资源具有短期效应，如此在动态的供求关系变化中，市场利益主体受眼前利益的驱使，更多会行使见效快的经济行为，这在客观上容易使市场利益主体产生急功近利的价值取向以及短期投机心态，甚至道德沦丧、违法犯罪。如果市场制衡机制短缺，那么市场道德诚信也会严重缺失。

2. 解决企业营销伦理问题的对策

（1）加强行业协会建设、强化行业监督。行业协会是同行业企业之间的组织，在互通信息、行业自律、促进行业良性竞争方面具有重要作用。由于个别企业的非道德营销行为会损害全行业的商业信誉和利益，其受到全行业的不耻和抵制。行业协会应针对本行业的特点，制定相应的营销道德准则以及对非道德营销行为的处罚规则，规范全行业的营销行为，维护全行业的利益。

（2）转变政府职能、加强法制建设。政府应完善竞争和市场体系的相关立法体系，严格执法。如果法制不健全、无法可依，非道德营销行为就会泛滥。应通过立法来保证企业营销行为与社会利益相一致，在已有相关法律基础上，加强法制建设，不断健全竞争市场的相关立法体系，真正做到"有法可依、有法必依、执法必严、违法必究"，为企业营销的道德性提供良好的法律环境和外部强制约束。只要企业在其营销活动中存在有损社会公认的文明和道德底线的现象，并且造成一定后果的，就要严格追究相关企业和责任人的法律责任。

（3）加强企业内部伦理道德建设。广泛开展营销伦理教育，重视塑造企业文化。社会心理学研究表明，当人们公开宣扬某种观点时，他们就倾向于在行动上与这种观点保持一致，即使他们根本不信奉这种观点。因此，以营销伦理规范为核心进行企业文化建设，形成"重道德，讲责任"的氛围，把营销伦理规范渗透到全体职工的意识中去，把执行营销伦理规范作为自己的基本责任，以推动企业营销道德风尚的形成和发展。企业也可参与一些有意义的社会活动，协助推动社会良性改革，这样不仅可以提高公司的向心力、激励员工士气，同时也可以提升个人的品质，满足员工更高层次的精神需求。

要建立健全企业领导者选拔和监管机制，把伦理纳入全体员工考核体系，将市场机制和竞争机制引入企业经营活动。对公司高层管理人员要实行招聘制，德才兼备者择优聘用；建立健全对干部的考核和监督机制，要把伦理指标纳入高管人员考核体系之中，促使领导者树立正确的经营哲学。同时，增强公司员工竞争意识，实行合同制、竞争上岗、定期培训，不断提升职工的综合素质，为不断提高企业营销伦理水准创造优化的内部因素。

（4）加强消费者、政府、社会团体、媒体的监督。消费者作为营销活动直接利益相关者，往往也是违背伦理营销活动受害者，在此过程中，消费者要通过各种手段维护自己的权益，要敢于运用法律手段争取自己的合法权益。政府主要指市场监管等相关职能部门，要对市场营销过程中的各个环节进行监控，依法保护消费者的合法权益。对于经营过程中的制售假冒伪劣产品、漫天要价、乱"宰"客户、利用虚假广告进行欺诈、骗买骗卖等各种违法、违规不道德行为给予坚决的打击。社会团体主要是指消费者权益保护协会，作为保护消费者权益的重要平台，要依据消费者权益保护法依法保护消费者，起到其应有的作用。消费者随着权利意识的觉醒和自身消费文化的成熟，对于企业的非道德营销行为有着越来越清醒的认识，许多消费者通过多种载体对一些企业缺乏社会责任、在营销活动中缺乏伦理的行为进行了揭露和批评。报纸、电视、互联网新闻网站等新闻媒介要倾听消费者在营销伦理问题上的呼声，发挥自身优势，在监督和约束企业营销伦理方面发挥更大、更持久的作用。

（5）弘扬中国传统文化，加强企业营销道德教育。儒家文化是中国传统文化的主流，早在几千年前就被应用于商业，随着市场经济的发展，我们的传统文化已经渐行渐远，在商业领域，要构建企业营销道德，就应该弘扬中国5 000年的传统文化，吸取国外伦理学中与之相一致的理论。要加大社会教育力度，加强企业高级决策者和中级决策者的"儒商"意识。以此作为企业营销道德教育的主要内容，企业成员的自我教育和自我修养要与营销道德教育结合起来，从而提升企业整体素质，培养员工敬业、爱业、乐业、勤业的精神，不仅把职业看成一种谋生手段，而且把职业看成个体价值自我实现的重要生活方式，从而在行业中塑造自身的形象。

9.3 营销决策的电商企业社会创新与创业评价

9.3.1 营销伦理评价的理论基础

营销伦理乃是企业管理伦理的一部分，它服从和服务于整个社会的伦理。营销伦理是营销主体在从事营销活动中所应具有的基本道德准则，即判断企业营销活动是否符合消费者及社会的利益，能否给广大消费者和社会带来最大幸福的一种价值判断标准。企业与消费者和社会的关系，最主要的是经济关系，直接表现为某种利益关系。这种关系的正确处理，除依靠法律外，还需要正确的伦理观念指导。在电商企业社会创新与创业背景下，进行企业营销活动的伦理学研究，不仅为解释企业营销伦理失范寻找理论归因，也为强化营销伦理、规避并解决伦理失范提供理论依据，具有重要的理论意义与现实意义。

扩展资源9-2

现代企业营销道德评价的标准主要有两大评判理论与三大判定理论。① 两大评判理论具体是指功利论与道义论；三大判定理论分别是William Ross（罗斯，1930）的显要义务理论、Thomas Garrett（加勒特，1966）的相称理论与John Rawls（罗尔斯，1971）的社会公正理论。这些理论大多基于伦理学的角度，为在电商企业社会创新与创业背景下进行企业营销决策的伦理和道德评价提供了基础理论框架。

---

① 袁波. 显要义务理论的中小企业营销伦理建设 [J]. 企业经济，2009（8）：87-89.

1. 两大评判理论

（1）功利论。如表 9-1 所示，功利主义（utilitarianism）认为社会利益是个人利益的总和，强调的是个人利益。功利主义作为目的论中最具影响力的一个理论派别，其代表人物是英国哲学家边沁和穆勒。[①] 该理论派别的基本原则是：增进大多数人的最大幸福。这一原则是评价一切行为的道德价值的最终尺度，因而是一切道德行为的最终动机。这就是功利主义被归入目的论而非道义论的原因。功利原则（the principle of utility）是边沁首先提出的；密尔对这个原则加以改进，称之为"最大幸福原则"。

表 9-1 功利论与道义论

项目	功利论	道义论
根本特征	主张一个人的道德原则之所以能够成立、一条行为路线之所以值得人们去遵从，是因为它能够产生客观的功利、效益。不能产生功利、效益的路线、原则是没有道德价值的	道德原则必须本身就具有善的价值或性质。这种原则的道德价值不依赖于它所产生的功利和效果
利益观点	强调的是个人利益，认为社会利益是个人利益的总和	强调的是整体利益，忽视甚至扼杀个人利益和个性发展
义务观点	功利论是在工具或手段意义上来使用道德的；相对的义务；实质性的义务	道义论是在目的意义上谈论道德的；道义论提出的是绝对和无条件的义务；实质性的义务
相同点：功利论和道义论都是以个人利益和社会利益的对立为基础		

（2）道义论。道义论强调的是整体利益，因此在一定程度上忽视甚至扼杀了个人利益和个性发展。[②] 在西方，道义论的理论渊源可追溯到中世纪和基督教伦理思想。当时的思想家皆认为道德原则具有绝对善的价值，是超功利主义的表现。作为一种完整的理论，道义论是由近代的康德所提出的。康德认为世界上有两种命令：一种是为了某种目的而提出的命令，这是有条件的假言命令；另一种是不依赖任何经济事实、不为了追求其他目的而提出的命令，因而是无条件的绝对命令，这就是道德原则。[③] 也就是说，一切行为，只要符合普遍性这一原则，就是绝对正确的。至于它们是否对个人或社会产生利益，这是根本用不着也不可以加以考虑的。

---

① 穆勒. 功用主义 [M]. 北京：商务印书馆，1957：18.
② 陈晓平. 面对道德冲突：功利与道义 [J]. 学术研究，2004（4）：45-50.
③ 方毅. 功利论和道义论的对立及其超越 [J]. 学术交流，2008（8）：20-23.

2. 三大判定理论

（1）显要义务理论。罗斯在1930年出版的《"对"与"善"》一书中，系统地提出了"显要义务"的观点。罗斯认为，企业在营销活动中要承担"显要义务"。显要义务，是指在一定时间、一定环境中人们自认为合理的行为。具体而言，他所提出的显要义务有六大板块：①诚实义务，即企业应当诚实可靠、遵守诺言、履行合约并实情相告等。②感恩义务，即企业要对关系密切的利益相关者在适当时机给予回报，并在对方陷入困难时出手援助。③公正义务，即企业相关者应公平公正地对待所有消费者和利益相关者。④从善义务，即企业应当热心公益、回馈社会并具有德行。⑤自我完善义务，即企业应依据道德要求不断自我完善和提高。⑥不作恶义务，企业或企业员工的行为要避免伤害他人，不损害消费者利益，不店大欺客，不提供假冒伪劣产品等（表9-2）。威廉·罗斯（William Ross）认为，理性的企业营销人员在多数情况下不仅要非常明确自己应做什么和不应做什么，而且要将这些行为认知作为一种道德义务主动承担起来。他所提出的六部分内容，为营销道德评价提供了有益的借鉴作用。

表9-2 显要义务的六大板块

板块	内容
诚实	企业在营销中应信守诺言、履行合约，避免欺骗和误导性宣传，使产品或服务满足消费者的预期需求
感恩	企业以知恩图报的方式处理好与自己有长期友好合作关系的客户和供应商、经销商以及其他利益相关者之间的关系
公正	不应厚此薄彼，要求企业在招标、签约等活动中不以主观好恶或回扣多少来作出决定，对富裕的消费者和贫困的消费者不应有服务上的差别待遇
从善	企业要热心于社会公益事业，承担力所能及的社会责任，特别是当企业利益和公众利益发生矛盾时，企业应以公众利益为重，拒绝做出损害社会公众的行为
自我完善	企业处于不断的完善状态中，如尽可能地不断改进其产品，以适应变化的社会需求
不作恶	企业要保证其营销行为不伤害他人的利益，避免欺行霸市、强买强卖、以次充好等不道德行为

资料来源：袁波. 显要义务理论的中小企业营销伦理建设[J]. 企业经济，2009（8）：87-89.

（2）相称理论。加勒特认为，应从目的、手段和后果三个方面综合分析、判断一项行为或决定是否道德。在评判因素中，目的是行为的动机或意图；手段是实现目的的过程及采取的方法、方式；后果是特定目的与手段所导致的行为结果。

相称理论认为，动机和意图是构成营销道德的重要内容，也是判断行为是否符合道德标准的重要因素。手段是实现目的和意图的过程与方法，有道德手段与非道德手段之分。不论是动机邪恶，还是手段恶劣，不管行为如何，都是不道德的。即便动机是善意的，手段也符合道德，如果行为结果损人害己，这也是不道德的。比如通过贿赂和欺诈可能达到企业的某种目标，手段是恶劣的、不道德的。而降价可能是出于让利给消费者，但却减少了应有的服务或者引发了恶性竞争，显然这种行为是善意的初衷，导致了恶性的结果，这也是不道德的。

相称理论要求企业在市场营销活动中，目的与动机应该是善意的，要从客户的利益出发考虑企业经营的动机，只有给客户带来利益，企业才能得到回报；企业的市场营销手段必须符合社会道德规范，遵纪守法；企业要对自己的行为后果负责，才能给客户与企业带来双赢。

（3）社会公正理论。罗尔斯试图从一种被称作"起始位置"的状态出发来构建一个理想的社会公正系统，"起始位置"是指通过确定社会中的人在社会的层次，并由此出发对其权利与义务作出合理的安排。罗尔斯（1971）认为，社会的基本原则是正义。按照这一观点，商业的正义行为就是企业或者行为人需要重视和尊重消费者的选择商品或购买行为的自由及其他基本权利。因此，在一个公正与道德的社会中，即使是弱者，其应有利益也该被尊重和增进。对于企业和消费者来说，虽然消费者处于弱势地位，但企业也应站在消费者的角度来思考问题。

此外，社会公正理论主要遵循两项基本原则：自由原则和差异原则。自由原则是指在不影响他人行使权利的前提下，让社会每个成员尽可能多地享受自由。差异原则是指任何社会制度的安排，既要普遍适合社会每个成员，又要使社会底层的人获得最大利益，克服或减少剥削，避免弱者境况的恶化。

基于上述分析，社会公正理论对企业市场营销道德提出了三个基本要求：①企业要公正对待所有阶层的客户与公众，不论对方贫穷或富贵，其权利是平等的。②企业在生产管理及市场营销活动中，要充分考虑低收入人群的经济状况与切身利益，为他们着想，满足其基本消费需求。③企业不能坑害消费者，尤其不能侵害弱者的正当消费权利。

9.3.2 营销决策和电商企业社会创新与创业评价

电商企业社会创新与创业是企业承担社会责任的一种全新实践方式。因此，对企业营销决策进行社会创新评价，自然无法与企业社会责任评价完全脱离。基于此，本书介绍了学术界主流的几种社会责任评价方法，为企业在社会创新过程中的营销决策评价提供参考标准。

1. 声誉指数

声誉是企业独有的无形资产。一般认为，声誉是能够助推企业实现成功的无形资源，具备难以模仿、稀缺、价值性的特点。而声誉指数的说法虽然已经得到了广泛的认同，但在测量标准和指标上仍然众说纷纭，表9-3列出了不同国家具有代表性的声誉指标评价体系。当前，比较主流的声誉评价思想可以分为三大派别：个性特征流派、信任流派和社会期望流派。相较于个性特征流派与信任流派，依据人们对企业抱有的不同社会期望来识别和区分其声誉驱动因素类型的社会期望流派更具社会认可度，在三大派别中居于主流地位。

表9-3 不同国家具有代表性的声誉指数评价体系

评价体系	《财富》全美（球）最受尊敬企业[AMAC（GMAC）]	企业声誉商数（RQ）	德国管理者杂志的"综合声誉"	英国《今日管理》的"英国最受敬企业"	中国《经济观察报》的"中国最受尊敬企业"
评价指标	吸引、发展和留住人才	社区和环境责任	财务和经济稳定性	管理质量	社会责任感
	管理质量	产品和服务	创新性	财务和理性	财务能力
	长期投资价值	财务表现	沟通质量	吸引留住人才	人力资源
	社区及环境责任	愿景和领导	环境责任感	产品和服务质量	公司形象
	产品或服务的质量	情感吸引力	产品质量	创新能力	领导
	财务合理性	工作环境	货币价值	营销质量	管理质量
	公司资产的使用		员工导向	社区和环境责任	发展潜力
	创新性		管理质量	公司资产的运营	创新
			对经理的吸引力	长期投资价值	工作环境
			国际化		
			成长率		

资料来源：汪凤桂，戴朝旭. 企业社会责任与企业声誉关系研究综述[J]. 科技管理研究，2012，32(21)：237-241.

无论是何种派别，企业社会责任都是声誉评价的重要内容。而市场营销管理作为电商企业社会创新与创业的重要一环，也应在遵循企业社会责任的大逻辑下，探寻更合理的营销方式与内容设定。比如，企业应当充分考虑社会与消费者对绿色、环保、无公害的期望，在广告宣传与产品设计中使用天然无害的原料及工艺。

2. KLD 指数

1990年，KLD公司发布了首个面向投资者的符合社会和环境标准的股票指数，即多米尼400社会指数。该指数可用来评估企业在环境多元化、员工关系、人权、产品质量、社区关系及安全等七个维度的社会责任表现。一般而言，入选该指数的企业都经过了严格挑选，在社会责任承担方面起到了表率性作用。

KLD公司维护着一个有1 000家以上的上市企业的企业社会责任性基本信息可供查询的数据库，以作为评比、科学研究的基本，而此指数值的挑选规则所考虑到的因素有清除性挑选规则与量化分析性挑选规则。

（1）清除性挑选规则。

KLD公司将下列几类形状的企业清除在指数值以外：

香烟与乙醇——但凡生产制造香烟商品或含酒精饮料的企业；

赌钱——盈利有部分来自赌钱工作的企业；

核发电——核能发电发电厂或者有核发电或运营公司股权的企业；

武器装备——毛利率中有2%之上来自售卖武器装备个人所得的企业。

（2）量化分析性挑选规则。

KLD公司认为，下列各类规则的业绩考核高低，可作为是否将企业纳入指数值的评定基本：自然环境业绩考核——企业处罚记录、废物处理、有毒物质排污、废物回收成效、环境保护性商品及服务项目；劳动力关联——企业有关劳动力事务管理的纪录、初入职场安全性、劳动力福利计划方案及更有意义的盈利共享方案；多元性——针对女士及少数民族的雇用与升职的纪录，尤其是部门经理之上岗位的情况、针对解决职工在家工作的福利计划方案、针对女同性恋的雇用计划方案；公民义务——企业在公益活动及一般住宅小区关联创建上的纪录；商品有关议案——企业有关商品安全系数、营销推广业务流程及品质保证。

3. SA8000

SA8000由美国的社会责任国际组织（Social Accountability International，SAI）提出，是全球第一个可以用于第三方认证的道德规范国际标准，具有通用性，不受地域、行业、公司规模等限制，现已广泛得到社会的认可，其宗旨是确保所在公司及其供应商能够尊重其工人的权利。具体而言，SA8000包含九方面的内容，即童工（child labour）、强迫性劳工（forced labour）、健康与安全（health&safety）、组织工会的自由与集体谈判的权利（freedom of association and right to collective bargaining）、歧视（discrimination）、惩戒性措施（disciplinary practices）、工作时间（working hours）、工资（compensation）与管理体系（management systems）。

SA8000将社会价值引入组织实践，将当今组织声誉评价与企业社会责任认定相结合，为公司提供了社会责任实践规范。并且，该标准极为重视一致性审核工作的开展，只有当公司将SA8000纳入其日常管理规范，并将行为表现测定结果向有关各方公开之后，才能够确认公司正在实施该标准。从这个意义来说，SA8000无疑在保障有关各方的权益和辅助管理方面起到了推动作用。

4. ISO 26000

ISO 26000是国际标准化组织（International Organization for Standardization）于2004年6月推出的包括政府在内的所有社会组织的"社会责任"国际标准化组织指南标准，为企业履行社会责任指明了方向。

ISO 26000有较强的适用性，它适用于发达国家以及发展中国家有关公共或者私人部门的所有类型的组织。不同于SA8000，该标准不用于第三方认证，也不是强制性要求和管理体系标准，而仅仅是针对组织履行社会责任的指南和指导方针。

具体而言，ISO 26000围绕企业社会责任，提出了七个方面的核心主题和问题，如图9-3所示。①组织治理，即组织应在建立和实施决策中考虑法规及要求（不仅限于此）。②人权，即组织在其影响力下尊重和支持人权，而其影响力亦应向外延伸至供应链、当地社区等。③劳工实践，即组织建立与实行劳务相关程序，并包

图9-3　ISO 26000的七个核心问题

括以组织名义工作或在组织现场工作。④环境，即组织应以融合手段来降低负面环境影响及改善环境表现。⑤公平运营实践，即组织应以道德行为及守则的态度与其他机构洽谈。⑥消费者问题，即组织应对客户及消费者的产品和服务所负的责任直至完成。⑦社区的参与和发展，即组织应与当地社区建立关系并促成其不断发展。

5. 国内外其他企业社会责任评价体系

CSI 评价与 CSR 评价一脉相承。除了上述几种主流的企业社会责任评价方法，国内外实践中还涌现出其他具有广泛实用性与针对性的 CSR 评价标准。其中，欧美影响较大的 CSR 评价体系包括道琼斯社会指数、财富 50+ 评估指标、欧洲 FTSE4Good 指数系列、Ethibel 与 AA1000 等；国内出现了大量关于营销道德与企业社会责任的研究。[1] 王小东等[2] 采取 AHP（层次分析法）模型构建符合国情的企业社会责任评价体系，探究政府、企业、社会、员工、客户的相互博弈过程；黄益方等[3] 以苏宁电器为例，探索了零售企业的社会责任评价指标体系。另外，我国自 2008 年起相继出台了多部企业责任相关的政策文件，为国内企业履行、测量企业社会责任，更好地进行电商企业社会创新与创业提供了参考依据。

🔍 本章小结

本章主要探讨了 CSI 背景下企业市场营销管理方面的内容，主要包括电商企业社会创新与创业背景下企业营销的特点和相关概念、企业营销中的伦理问题及其成因对策、企业营销伦理评价的理论基础及几种常见的企业社会责任评价体系。

在电商企业社会创新与创业背景下，企业营销活动具有两个新特点：其一，更强调企业的主动性。这是由于电商企业社会创新与创业为企业履行社会责任提供了不同于"零和逻辑"的一种新实践思路，将企业提高组织管理效能与企业社会责任履行有机结合，一定程度上减少了社会责任履行的阻碍，催生出更多主动

---

[1] 谭智心. 企业社会责任评价体系的构建[J]. 重庆社会科学，2013（7）：92-98.
[2] 王小东，邓康一. 企业社会责任评价体系的构建[J]. 统计与决策，2019，35（10）：174-177.
[3] 黄益方，孙永波. 零售企业社会责任评价指标体系研究：以苏宁电器为例[J]. 中国流通经济，2015，29（1）：68-76.

型与互利互惠型的营销活动。其二,更强调企业内外部营销的一致性。在电商企业社会创新与创业背景下,企业营销活动将内部员工、股东纳入考虑范围,旨在通过内外部社会责任一致性营销,提升社会形象的同时,建设良好的企业文化,实现企业内部的高度凝聚。电商企业社会创新与创业是履行社会责任的新方式,在宏观因素与微观因素的综合作用下,企业的营销活动综合考虑利益相关者、生态可持续与社会责任履行,出现了内部营销、外部营销、社会营销观念、善因营销与环境营销等可持续营销观念。

由于缺乏与市场营销相适应的道德规范体系、极端的"利己主义"导致企业道德价值目标缺位、信息不对称导致"市场失灵"以及"政府失灵"使企业制衡机制短缺等众多原因,企业在营销决策中出现了多种伦理失范行为。具体而言,企业的营销伦理可分为产品伦理问题、定价伦理问题、分销渠道伦理问题、促销伦理问题与市场调研伦理失范五类。在未来的市场经济建设中,可以通过以下五项措施规避营销伦理失范:①加强行业协会建设、强化行业监督。②转变政府职能、加强法制建设。③加强企业内部伦理道德建设。④加强消费者、政府、社会团体、媒体的监督。⑤弘扬中国传统文化,加强企业营销道德教育。

现代企业营销道德评价的标准主要有两大评判理论与三大判定理论。两大评判理论具体是指功利论与道义论;三大判定理论分别是威廉·罗斯(1930)的显要义务理论、加勒特(1966)的相称理论与罗尔斯(1971)的社会公正理论。社会创新评价背景下的营销决策评价,与企业社会责任的履行密切相关,可以综合参考声誉指数、KLD 指数、SA8000 与 ISO 26000 等社会责任评价体系。

 即测即练

复习思考题

1. 结合企业社会责任，谈谈电商企业社会创新与创业背景下企业应该怎样进行市场营销管理。
2. 谈谈电商企业社会创新与创业背景下相关的几种营销观念及表现形式。
3. 结合实际，谈谈企业为什么要在营销过程中积极承担社会责任。
4. 企业的营销伦理问题包含哪些内容？
5. 结合实际，思考导致企业营销伦理问题的现实成因是什么。
6. 结合实际，谈谈如何解决或者规避企业的营销伦理问题。
7. 常见的企业社会责任评价标准有哪些？它们的不同之处与共通之处是什么？

践行篇

第 10 章 电商企业社会创新与创业创新的推进与发展

🔍 知识目标

1. 理解电商企业社会创新与创业的价值内核。
2. 理解电商企业社会创新与创业推进三阶段的进程。
3. 了解电商企业社会创新与创业发展趋势,挖掘发展趋势深层次的原因。
4. 讨论发展趋势与现实之间可能存在的矛盾之处。

🔍 能力目标

1. 结合具体案例了解电商企业社会创新与创业的最新内容,并对创新内容进行评述。
2. 从经济、社会、文化、制度等多角度思考电商企业社会创新与创业的必要性。

🔍 思政目标

塑造电商企业社会创新与创业发展趋势与社会效益结合的意识。

第 10 章 电商企业社会创新与创业创新的推进与发展

思维导图

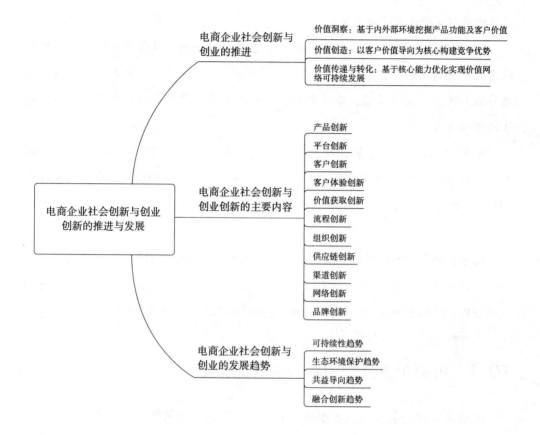

引导案例

"村落守护人"计划旨在连接一定区域内的传统村落与抖音创作者,并激励创作者持续生产与古村风貌、美食特产、特色民俗、生产劳作相关的视频。通过抖音的运营、扶持,这些原创内容可以带动当地文旅产业,推动古村保护及可持续发展。

首批 18 名"村落守护人"均为抖音创作达人,多人拥有百万级粉丝。比如"90 后"养蜂人@大山里的秘蜜,以拍摄乡村生活、养蜂日常为主,粉丝 257.4 万;以绿水青山为天然厨房的@煎盘侠,经常展示原生态美食,粉丝已有 394.7 万。

此前,这些达人就以丽水乡村为创作灵感,发布了数以千计的短视频,采茶挖笋、乡村野趣,用镜头带着大家"云游古村"。通过他们的介绍,藏在深山人未识的古法蜂蜜、笋干、茶叶等农产品,也渐渐走出大山为人熟知。

"村落守护人"计划是字节跳动公益"山里DOU是好风光"的子项目。后者致力于培养乡村人才,推荐美景好物,传播乡村文化,唤起乡村记忆,最终目的是促进乡村保护与可持续发展。

"山里DOU是好风光"的项目范围,包括住房和城乡建设部等多个部门联合认定的中国传统村落,截止至2021年6月已有6 819个。这些村落拥有丰富的自然资源和历史、文化价值,既是农耕文明留下的宝贵遗产,也是潜在的、不可再生的旅游资源。

字节跳动公益相关负责人表示,未来,他们还将与更多地方合作,持续开展"山里DOU是好风光"项目。此外,他们还将邀请更多乡村创作者加入"村落守护人"行列,与他们一道保护古村、发展古村,让更多传统村落焕发新生与活力。

思考:字节跳动在实践企业社会责任中进行了怎样的创新?

资料来源:字节跳动公益发起"村落守护人"计划,推动古村保护与可持续发展 [EB/OL].(2021-06-29). https://gongyi.gmw.cn/2021-06/29/content_34959018.htm.

10.1 电商企业社会创新与创业的推进

电商企业社会创新与创业推进,分为价值洞察、价值创造和价值传递与转化三阶段。

10.1.1 价值洞察:基于内外部环境挖掘产品功能及客户价值

在电商企业社会创新与创业的价值洞察阶段,价值共创的载体是产品,企业依靠强大的研发能力、资源控制率,以卓越的品质、合理的价格立足于国内外市场。通过内部优化降低生产成本,重点强调产品的功能特性,产品收入成为企业盈利的主要来源,客户是这些产品的被动接受者。价值共创主体是企业,价值创造方式趋于单一、线性和静态,整个价值创造过程的目标仅为企业盈利,没有考虑客户具有的主观能动性,亦没有将客户纳入价值共创体系,更忽视了客户体验互动等蕴藏的无形价值。企业通过技术转移和嫁接快速完成产品创新,并为更高层次、核心技术突破与升级提供了必要条件,如创新方向逐步确定,技术能力不断积累,以及技术、市场、政策等创新要素的逐步成熟。同时,该阶段的电商企业社会创新与创业相对简单脆弱,其创新产品的单一性难以应对技术、市场、政策环境的不确定性。基于价值洞察的启动阶段是电商企业社会创新与创业不可或缺的一环,也为下一阶段的演进奠定了基础。

10.1.2 价值创造:以客户价值导向为核心构建竞争优势

在电商企业社会创新与创业的价值创造阶段,价值共创仍依靠产品,但由于客户需求和市场环境变迁,企业意识到自身消除社会问题的重要性,价值共创载体也稍做调整,演变为产品、公益双重结构。一方面,企业通过完善产品种类、提升产品功能,并提供一系列售前、售中及售后服务方式来差异化产品。在社会问题日益严峻的情况下,企业开始将公益作为解决社会问题、满足社会需求的重要工具,以此获得客户的支持与鼓励。企业通过公益组织创新与客户体验互动,而公益组织创新不仅改变组织规则、流程、程序、制度等显性资源,而且彻底改变代表组织属性或认知层面的组织惯例,促使客户认知和行为发生改变,客户认知的改变则是促成公益组织创新的关键之处。另一方面,企业开始意识到客户在整个价值共创过程中的能动作用,并开始重视客户体验价值。企业通过差异化产品、丰富产品的市场营销策略来提升客户的消费体验,最大限度提高产品的使用价值,从而增强客户黏性、赢得客户信任,其价值共创主体也由企业向客户过渡。这一阶段的演进致力于企业产品系列化开发,建立良好声誉和品牌形象,形成市场竞争优势,从而促进价值共创的实现。

10.1.3 价值传递与转化:基于核心能力优化实现价值网络可持续发展

电商企业社会创新与创业的价值传递与转化阶段,由强调产品主导下的各类主体协同,转化为以企业为代表供给主体和以客户为代表需求主体的协同升级,核心能力协调一致,构建以"产品研发与创新、社会公益、绿色产业链"三位一体为核心的市场营销模式。基于价值传递与转化的可持续发展阶段致力于推动电商企业社会创新与创业迈向成熟稳定,强调创新与需求的对接以及客户体验主导下的创新。从价值创造载体来看,企业由单一的"产品化"思维转变成"产品、公益、生态"多元化发展思维。进一步地,从价值共创主体来看,供需之间价值创造主体发生了重构,企业不再是唯一的价值创造者,客户也不再是单纯的价值消耗者,而是价值的共创者,企业与客户共同创造价值。通过价值共创方式,客户作为需求端代表融入电商企业社会创新与创业主体中成为价值创造的共同体，企业应该根据客户需求提出相应的价值主张，然后整合利益相关者进入价值共创网络，通过互动连接及共享资源，更好地传递和转化客户能够感知的价值。企业价值目标的实现取决于如何更好、更有效率地满足客户需求及提升客户体验，在为客户创造和传递价值的过程中谋求自身商业价值，如图10-1所示。

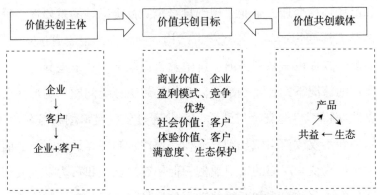

图 10-1　电商企业社会创新与创业推进过程

综合电商企业社会创新与创业三阶段演进，可以看出价值共创载体由产品单一化逐步演变为产品、公益和生态多元化，价值共创主体由企业向客户需求主导下的企业供给端与客户需求端协同演进。电商企业社会创新与创业在不断整合内外部创新资源基础上，创新方式由"机械化"向"有机化"不断演进。电商企业社会创新与创业是打破企业原有边界的开放式创新，已经远远超出企业社会责任应当负担的固有社会责任和简单的公益，而是更加考虑多重底线，协同多方利益，提供更多价值的商业模式，更加注重吸纳企业外部资源，协同企业内部资源的创新。

10.2　电商企业社会创新与创业创新的主要内容

10.2.1　产品创新

企业通过创新，开发出具有一定社会责任属性的新产品或服务，以创造企业和社会都能分享的共同价值。例如，中国新能源汽车龙头企业比亚迪始终坚持"技术为王，创新为本"的反战理

扩展资源 10-1

念，在电池、电子、乘用车等多个领域通过产品的社会创新履行社会责任。尤其是在电池方面，其打破国外电池垄断，坚持100%自主研发、设计和生产，目前产品覆盖消费类3C（计算机、通信和消费类电子产业）电池、动力电池、太阳能电池以及储能电池等领域，形成完整的电池产业链。电池产品除用于新能源和轨道交通以外，还广泛应用于太阳能电站、储能电站等。

10.2.2 平台创新

企业通过创新，打造全新的运营平台，实现经济、社会的可持续发展。例如，丹麦MYC4公司开发一个小额信贷网上交易平台，该平台将全球范围内的个人投资者与需要进行资本扩张的非洲小型企业连接起来，贷款范围从200欧元到20 000欧元。通过当地组织网络，MYC4公司识别有前途的企业家，并在其站点上介绍其贷款需求，以促进非洲地区经济发展。

10.2.3 客户创新

企业通过创新，挖掘未被覆盖的市场，满足诸如低收入人群、弱势群体等被忽略的客户群的需要，在承担社会责任、解决社会问题的同时，开拓新的市场。根据BOP理论，聚焦金字塔底层的低收入市场是一种典型的客户创新。通过向低收入人群提供工作机会、技术、信息和资金支持，充分开发人力资源的潜能，通过提高低收入人群的收入水平，以提高该人群的购买力水平，同时企业得到充足的人力资源供给，进而持续性改善企业所在国家和地区的生活环境。

10.2.4 客户体验创新

企业通过创新，重新设计客户与企业之间的接触界面，包括：企业在与客户接触中的一切信息，回应客户对信息披露、隐私保护、人格尊重等需求。

10.2.5 价值获取创新

企业通过创新，重新构建价值创造和获取的机制，在促进社会问题解决的同时，为企业赢得更大的发展空间。例如，企业利用自身的环保优势，主动游说政府发布更加严格的可持续发展标准，促进产业新规制体系的形成，企业在市场中获得更大的竞争优势。作为全球最大的铝业公司，美国铝业集团积极致力于推动美国联邦政府采纳更加严格的环保标准，提高了竞争对手的竞争成本。

10.2.6 流程创新

企业通过创新，在改善内部运作流程、降低企业成本的同时实现社会创新的目标。

10.2.7 组织创新

企业通过创新，重新定义员工角色、业务单元职责和外部合作关系等，实现企业、员工、合作伙伴及社会的协调发展。例如，宝洁公司利用其网络使员工分享企业可持续理念与想法，并通过工作场所可持续发展项目和志愿者制度，让员工参与履行社会责任。其"联系＋发展"战略积极突破企业的传统边界，注重与外部的合作关系，开发出更多可持续发展的产品。

10.2.8 供应链创新

企业通过创新，影响供应链的整体运作，增强供应链各环节的环保和社会责任意识，兼顾实现社会效益与企业利润的目标。

扩展资源 10-2

10.2.9 渠道创新

企业通过创新，改变产品投入市场和到达目标客户群的通道或创造性地构建新的通道，在获取商业收益的同时积极推进社会问题的解决。例如，联合利华 2001 年在印度推出"Shakti"行动，运用遍及全印度 65 个农村的妇女微型贷款自助团体网络，让其中有意愿的创业者成为联合利华当地直销代表，解决了乡村地区销售网络欠缺问题。通过该行动，联合利华协助解决乡村贫穷问题，使更多女性创业者摆脱贫穷、实现独立自主。

10.2.10 网络创新

企业通过创新，构建产品或服务与客户相连接的全新网络，在推进社会责任的同时自己获益。

10.2.11 品牌创新

企业通过创新，塑造良好的社会公民形象，打造优秀的责任品牌，以社会责任感召力赢得市场和客户。

10.3 电商企业社会创新与创业的发展趋势

10.3.1 可持续性趋势

随着大数据、人工智能、虚拟现实、区块链等新兴技术的广泛应用，许多革命性的新型商业模式涌现，其中最具代表性的是以移动互联网、大数据为底层技术逻辑的互联网平台商业模式，这也成为 21 世纪以来最为显著的商业模式创新。新型商业模式带来巨大经济价值的同时，由于相关配套管理制度不完善也引发一系列社会问题。将可持续性商业模式创新作为社会创新的重点，是新型商业模式的企业未来发展趋势。

1. 可持续性商业模式创新内涵

（1）要素创新。要素创新即以商业模式创新的要素为出发点，在要素的可持续性上提出新要求和新特征。以可持续发展为导向，对商业模式四要素——价值主张、供应链、客户界面和收支模式进行全面创新，每个要素创新均充分展现企业对可持续发展的贡献，对利益相关方和社会责任的要求，进而形成全新的商业模式。

（2）过程创新。过程创新即聚焦于可持续性商业模式创新的实现过程，包括寻找全新的可持续性价值主张或价值捕获，以及将所有利益相关方的诉求纳入价值创造过程。未来企业面对更加不可预测和更广泛的社会变化问题，需寻求新的可持续性商业运作方法来应对新的社会问题。

（3）结果创新。结果创新即从目标角度进行可持续性的商业模式创新，并实现涵盖经济、社会与环境的综合价值，最大化减少企业运营过程中的负面影响。因此可持续性商业模式创新是经过创造或改进的新的商业模式，可整合形成社会与环境问题的解决方案，在根本上减少负面影响和创造积极的外部影响。

可持续性商业模式创新并不是对传统商业模式简单的修补或完善，而是全面的超越和再创新，将要素、过程和结果三个层面结合，形成一个综合性的可持续商业模式创新。要素层面，即从商业模式创新涵盖的要素出发，提出可持续性商业模式创新在每个要素上的新要求和新特征。过程层面,即聚焦于可持续性商业模式创新的实现过程,包括寻找全新的可持续性价值主张或价值捕获,以及将所有利益相关方的诉求纳入价值创造过程中。结果层面,即从目标角度对可持续性商业模式创新进行理解,并刻画为创造涵盖经济、社会与环境的综合价值,最大化减少企业商业运营的负面影响。

2. 可持续性商业模式创新的实现路径

可持续性商业模式的创新是对传统商业模式的全方位变革,需要在新的技术特征和新的商业化方法之间建立一种契合,这种契合可以是在已有市场或新的市场的成功技术创新,但创新应当具备技术的可持续性特征;通过实施全新的组织范式,塑造新的组织文化、结构和管理,从而引导企业走向可持续发展的道路;以市场需求为原点,通过创造或者进一步发展具有社会与环境目的的新产品和新服务催生新的市场需求。

(1)可持续性创业催生可持续性商业模式创新。高水平的创业伴随着商业模式创新,可持续性创业的实现过程通常也是可持续性商业模式创新的过程。

①环境价值导向的绿色创业或生态创业。绿色创业或生态创业通常要求可持续性商业模式创新聚焦于对环保技术创新的利用,或者发现环境领域公共产品的市场失灵,进而获取绿色创业的机会。在绿色创业或生态创业模式下,企业的商业模式创新要素需要向生态化、绿色化转型,形成基于环境价值导向的可持续性商业模式创新。

②社会价值导向的公益创业或社会创业。巨大的市场和大量潜在的社会需求为创业提供了大量机会,着眼于满足社会需求、将社会问题转化为商业机会的公益创业或社会创业成为催生可持续性商业模式创新的重要途径。公益创业或社会创业要求可持续性商业模式创新聚焦于突出的社会问题,以新的商业模式破解传统商业模式无法解决的社会难题。

③合法性导向的制度创业。制度创业意味着创业者在既有制度体系中发现创新机会,通过创立新的制度而创造新的创业机会。制度创业的企业家可以让客户和战略合作伙伴参与制定与创新价值主张的过程,增加创新可持续性商业模式的收益,模仿可能的冲突,改变行业规范、社会信仰和文化认知,形成全新的价值主张,增强规范和文化认知的合法性。

(2)责任型数字化技术创新衍生可持续性商业模式创新。数字化技术为解决社会问题提供新的实现机会，为商业与社会之间的再度融合催生了新的可持续性商业模式。基于移动互联网平台商业模式而衍生的共享经济，是以数字化技术创新为基础，通过共享未充分利用的资产来获取经济价值和社会环境价值。共享经济下的可持续性商业模式创新，一方面通过共享商品、服务与技能知识的使用权，为企业创造商业机会和经济价值；另一方面重塑"生产产品—消费产品—多次消费"的资源配置方式，减弱对社会环境的负面效应。

在产品所有权不变的前提下，对使用权的让渡大大提高社会闲置资源的配置效率，使企业在产品开发、生产制造、物流、消费和材料再利用方面有了新方式，将消费主义转变为协同、合作的可持续消费理念，通过较低的成本实现节约资源与环境保护的目的，实现经济社会的正向价值创造效应。

（3）组织范式创新内生可持续性商业模式创新。组织范式创新通过组织全新的使命驱动和运行逻辑的变革，重塑组织文化、结构和管理，改变组织的商业决策和实践方式，从根源推动可持续性商业模式转型创新。在可持续性的语义下，组织使命不再是单一市场逻辑导向的经济追求，而是基于经济属性与社会属性融合的混合型使命，追求多个组织形态的混合化，成为规避市场失灵或公共志愿失灵的重要手段。

经济属性和社会属性的融合，进入实际操作层面即企业与社会组织、政府公共组织、市场商业组织等混合。这种混合方式为可持续性商业模式创新提供天然的组织情景，因此以社会价值为导向而成立的企业几乎都是可持续性商业模式创新。将可持续性的价值创造根植于可持续性商业模式中，进而根植于其他场景或利益相关者的价值理念，从而改变经济结构与竞争系统，切实解决目前面临的社会、环境问题，为其提供可持续的解决方案。

10.3.2 生态环境保护趋势

无论人类社会经济发展到何种程度，都要依赖良好的自然生态环境，自然生态环境是人类生存与发展最基础的物质条件。从性质来看，它是覆盖生活共同体的最大尺度上的公共产品；从过程来看，它是所有关联的行为体集体行动和合作生产的结果，需要过程中的每一个主体合力维护。侧重生态环境保护的电商企业社会创新与创业方式与其他社会主体合力促进了生态环境保护这一庞大复杂网络的良性运行和发展，在生态环境的保护、修复和治理方面作出突出贡献。

1. 生态环境社会创新释义

生态环境领域的社会创新是社会创新的一个子领域,分别是通过产权制度创设排他性条件、通过经济制度的建立降低交易成本、打破原有企业的市场垄断地位、鼓励新能源领域的创业、通过政策手段去改变政府补贴和其他激励的性质、发明更好的环保产品或找到对环保产品感兴趣的客户、提高客户关于产品的环保质量的信息等。

以环境目标驱使的社会通过创新的方式追求环境、经济双重目标的有机平衡,并采取多种措施去保护资源、生态系统和生物多样性。

2. 生态环境社会创新落实

(1)立法保障。从立法层面重视社会企业法律和政策环境建设。例如,在国家层面,应当充分考虑社会企业发展的立法需求,多元化地设定适合我国国情的社会企业法律身份及组织形式。建议发达地区和城市先行摸索包括环境类社会企业在内的社会组织地方立法实践与探索,或者修订、增补相关的法规,包容电商企业社会创新与创业多元化并扶持社会企业的发展壮大。根据地方经验,必要时对相关法律文件进行修订和完善,从立法层面进行保障。

(2)管理支持。在管理层面,从以政府主导的"命令控制型"生态环境治理转向通过发挥市场机制作用,以及技术和产品创新等方式,实现可持续的"经济激励型"生态环境治理,从而为环境目标类社会企业的成长发展创造适宜的空间和条件。运用财政、税收、金融等经济手段,扶持生态环境领域中小企业技术创新和可持续发展。

(3)行业保障。建立行业的自我组织和管理,例如,建立企业生态环境类社会创新的认证体系,切实鼓励和激活生态环境治理与保护行业的技术创新、产品创新、服务创新、工艺流程创新、制度创新、经营模式创新等,通过行业自治的方式推动行业发展,为我国生态环境保护与治理奠定必要的社会基础。

10.3.3 共益导向趋势

企业获得商业使命和社会价值的双元价值,将企业创造经济价值同承担社会责任相结合,避免因追逐经济价值而导致的社会问题,也保证企业在承担社会责任时对经济价值创造的造血能力。

1. 共益认证——以美国共益实验室认证为例

(1)共益实验室(B Lab)。最早提出共益企业这一组织形态的是 2006 年在美国创立的共益实验室，作为经济体系变革的领导者，它有效融合了目前已有商业组织、非营利组织、社会企业等组织形态的优势，为全球的商业创造标准、政策和工具，并在全球范围内对共益企业进行认证。截至 2020 年底，已有包括 70 个国家、150 个行业的 3 900 余家企业经过共益实验室认证，其中有 21 家中国企业，超过 10 万家企业通过共益实验室的影响评估进行后续的可持续管理。

（2）共益企业。符合共益实验室制定包括社会和环境绩效、公共透明度和法律责任的最高标准，达到创造社会经济价值和社会平衡的目的，经认证通过的企业被称为共益企业。这些企业旨在协助政府和非营利社会组织创造一个更健康公平的社会环境，发挥共益企业的企业力量，提供高质量就业岗位、重视员工发展和福利，进而缩小贫富差距。随着共益企业的队伍不断壮大，涉及的国家和地区范围不断扩大，共益企业成为加速商业文化转变、重新定义商业成功、建设更具包容性和可持续性的经济这一全球性运动不可忽视的力量。

（3）共益经济（B economy）。在人们一般的认知中，经济体系并不会对个人有利。而共益经济，在试图建立一种长期为每个人服务的理想经济体系。如前所述，在共益经济中的共益企业，不再单纯追求创造经济价值，而是为了人类赖以生存的自然和社会环境竞争。共益经济的实现离不开共益企业和其他利益相关者的共同努力，因此共益实验室除对共益企业进行认证评估以外，也在整合协调其他社会力量，以扩大其影响力。具体而言，共益经济包括以下要素。

①萌芽阶段。当前正处于共益经济的萌芽阶段，无论是小型企业还是跨国企业，遍布在世界各个角落，成为减少贫困、解决环境问题等向善力量的领导者。共益企业与经济体系中的其他参与者合作，并继续吸收扩大共益企业队伍，最终使共益经济成为全球经济体系中的主流力量。

②共益实验室标准影响企业管理。经济体系的改变需要一套具有全面性、可信度和可比性的标准支持。目前，共益实验室对企业的认证标准得到世界许多国家和地区的认可，超过 10 万家企业将认证标准作为日常的管理工具。

共益实验室利用其强大的数据分析软件和系统，成为世界上最大的私人企业影响数据的数据库，为投资者、管理人员、企业及社会组织提供适应市场变化的参考，并鼓励成员企业作出改变，在企业平衡经济利益和社会利益方面起到积极作用。

③遍布全球的伙伴网络。共益经济的实现需要依赖全球范围内经共益实验室

认证而组成的区域组织综合网络的支持。在共益实验室的统一认证标准下，各地区的差异性得到尊重，各企业根据当地的政策法规进行日常运作。在共益经济的全球扩张战略中，除吸收企业作为成员之外，其还加强与各地区有影响力的企业家和运动领导者的交流合作，在各地区范围内提高共益实验室的认知度、加强其影响力，加快实现共益经济平衡商业性和公益性的目的。

2. 共益导向的特性

（1）双元性。将社会感融入企业文化和组织架构，在根本上追求经济利益和社会责任的双重目标，进而获得经济和社会的双重价值。

（2）混合性。长期以来，公共部门与市场组织两种割裂的二元式组织形式，无法形成一个面对社会问题共同解决的有效机制。以非营利组织为代表的第三部门组织，虽然在一定程度上缓解了传统二元组织失灵问题的矛盾，但是其本身的存在局限性使其难以成为解决社会问题的有效手段。共益导向的混合性，即试图在传统二元组织以及第三部门组织之间找寻平衡点，兼顾市场导向与社会价值创造进而弥补公共服务不足问题。

（3）自反性。自反性即自我评估与反思。企业在日常运营的过程中，必然会产生与既定经济和社会利益目标不适应的地方，企业根据实际情况，通过迭代试验修复更新与现实操作不适应的内容，使企业双元价值创新具有可行性，避免沦为空谈。

（4）可持续性。这里的可持续是指以使命为中心，用市场策略解决社会、环境问题，通过商业交易而不是直接货币，用于公共事业和保护各个利益相关者的做法。其目的是追求稳定的经济增长，向利益相关者传达可持续价值主张。

3. 共益导向实现方式

现实中，共益导向面临两方面问题：①企业对于社会创新中的共益理念认知不足。②企业缺少将共益理念落到实处的指导。在认知不足和经验缺少的情况下，企业会忽略承担社会责任。因此，企业实现共益导向应从以下三方面着手，如图10-2所示。

（1）建立共益价值观。将共益的价值导向视为企业使命、文化和价值观的一部分，将其作为企业经营的最基本要素，并使之成为企业的核心理念。

（2）寻找业务与社会痛点的连接点。与社会问题相比，企业可投入的资源极为有限，因此企业需要衡量资源的投入与解决社会问题所需要的资源是否匹配。

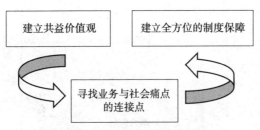

图 10-2　企业共益实践三部分曲

为有效利用企业投入社会创新的资源、落实共益理念，企业应当具备准确的自我认知，从核心业务出发，包括业务内容、流程，对核心能力进行自检和梳理；然后立足社会层面，寻找企业业务与社会痛点的连接点。企业在确定连接点之后，通过创新的解决方案，确定共益战略方向以及具体操作的方法。

（3）建立全方位的制度保障。企业战略方案的落实离不开完善的制度保障，因此共益理念的落实需要制度的保驾护航，如保障监督体系、评估体系等。企业根据发展情况和社会创新的侧重点不同，从治理结构、内部组织结构、财务安排等方面进行制度的完善补充。例如，在治理结构方面，根据共益理念对公司的治理机制进行优化；在内部组织结构方面，设立专门的社会创新部门；在财务安排上，投入一定的资金支持企业的社会创新等。

10.3.4　融合创新趋势

对企业而言，社会创新是一把双刃剑，它既能够为企业建构一个符合时代的新型框架，又有破坏性的风险。社会创新不是一个孤立的过程，它是对基于商业价值创新转型视角、围绕用户展开创新的传统创新的再创新。由于传统创新将关注点放在用户行为上，缺少对社会利益的考量，因此社会创新需要从更广阔的视野、站在更高的格局之上，引起全社会的共鸣。未来企业必须充分重视传统的价值创新与社会创新的融合，如图 10-3 所示。

1. 融合创新的必要性

（1）细分品类的需要。随着市场的饱和，企业之间竞争的不断加剧，为占领更多市场、提升客户体验和优化品牌关系，企业价值创新需要对产品进行垂直细分，寻找细分品类的卖点。将社会创新融合进价值创新，企业不再局限于产品本身，而是站在社会层面，实现与社会、与客户、与其他利益相关者更深层次的沟通，进而巩固加深企业与客户之间的关系，提高企业的形象价值。

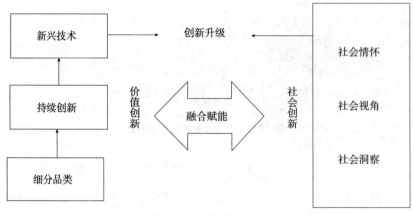

图 10-3　创新融合流程

（2）持续创新的需要。企业传统的价值创新，在建立品牌壁垒的基础上需要保持不断创新的活力，培养强大的创新造血能力。社会创新与价值创新的融合能够保证企业持续创新的能力。例如，优衣库尽管是快消品牌，但它站在消费者角度，"现代、百搭、简约自然"的品牌定位给人留下深刻印象。一直以来，优衣库都注重将社会创新融入价值创新中去，时刻观察和感受消费者的穿着体验，根据消费者的反馈不断从面料的选择到设计的改良进行动态创新与突破，通过持续的创新能力在全球快消服装品牌市场占据优势地位。

（3）数字时代增强信任的需要。在数字时代的大背景下，数字技术的迅猛发展带动新兴业态的大量涌现，颠覆了传统价值创新的二八定律。面对数量更庞大、更复杂的消费者群体，企业与消费者之间建立沟通和信息越来越困难，消费者可选择性的增强也增加了消费者在市场中的话语权，企业稍有不慎就会被市场抛弃。为此，在从线下转移到线上的过程中，企业的社会创新对建立品牌信任的增强作用尤为重要，社会情怀、社会视角和社会洞察都是提高品牌信任的关键因素。

2. 融合创新的实现路径

当前我国企业创新模式的重点仍是技术创新、商业模式创新等价值创新方面，社会创新对于大多数企业来说仍停留在理论层面，并未引起足够重视。事实上，社会创新本质上可以对企业传统价值创新进行赋能，并从社会层面对创新模式进行审视观察。在日新月异的数字时代，企业只有站在社会层面观察理解，才能感受到创新演变的魅力，洞悉创新应有之义和演变脉络，把握创新发展趋势，与社会共同成长，最终让向善的创新文化发挥作用并获得更好的创新效果，如图 10-4 所示。

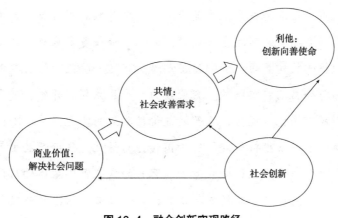

图 10-4　融合创新实现路径

企业融合创新可分为三个阶段。

（1）第一阶段——商业价值：解决社会问题。找出社会问题，企业针对现有社会问题，结合自身实际情况进行创新改进；先易后难，逐步推进社会创新进程。尤其是服务、医疗、健康、金融、教育等与公共事业联系较多的行业，应率先开展价值创新和社会创新融合的创新模式探索。

（2）第二阶段——共情：社会改善需求。在第一阶段解决大部分社会问题之后，企业积累了大量社会创新经验，有了更加丰富的事业和更广阔的格局，从事后创新改进到事先预见创新，变被动为主动，围绕社会展开企业的创新革命。这种由事后补救到事前预测的颠覆性创新模式，一方面大大降低了社会运行管理成本，另一方面对企业的管理水平和创新水平有了更高的要求。

（3）第三阶段——利他：创新向善使命。从人性关怀的角度出发，企业将社会创新作为价值创新固有的一部分，使之常态化。企业为员工、客户、其他利益相关者赋能，共享企业发展成果，秉承向善使命，给社会带来长期和可持续的积极影响，鼓励更多企业加入向善使命的行列中来，在全社会形成良好的社会创新氛围。

本章小结

电商企业社会创新与创业的推进分为价值洞察、价值创造和价值传递与转化三阶段。第一阶段是基于内外部环境挖掘产品功能及客户价值的价值洞察。在这一阶段，企业的社会创新相对简单脆弱，难以应对内部和外部的不确定性因素。

但是企业通过产品创新为技术上更高层次的突破升级积累经验、创造条件，以及市场、政策等创新要素的不断完善成熟，为下一阶段奠定基础。第二阶段是以客户价值导向为核心构建竞争优势的价值创造。在这一阶段，价值共创的载体从产品演变为产品与公益的双重结构。企业致力于产品系列化开发，建立良好声誉和品牌形象，形成市场竞争优势，从而促进价值共创的实现。第三阶段是基于核心能力优化实现价值网络可持续发展的价值传递与转化，强调产品主导下的各类主体协同，转化为企业为代表供给主体和以客户为代表需求主体的协同升级，核心能力协调一致，构建以"产品研发与创新、社会公益、绿色产业链"三位一体为核心的市场营销模式。

电商企业社会创新与创业的创新可以从产品、平台、客户、客户体验、价值获取、流程、组织、供应链、渠道、网络和品牌等方面进行。

电商企业社会创新与创业的发展会从以下几个方面展开：一是可持续性趋势。互联网平台商业模式是21世纪最为显著的商业模式创新，可持续性是其未来发展的重点内容。可持续性的商业模式包括要素创新、过程创新、结果创新，它不是对传统商业模式简单的修补或完善，而是将要素、过程和结果三方结合形成一个超越过去的综合性商业模式，通过可持续性创业、数字化技术创新和组织范式创新来实现。二是生态环境保护趋势。生态环境保护是电商企业社会创新与创业最重要的目的之一，目前已有不少以环境目标驱使建立的社会企业通过创新追求环境、经济双重目标的平衡，并采取多种措施去保护资源、生态系统和生物多样性。未来将通过立法保障、管理支持和行业保障等手段支持电商企业社会创新与创业的生态环境保护。三是共益导向趋势，企业获得商业使命和社会价值的双元价值，将企业创造经济价值同承担社会责任相结合，避免企业因追逐经济价值而导致的社会问题，也保证企业在承担社会责任的同时对经济价值创造的造血能力。共益导向具有双元性、混合性、自反性和可持续性等特点，可通过建立共益价值观、寻找业务与社会痛点的连接点、建立全方位的制度保障实现。四是融合创新趋势，即企业充分重视对传统价值创新与社会创新的融合。融合创新基于企业经营细分品类、持续创新和数字时代增强信任的需要，企业的社会创新可以对传统的价值创新赋能，使企业站在社会层面把握时代发展脉络。从通过解决社会问题实现商业价值，到改善社会的需求，再到将利他性作为企业创新向善的使命。

即测即练

复习思考题

1. 客户价值在电商企业社会创新与创业推进过程的不同阶段，分别起着什么样的作用？

2. 论述电商企业社会创新与创业推进的三阶段。

3. 结合具体案例，讨论电商企业社会创新与创业的创新内容，你认为 12 个创新内容哪些是核心内容？除教材中所提到的 12 个创新内容以外，电商企业社会创新与创业还应从哪些方面进行？

4. 可持续性商业模式的创新内涵是什么？

5. 如何支持以生态环境保护为目标趋势的社会企业的未来发展？

6. 美国的共益实验室认证体系对我国有何启示？

7. 为什么说企业的传统价值创新与社会创新的融合是必要的？

第 11 章　中国特色的电商企业社会创新与创业

知识目标

1. 了解中国社会企业四大标准。
2. 学习如何界定区分中国社会企业。
3. 了解中国电商企业社会创新与创业的发展历程、发展现状与存在的问题。
4. 了解"四个全面"战略与中国电商企业社会创新与创业。

能力目标

1. 明确六步行动法则与社会价值共创的途径,结合实际企业案例进行分析。
2. 认识习近平新时代中国特色社会主义经济思想对于中国电商企业社会创新与创业的启示。

思政目标

塑造中国特色的电商企业社会创新与创业的价值观。

第 11 章 中国特色的电商企业社会创新与创业

思维导图

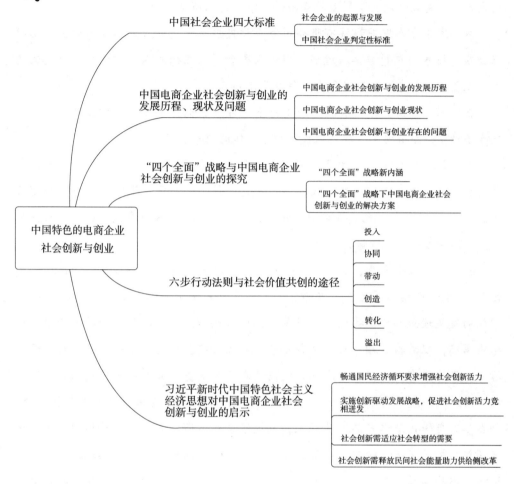

引导案例

"土而奇"平台串起大品牌

在崇州市白头镇天竺社区,成都惠丰生态农业科技有限公司的自创品牌"土而奇"农场已是不折不扣的"大明星"。500多亩的农场里,柚子树成林,虫草鸡悠闲散步,往来游客更是络绎不绝。这家专业从事立体、生态、有机农业探索与开发的民营科技型企业,现已发展成长为市级重点龙头企业,并相继获得"园区优势企业""农业产业化经营企业""四川省小企业创业示范基地"等荣誉称号。

2016年,"土而奇"正式涉足电商,不仅上线农场自有的柚子、虫草鸡等原生态美味,还整合崇州26家涉农企业产品。小平台串联起大品牌,逐步构建农业农村电商品牌营销体系,实现企业增效农民增收。目前,平台主要产品有土而奇

"虫草"活母鸡、土而奇"虫草"活公鸡、柚子、应季蔬菜、猕猴桃、稻鸭香米、猪肉系列、黄菜籽油、崇州石观音板鸭、崇州特色汤麻饼等。

成都惠丰生态农业科技有限公司董事长冉启斌曾是重庆大山里长大且爱钻研农业生产技术的农村娃，入过伍、当过人民警察，在确立人生方向后，他毅然踏上创业之路，全身心投入绿色生态种植养殖的事业。

在崇州市、白头镇政府的大力支持下，冉启斌流转了500多亩土地，建立了集生态种植、旅游观光、职业农民培训于一体的现代农场。

农场位于崇州市10万亩粮食高产示范区内、最美乡村公路重庆路的起点，常年存栏虫草蛋鸡4万只，种植柚子200亩。其采取"公司+基地+农户"的运作模式，截至2020年，已发展农户431户，农户存栏蛋鸡6万多只，公司与农户签订产品回收合同，采取保护价收购。

作为现代农业代表，公司在生产模式、产品研发创新上形成了"两循环一文化"，即生物链循环（生产）水循环（服务娱乐）餐饮文化。其秉承自然、生态、健康的发展理念，严格按照生物链条式循环农业模式，在满园葱绿的柚子树下放养虫草鸡，鸡粪养蚯蚓，蚯蚓粪种柚子，蚯蚓喂鸡，从而有效地杜绝了农业面源污染，降低了有机食材生产成本，提高了农产品质量。公司将园区内的稻田、荷塘、湿地、小溪等水体连接起来，形成封闭式的河水循环系统。在美化园区环境、种养稻田鱼等优质水产品的基础上，拓展了亲水体验。其常年推出抓鸡捉鱼、林下烤鸡、柚子采摘、捡鸡蛋、捉泥鳅、喂养动物、网球、垂钓、棋牌、亲子互动等休闲体验活动。农场还以自产的虫草鸡、虫草蛋、稻田鱼、生态猪、时令蔬菜等有机食材为原料，推出了凉笋鸡等独具乡村风味的特色菜系。

2016年6月，崇州"土而奇"农村电商公共平台正式上线。原生态散养土鸭、虫草鸡、椰油、槽子糕……在手机端打开商城页面，来自"土而奇"农场以及崇州、马尔康的特产美味，一下子变得触手可及。仅2018、2019年两年，"土而奇"自有品牌产品在电商平台收获近20万个订单，电子商务交易额超1 500万元。据悉，平台除了上线自有品牌，更整合崇州26家涉农企业产品，帮助实现企业增效、农民增收，年销售额2 000多万元。

可观的交易数据背后，是"土而奇"在电商方面的大力度投入。为了保障电商平台的优质体验与高效运转，公司与成都资深技术企业深度合作，该公司高层曾担任淘宝和京东的电商运营主管、担任微信公众号后台技术开发总监。

"土而奇"还充分应用"农业+互联网"理念,加强"线上、线下"联动,将线上推广与线下体验相结合。围绕崇州地域特色农产品,其以"崇耕"农产品公共品牌体系为标准,严格产品的准入制,将崇州藤编、竹编等手工产业与地域特色鲜明的优质粮油、猪禽、水果、蔬菜、龙门山货等农产品进行整合,并融入地域乡土文化。在崇州城区,其还专设线下体验店2处、名优农产品展馆1处,并开设以崇州、马尔康自有品牌农副产品为主、兼容满足家庭的日常需求的O2O连锁超市。其所有店面以生鲜农产品加特色农副产品为主,菜篮子相关商品占比达所售商品50%以上;同时线下体验店与美团、饿了么合作,利用美团和饿了么的配送团队,让消费者真真正正实现所购产品半小时到家,解决农产品物流配送"最后一公里"的问题。

思考:

1. "土而奇"平台是如何通过社会创新进行乡村振兴的?

2. 请结合实际,具体谈谈社会创新促进乡村振兴工作的主要途径。

资料来源:农村电商——成都乡村振兴新引擎[EB/OL].(2020-12-29).http://cdagri.chengdu.gov.cn/nyxx/c109513/2020-12/29/content_ad5b02623059490399574efc34c72a5a.shtml.

11.1 中国社会企业四大标准[①]

11.1.1 社会企业的起源与发展

社会企业是一种融合市场竞争与社会目标的混合型组织,是社会部门与经济部门跨界融合的产物。讨论全球"社会企业运动"的发展源头,可以追溯到互助组织、合作社、社区企业等最早的组织形式。1844年,在英国西北部城市罗奇代尔(Rochadale)由28个纺织工人成立的一家现代意义上的合作社被认为是世界上最早的社会企业,到19世纪末,合作社运动已经成为一种世界现象,尤其在欧洲。20世纪60年代,社区发展社团(community development corporations,CDCs)在美国发展起来。20世纪70年代,发展中国家出现了小额信贷组织,孟加拉国的穆罕

扩展资源11-1

[①] 赵萌,郭欣楠.中国社会企业的界定框架——从二元分析视角到元素组合视角[J].研究与发展管理,2018,30(2):136-147.

默德·尤努斯创办了小额信贷银行——格莱珉银行为贫困妇女提供小额贷款服务，这个模式几乎扩展到世界各国，也成为"社会企业运动"兴盛的重要标志。到 20 世纪 90 年代末，欧美各国对非营利组织的捐款与政府资助继续减少，更多非营利组织开始尝试运用商业手段获取收入，社会企业得到加速发展。

社会企业的发展演变主要源于非营利部门的市场化与私营部门的社会化两个方面。从历史发展角度看，非营利机构开始采取市场化的手段来完成其解决社会问题的使命这个发展动因更为突出。这是因为社会企业作为转型模式，一方面让非营利组织与公益机构培养更强的可持续发展能力（尤其在可持续的资金来源与创新动力上），另一方面也缓解了各国政府目前普遍在社会管理支出与解决方案上的压力。

11.1.2 中国社会企业判定性标准

赵萌和郭欣楠（2018）根据现有关于社会企业的研究，提出基于中国情境的中国社会企业判定性标准，该标准回答了一个组织是不是社会企业的问题，包括社会导向的组织使命、变革机会的识别能力、社会问题解决模式的创新性以及社会使命的稳健性，判定性标准用来确定社会企业的边界，只有当一个组织同时满足这四条标准时，它才能被认定为是社会企业（表 11-1）。

表 11-1 社会企业判定性标准

标准	核心元素	子元素
社会导向的组织使命	社会元素	社会使命/价值、社会目标/影响
变革机会的识别能力	社会元素、能力元素	社会目标/影响、机会识别
社会问题解决模式的创新性	社会元素、商业元素、能力元素	社会目标/影响、财务可持续性、创新性
社会使命的稳健性	社会元素、保障元素	社会目标/影响、治理结构、利润分配模式

相对于"用商业手段解决社会问题"，用"符合企业家精神的手段去解决社会问题"与早期学者提出社会企业家精神和社会企业概念的初衷更加吻合。中国社会企业的界定正是要回归到当初所倡导的社会企业的企业家精神内核，即对中国社会企业的定义是：社会企业是用符合企业家精神的手段解决社会问题且社会目标不会轻易产生漂移的组织。

1. 社会导向的组织使命

社会导向的组织使命这一标准是指一个组织用社会使命而非经济目标来指导组织决策与活动。该标准强调社会企业必须具有清晰的社会使命、明确要解决的社会问题以及明确期待产生可以测量的社会影响力。社会使命的优先性决定了一个组织的决策方式和增长路径。当组织的使命是商业导向而不是社会导向，该组织从事解决社会问题活动的成本高于其收益时，该组织很可能会放弃该活动转而投入可以产生更高收益的活动中。当组织的使命是社会导向，遇到上述情况时，该组织会努力改造和创新现有的商业模式，从而最大限度地做到可持续地解决社会问题。从根本来说，组织是否具备社会使命优先性，只有通过追踪观察该组织在较长时间内的决策过程才可能比较准确地判定。在组织初创或不具备追踪观察条件时，可以暂时通过组织的社会使命清晰度、该组织对所解决社会问题和所产生社会影响的测量情况，以及社会使命稳健性指标进行综合的初步判断。

2. 变革机会的识别能力

变革机会的识别能力来自能力元素中的机会识别子元素，强调一个社会企业是否具有识别和解决政府与商业企业尚未有效解决的社会问题的能力。该标准防止组织所解决的社会问题和政府与商业机构已经比较有效地解决的社会问题重叠。例如，一个有机食品商店仅以销售安全食品为核心社会目标，这并不能满足社会企业机会识别的标准，因为传统企业已经在大量经营有机食品。又如，一个民营医院以通过传统的医疗服务治病救人为核心社会目标，也不满足这一标准，因为这是公立医院和营利性民营医院都在大量提供服务的领域。社会企业要解决的社会问题是由于政府和商业双重失灵而尚未被有效解决的问题。在粮食种植和食品供应商管理环节所产生的食品安全隐患，尚未得到政府和商业企业的有效解决，如果一个组织专注于解决这些环节的问题，就能够较好地满足机会识别的标准。

3. 社会问题解决模式的创新性

社会问题解决模式的创新性标准是指一个社会企业采用不同于在其工作的社会问题领域中传统公益慈善模式的解决方案，包括财务可持续性和新颖性两个维度。它结合了社会属性元素中的社会目标/影响子元素、商业属性元素中的财务可持续性子元素以及能力元素中的创新性子元素。社会目标/影响子元素要求一个社会企业创新的根本目的在于解决社会问题。财务可持续性子元素是指一个社会企业必须或者能够获得稳定的外部资助，或者具备能力或潜力产生持续市场经营收入的社会问题解决模式。创新性子元素是指一个社会企业必须在产品/服务、过程、应用情境等方面具有明显区别于传统公益慈善活动的新颖性。需要说明的是，创新性判定标准在本质上是一种排除标准而非择优标准。

一个组织符合创新性标准是指其具有足够的财务可持续特征和新颖性，从而能够排除掉以下两种创造社会价值的情况：①依靠不稳定捐赠或一次性项目投入，从而缺乏财务可持续能力。②虽然能够获得稳定捐赠，但在产品/服务、过程、应用情境等方面明显缺乏新颖性。前者的典型情况是不定期的捐赠行为、志愿者活动或修桥补路等善举；后者的典型情况是获得企业或政府持续资助的传统捐资助学活动。创新性作为判定标准不是用来比较不同组织之间哪个更加创新，而是用来识别一个组织是否符合上述最基本的财务持续性和新颖性标准。创新性在区分不同发展水平的社会企业时可以起到择优的作用，这与它在界定框架中的判定作用是不同的。

4. 社会使命的稳健性

社会使命的稳健性标准是指一个社会企业具有明确的行为或机制保障社会使命不会发生漂移，或者说该组织的社会使命不会因为对商业目标的追求而受到损害。它包含社会属性元素中社会目标/影响子元素与保障元素中的治理结构和利润分配模式两个子元素。治理结构子元素要求社会企业通过公司治理结构的设计来防止社会使命产生漂移。例如，通过机制保障多元利益相关方参与决策、对组织管理者可能损害社会使命的决策进行监督和限制。利润分配模式子元素要求社会企业限制利润分配给股东的比例，并且持续地将部分或全部利润重新投入解决社会问题的工作中去。

需要注意的是，利润分配是判断社会目标稳健性的众多依据中的一个，即是否以及在多大程度上分配利润并不构成对社会企业的判定因素。高利润分配不能作为否定性决定依据，低利润分配也不能作为肯定性决定依据。最终的判定要综合四条标准来做出。这种处理利润分配的方式不同于许多已有的认证标准。

11.2 中国电商企业社会创新与创业的发展历程、现状及问题

11.2.1 中国电商企业社会创新与创业的发展历程

改革开放后至 20 世纪末，我国社会创新的发展仍然以政府让渡社会空间、推

动制度建设、改革行政管理制度推动社会发展为主。"社会创新"与"社会企业"的概念及其理论是在 20 世纪末开始进入实务和学术领域的。但社会创新真正形成一股潮流则是在 21 世纪初期。这段时间内,在学术领域以中央编译局比较政治与经济研究中心为领先者,其 2006 年与英国文化协会、英国杨氏基金会在北京联合举办了"社会创新与建设创新型国家"研讨会,并在 2009 年成立了社会创新研究室。在实践领域,早期较为著名的社会创新的实践者是友成基金会和英国大使馆文化处。

我国社会创新的显著发展可以从 2004 年《基金会管理条例》颁布实施算起。这部条例的颁布标志着企业、个人可以通过设立私募基金会的方式参与到社会创新之中。区别于公募基金会,非公募基金会的最大功能和使命就是社会创新。从这个起点开始,我国的社会创新大致可以分为三个阶段,如图 11-1 所示。

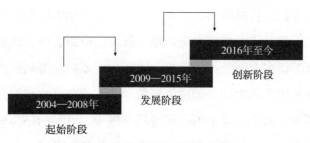

图 11-1 我国社会创新发展历程

1. 起始阶段（2004—2008 年）

在这个阶段,建设创新型国家成为国家战略,私募基金会建立,社会创新的专门研究开始出现,社会企业兴起,企业承担社会责任为法律所确定,在非营利组织领域以社会企业的理念传播和初步实践为主要内容。

2. 发展阶段（2009—2015 年）

在这一阶段,公民参与、政社合作、社企合作、公益创投蓬勃发展,制度与政策创新不断为社会创新提供空间和实现机制,企业参与社会价值投资开始出现,社会企业获得了包括技能提升、资金资助等社会支持。

3. 创新阶段（2016 年至今）

这一阶段主要的标志是"五大发展理念"出现,特别是《中华人民共和国慈善法》的出台将创新摆在了国家发展全局的核心位置,确定了慈善组织的基本法律保障，在非营利组织和企业领域则表现为更多的跨界合作与融合创新，典型的标志是关于社会创新的相关联盟和标准的出现。

11.2.2 中国电商企业社会创新与创业现状

党的十九大以来，社会领域的改革发展突飞猛进，社会组织生存发展的制度环境正在发生明显变化，社会组织蓬勃发展。这些社会组织正在对我国的经济发展、民主政治、生态保护、文化建设及社会和谐等产生广泛而深刻的影响，并且在完善市场经济体制、转变政府职能、扩大公民参与、推进基层民主、改善社会治理、提供公共服务等方面发挥日益重要的作用。在建设社会主义和谐社会，加强和创新社会治理的过程中，各类社会组织逐步成为推动社会建设和社会发展的重要力量，社会创新则成为社会组织解决社会问题、满足社会需求、推动社会发展的重要途径。众所周知，改革开放以来，中国特色社会主义现代化建设取得了举世瞩目的巨大成就，我国的社会、政治、经济和文化生活发生了翻天覆地的变化。但是我们也面临社会分化、生态环境、教育、资源、社会稳定、政府公信力和社会公平正义等诸多方面的严峻困难与挑战，一系列社会问题进一步凸显。这就需要我们用新的理念和方法，采取创新的、有效的、可持续的方式解决社会问题、满足社会需求、创造社会价值、促进社会进步。可喜的是，政府、企业和社会各界都在大力推动和弘扬社会创新。社会创新的蓬勃发展，与我国社会建设的宏观环境息息相关。中央已经把建设一个创新型国家作为我国的战略发展目标。国家层面强调治理体系和治理能力的现代化，强调社会治理创新；各级政府对社会创新的培育扶持力度越来越大；企业也在积极寻求与政府和社会一道解决社会问题的创新办法，有些企业则在实践社会创新的CSR3.0版本；社会组织在社会创新方面也越来越活跃，在社会创新领域更是起到了至关重要的作用。

在我国，社会创新逐渐成为政府、企业和社会合作治理的重要平台，已然成为社会改革和社会体制创新方面的新兴而重要的领域。鼓励和引导各类组织的创新行为，对于促进社会建设、培育公民社会和完善社会治理，有着重要的意义。

1. 中国社会创新主体力量的现状

（1）社会创新项目所在机构的规模不大。目前我国社会组织发育才刚刚开始，社会组织发育还不够成熟。

（2）地市、区县两级社会组织已成为社会创新的主体力量，在提供社会服务、满足社会需求、解决社会问题方面起着重要作用,而省级和国家级社会组织较少。

(3)在民政部门登记的三类社会组织是社会创新的主体力量,但工商登记的非营利组织和企业组织的力量不容忽视。

(4)较小资金规模和较大资金规模的项目在样本中是主流,而中等资金规模的项目反而不多。"两头大,中间小"的分布格局在一定程度上反映了不同类型社会组织的发育程度不平衡和社会组织总体发育不成熟的状况。

(5)社会创新项目所在区域分布极不均衡。东部发达地区的社会组织最为活跃,西部欠发达地区次之,中部地区的社会组织不够活跃。

(6)社会创新项目的创新程度不高。

(7)社会创新项目的可持续性差。社会组织总体规模还不太大、发育也不太成熟。

(8)社会创新项目所在机构的组织寿命很短。

因此,中国电商企业社会创新与创业总体水平较低,主要表现在参与社会创新的主体力量还比较弱小;东中西地域分布也极不均衡;主要依靠基金会、企业和政府资助生存,而自我可持续发展能力还比较弱;中等资金规模的项目比例很小,大大限制了社会创新的发展速度和发展水平;社会创新项目的可持续性差;社会创新项目所在机构的持续时间也很短;最严重的是,社会创新项目的创新程度不高。

2. 中国社会创新制度环境的现状

制度环境会对整个社会的创新氛围和创新动力产生重大影响。

(1)社会组织的注册困境。不少社会组织在没有登记注册之前就已经在运作项目了,社会组织的登记注册是社会组织生存发展的前提,虽然从中央到地方都在探索社会组织双重管理体制改革,积极实践社会组织的直接登记制度和社会组织的登记备案制度等,但目前仍然没有根本改观。

(2)监管困境。对于那些登记注册的合法性社会组织,如果有违法违规行为,民政部门登记管理机构对其监督执法力量尚且不足,更何况对那些没有登记注册的不具有合法性的社会组织的违法违规问题进行监督执法了。

(3)扶持困境。目前,工商登记的非营利组织与在民政部门登记的三类社会组织在开展项目的可持续性等方面并没有什么区别。因此,破除社会组织的身份限制,放宽甚至取消某些不必要的登记注册条件,而更多关注如何创造条件扶持各类社会组织的发展则成为一个更为重要的问题。

（4）政府购买社会服务。在社会事业领域，政府逐步让渡出一些空间交给社会力量；在社区服务领域，政府逐步退出并交给对社区个性化需求更敏锐的各类社会组织，尤其是社区社会组织；在弱势群体保护、扶持经济以及环境保护领域，由于具有很强的公共品性质，政府强化自身的职能，加强与社会组织的合作；在公益支持领域，政府加强与社会组织的合作治理。

面对社会创新主体力量的发展现状和社会创新的基本制度环境，中国社会组织创新路径与发展趋势也带有自身的明显特色。总体上来说，在近年来国家和地方层面推出的一系列支持与推动社会组织创新的制度改革的背景下，中国社会组织与社会创新呈现如下发展趋势：以去行政化、民间化为方向，以市场化、企业化为方向，以专业化为方向，以联合化为方向，以志愿者组织化为方向，以虚拟化为方向。

11.2.3　中国电商企业社会创新与创业存在的问题

我国企业在发展的过程中，结合自身的资源特征、组织定位，都有不同程度的社会创新。然而，由于多方面因素的影响，我国电商企业社会创新与创业仍然面临一些困难，阻碍了中国企业进一步发展。

1. 缺乏政府、市场、社会三部门协同创新

中国的社会创新缺乏政府、市场、社会三部门的协同创新，目前的跨界大部分还是两部门之间的联合：政府与社会部门或市场与社会部门。具体而言，企业与第三部门有所合作，但是更多的是作为社会组织的捐赠主体，与此同时，由于社会管理创新策略的逐步推进，各地政府也开始向社会组织进行社会服务的购买，但也未能建构相应的标准化体系和治理理念的基本变革。这些都将会限制项目以及人才、资金等资源在政府、市场与社会三大部门之间的顺利流动。这一现象的出现也还是源自中国当前的社会治理格局，由于公众对社会创新的认知还局限在"做好事"类型的传统公益慈善，并没有意识到诸如慈善事业（charity）、志愿服务（volunteering）、社会福利（social welfare）、社会创新、社会企业家（social entrepreneurs）、企业社会责任、社会经营（social business）等渠道或形式都是人类在社会领域对于解决社会问题的方法创造。

2. 资金短缺

资金短缺是影响社会组织可持续发展的瓶颈问题，常常造成社会组织服务能

力下降，各种项目与活动难以为继，甚至面临自身的生存危机，更谈不上创新和发展了。与企业依靠生产产品或提供服务以及政府依靠财政收入不同，社会组织的资金来源主要是依靠微薄的会费、政府不稳定的支持资金及少量的工商界或个人的捐赠。对于某些对政府支持依赖较重的组织，一旦政府切断其资助，那么社会组织就失去了主要支撑，面临生存问题。而这正是"现代社会组织体制"建设的主要内容——"政社分开"，这种分开既有利于社会组织的自治，又会在不同程度上减少社会组织的资金来源。因此，如何在根本上摆脱其对外部的依赖，探寻一种内生性资金循环利用和增长机制已成为当前社会组织发展的主要问题。

3. 管理制度缺失

完善的治理结构、规章制度和民主机制对社会组织的发展起到极大的促进作用。然而，由于我国社会组织的发展水平整体上还比较低，很多社会组织都呈现成立时间短、基础服务为主、自身实力不强等组织弱势，管理团队规模较小，有的甚至只有两三人，工作量大，任务较重。所以在很多社会组织内部，其财务制度、人事管理、职称评定、岗位培训、社会保险等都或多或少地存在着民主决策制度不健全、内部监管流于形式的问题，导致社会组织的运作不规范。如何在"现代社会组织体制"建设中吸引和集聚一批管理人员，并充分调动其主动性，是社会组织发展的一个重要议题。

4. 特色服务缺失

社会组织的大规模扩张导致不同组织之间的资源存在重叠的现象，如一个企业可能同时是几家组织的会员，虽然一定程度上说，企业多样化的需求需要不同的社会组织给予满足，但是出现这种情况的主要原因是社会组织对于成员企业的核心需求触及较少，成员企业不得不寄希望于其他社会组织而使愿望得以满足。更重要的是目前大多数社会组织提供的服务内容都大同小异，主要为企业提供一系列基础服务，如培训、交流、研讨等，而且常常只是一般的普适性的活动，取得了一定的效果，却面临针对性差和持续性差的弊端。

5. 组织合作缺乏

截至 2021 年 3 月，各级民政部门共登记社会组织超过 90 万个，其中，全国性社会组织 2 292 个。① 数量上的突飞猛进导致社会组织对政府及社会资源的争夺加

---

① 我国现已登记社会组织超过 90 万个 [EB/OL]．（2021-02-09）．http://www.gov.cn/xinwen/2021-02/09/content_5586274.htm.

剧，社会组织也为了避免资源的流失而较少与其他组织合作。此外，由于不同组织的性质和资源特质存在差异，所以有时外部资源往往不能为社会组织所用。长此以往，社会组织便忽视了与其他社会组织的功能互补和某些共性资源的共享与联合。另外，在现有的管理体制中，不同社会组织之间缺乏必要的了解和沟通渠道，也就没有合作的可能。

6. 民营电商企业社会创新与创业项目发展不平衡，存在短板

根据民营电商企业社会创新与创业项目矩阵分布，总体而言，社会创新项目分布较为分散，在不同维度上分布差异显著，项目发展不平衡。在使命、执行维度表现较好的项目在传播和财务维度上都存在一些短板，在财务维度表现较好的项目需要在传播、使命、执行维度上加强投入。在传播维度表现较差的项目多数属于制造业、房地产业。由于这些行业的特殊性，因此在传播维度上与其他行业相比，存在较大劣势。

11.3 "四个全面"战略与中国电商企业社会创新与创业的探究

11.3.1 "四个全面"战略新内涵[①]

党的十九届五中全会强调，"统筹推进经济建设、政治建设、文化建设、社会建设、生态文明建设的总体布局，协调推进全面建设社会主义现代化国家、全面深化改革、全面依法治国、全面从严治党的战略布局"，并指出"全党全国各族人民要再接再厉、一鼓作气，确保如期打赢脱贫攻坚战，确保如期全面建成小康社会、实现第一个百年奋斗目标，为开启全面建设社会主义现代化国家新征程奠定坚实基础"。这表明"四个全面"战略布局的内涵，正式由"全面建成小康社会、全面深化改革、全面依法治国、全面从严治党"发展为"全面建设社会主义现代化国家、全面深化改革、全面依法治国、全面从严治党"。

扩展资源 11-2

1. 全面建设社会主义现代化国家

实现"两个一百年"奋斗目标，把我国建设成为社会主义现代化强国，既是

---

① 中华人民共和国中央人民政府. 深刻把握"四个全面"战略布局新内涵[EB/OL].（2020-11-02）[2021-06-12]. http://www.gov.cn/xinwen/2020-11/02/content_5556581.htm.

近代以来中华民族演进的历史趋势和中国特色社会主义发展的内在逻辑，也是新时代中国共产党的历史使命。从全面建成小康社会到基本实现现代化，再到全面建成社会主义现代化强国的"两步走"战略安排，既立足于当前中国发展的实际，也适应未来中国发展的新趋势，完整勾画了我国社会主义现代化强国建设的时间表、路线图。有了近期、中期和长远目标三者统筹兼顾，我们就不会由于放眼长远而放弃脚踏实地，也不会因为注重当下而迷失远期奋斗方向。

2. 全面深化改革

全面深化改革作为推进国家治理体系和治理能力现代化的根本动力，是实现社会主义现代化和中华民族伟大复兴中国梦的必由之路。社会发展是一个继往开来、不断前进的历史过程。在生产力与生产关系、经济基础与上层建筑的相互作用下，一个社会不断地从低级阶段向高级阶段迈进，低级阶段为高级阶段不断积累基础和条件，高级阶段在新的层次上解决低级阶段所带来的问题。中国特色社会主义伟大事业所取得的辉煌成就，正是基于伟大的中国共产党人坚持解放思想、实事求是，不僵化保守和故步自封，通过不断自我革命推动社会革命，勇于创新，勇于变革，不断深化改革开放，不断推进国家治理体系和治理能力现代化，从而不断使中国特色社会主义制度得到坚持和完善、中国特色社会主义现代化建设不断推进。

3. 全面依法治国

全面依法治国确保我们的改革发展，使我们的改革和发展在有法可依的法治轨道内有序进行，从而避免出现颠覆性的错误，为实现社会主义现代化和中华民族伟大复兴的中国梦提供基本法治保障。我国是一个有14亿多人口的大国，地域辽阔，民族众多，国情复杂。我们党在这样一个大国执政，要保证国家统一、政令统一、市场统一，要实现经济发展、政治清明、文化昌盛、社会公正、生态良好，都需要秉持法律这个准绳、用好法治这个方式。全面依法治国是着眼于实现中华民族伟大复兴中国梦、实现党和国家长治久安的长远考虑，是一件为长远发展谋、为子孙万代计的大事，它与全面深化改革是"鸟之两翼""车之双轮"，成为推进中国特色社会主义现代化建设的重要支柱。

4. 全面从严治党

全面从严治党确保我们党始终成为中国特色社会主义事业的坚强领导核心，从而为实现中华民族伟大复兴的中国梦提供坚强的组织保证。办好中国的事情，关键在党。我们党的形象和威望、党的创造力凝聚力战斗力不仅直接关系党的命运，而且直接关系国家的命运、人民的命运、民族的命运。历史和现实都告诉我们，一场社会革命要取得最终胜利，往往需要一个漫长的历史过程。新时代中国特色社会主义是我们党领导人民进行伟大社会革命的成果，也是我们党领导人民进行伟大社会革命的继续，要把新时代坚持和发展中国特色社会主义这场伟大社会革命进行好，我们党必须勇于进行自我革命，把党建设得更加坚强有力。

11.3.2 "四个全面"战略下中国电商企业社会创新与创业的解决方案

电商企业社会创新与创业必须紧跟时代要求，首要之处在于必须明确从哪些社会问题入手开展解决方案的创新探索。这就要求企业与时俱进，善于识别富有时代特征的社会问题。

当前，中国特色社会主义已进入新时代，我国社会主要矛盾已经转化为人民日益增长的美好生活需要和不平衡不充分的发展之间的矛盾。我国经济已由高速增长阶段转向高质量发展阶段，正处在转变发展方式、优化经济结构、转换增长动力的攻关期，建设现代化经济体系是跨越关口的迫切要求和我国发展的战略目标。这就是新时代企业积极推进社会创新必须紧扣的工作内容来源和出发点。

尽管以追求经济效益为主的企业不同于社会企业，不可能把解决社会问题作为企业追求的首要目标，但是，企业必须根据自己的行业特点、技术优势和经济实力等力所能及地进行社会创新，更好地融合企业健康发展和社会问题解决，树立良好的社会声誉和形象，赢得社会认可和尊重。因此，新时代的企业进行企业创新，不仅是一种基于企业经营管理的经济行为，也是一种自觉贡献企业相关方的社会行为，应该站在协调推进"四个全面"战略布局的高度，结合建设现代化经济体系、实现经济高质量发展，系统构建电商企业社会创新与创业内涵及实践要求。

11.4 六步行动法则与社会价值共创的途径

张伟和蒋青云（2017）在《社会价值共创：6步行动法则》一书中，通过理论建构与案例研究,归纳了企业"社会价值共创"(SVCC)管理过程的 6 个行动阶段——投入、协同、带动、创造、转化、溢出(I 投入—C 协同—E 带动—C 创造—T 转化—S 溢出),如图 11-2 所示。

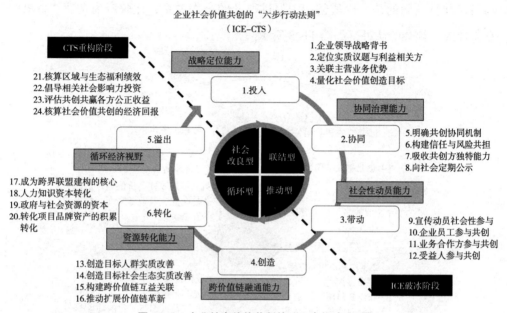

图 11-2　企业社会价值共创的"六步行动法则"

11.4.1　投入

企业社会责任事项是"战略"层面的事,关乎企业领导力。利益相关方沟通中的换位思考,其实与定义主要利益相关方并了解其诉求,与利益相关方共同确定实质性议题,在社会价值创新上谋求共识与合作的探讨等是相互呼应的。企业步入可持续发展战略阶段,是在理解地球资源局限性下的企业发展范式的战略转变,反映了人类进入生态文明时代的发展观。而企业采用这样的新发展范式,必须与其主要利益相关方紧密合作,在企业的社会(包括环境)价值与经济价值追求上达成共识,然后实现共创、共享、共赢。企业追求社会价值时,应该借助其主营业务优势,实现经济与社会效益的互补。

因此,对于已经在企业价值链上的内外部利益相关方需要明确告知企业的可持续发展战略方向与具体的行动方式;对于还没有与企业形成紧密合作或潜在的利益相关方则需要分析彼此需求中的共识,明确企业可持续创新中的实质性议题;

与股东沟通的时候，必须考虑企业的社会活动与经济活动之间的互益设计，与企业竞争优势挂钩，与社会价值创造与企业远期财务回报挂钩；在与政府、社会公众、社区居民沟通的时候，则更要做好及时、公开、透明的披露，要懂得换位思考，了解对方的发展诉求，找到能打动对方意愿而积极支持企业的社会价值共创项目，并从共同的社会价值创造中促进彼此的合作关系，让政府为企业"背书"，获得社区与社会的认可，如图11-3所示。

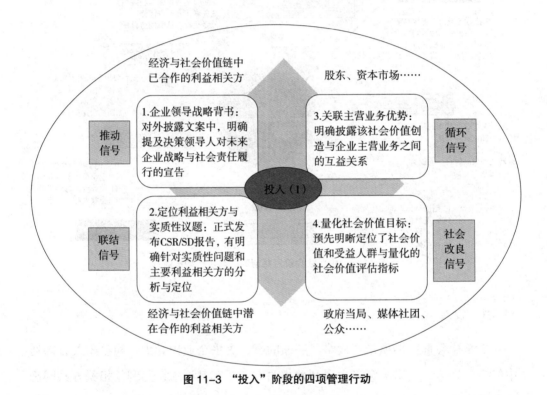

图11-3 "投入"阶段的四项管理行动

企业在社会价值共创的"投入"阶段，要着重培养的是社会责任与可持续发展方面的战略定位能力，包括以下内容。

（1）未来目标明晰。对企业未来战略目标有明晰的定位，并明确量化对目标的期待与评估模式。

（2）重视规划过程。在定位中有明确的选择、做什么与不做什么的判断标准，并确保决定具体投入前有足够多的时间和精力做市场分析、规划、可行性论证等。

（3）决策者参与指挥。战略定位与宣传中，企业决策者"站台"参与，强化对定位的信心与强大期待。

(4）追求价值共赢。主动分析和明确定位与企业发展相关的外部性、生态性因素，理解战略风险与机遇的动态性，主动就企业未来的战略定位进行沟通（如定期发布社会责任报告、与利益相关方及社会公众沟通等）抓住内外部的共赢机遇。

因此，企业步入可持续发展战略阶段，应对企业利益相关方与实质性议题做出具体分析，明确制订企业的可持续发展愿景、长期行动计划，设置恰当的行动目标，规划与相应的利益相关方的沟通和合作，定期发布可持续发展报告，由决策领导人对该战略"背书"并正式对外发布。

11.4.2 协同

企业社会责任与可持续发展战略领域的治理能力不仅要考量企业内部的可持续治理结构（企业从上到下及各个部门之间如何协同来规划、决策、落实与评估企业可持续发展战略），这是可持续发展报告必须披露的部分，还要有组织间跨界协同合作的"界面"治理能力，而后者往往更具挑战。当下可持续发展治理中的难点正是政府、市场、社会三者之间相互的合作"界面规则"以及它们之间的混合型组织。

在组织理论中，"界面"概念包括组织间节点关系及其协调。这里强调的协同治理能力的关键正是引导共创合作方来共同制定"界面规则"。组织间关系治理本身也是一种组织学习机制，加上知识积累，决定了组织间合作的网络能力、发展方向、制度方式等形成的"界面规则"。而且，组织间关系规范又包括弹性、信息交换与团结性。针对企业社会价值共创的协同治理能力，特别强调企业管理过程中要有引导"界面规则"形成、构建信任、学习吸收其他组织经验的三方面能力，以及在可持续发展战略阶段企业应提高其自愿性信息披露能力。这些价值共创能力体现在"协同"阶段的四种管理行动与四类利益相关方的沟通管理过程之中，如图11-4所示。

因此，企业实施社会部门之间的社会价值共创项目时，尤其考验其协同治理能力。协同治理需要企业主动设计与明确多方认同的合作机制，在此基础上有意识地赢取组织间信任，吸收其他组织的特长，并在合作项目对外披露上保持良好的公众沟通意识。这种跨组织合作的协同治理是很多企业之前没有经验的"界面"管理过程，企业需要在行动中学习。

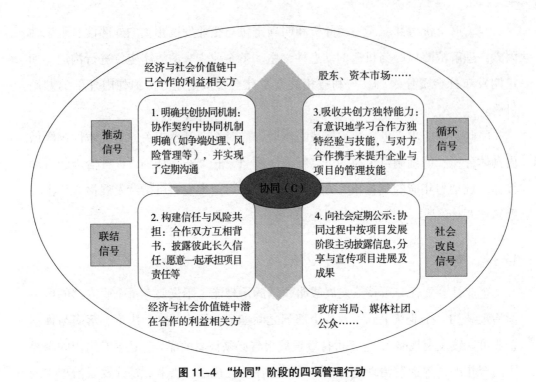

图 11-4 "协同"阶段的四项管理行动

11.4.3 带动

利益相关者的"动态发展"观点最初由 R. 爱德华·弗里曼（1984）提出。当下越来越多学者认同现实中利益相关者是不断变化的，他们与公司的利害关系也随公司战略问题的改变而改变。社会价值共创的价值创造过程并不仅体现在企业与其跨界合作方共同参与价值分享，也体现在社会价值共创项目本身为企业的各类利益相关方提供了共同参与价值创新并获得各自成长的机会，但这需要企业告知内外部利益相关方施行项目与动员社会性参与，使各类利益相关方在项目上具有"可参与性"。企业员工的参与是最直接的，如员工的资金、技能或人脉的投入，员工作为企业志愿者参与项目执行等，员工获得社会性参与的成就感与幸福感，并增强了对企业的信任，强化了企业与员工之间的价值观联结。企业主营价值链中的客户与供应商参与，可以更加直接地将企业社会价值共创项目中的社会效益与经济效益联动起来，如企业帮助其客户或供应商履行了他们各自的社会责任，为对方提供了增值服务或减少了对方的合规成本。另外，项目的目标受益人群，也不应该仅是被动的接受方，正如服务领域的企业与其客户在价值使用的互动过程中存在共创价值的可能性，社会价值共创项目中的受益人也可参与项目行动、创意策划,乃至为项目"代言",共同释放"社会改良"信号,带动政府与社会公众对项目整体的信任和支持,为企业同步积累政府、社会关系网络资源。

因此,在"带动"阶段,企业需要具备类似社会组织拥有的社会动员能力,包括:对社会问题与需求的辨析,对社会议题营销、沟通的把握,对各类志愿者与公益参与的动员等。一要考虑促发公众对项目意义的认知与吸引公众参与;二要系统性动员员工参与,让员工展现主人翁般的价值创造并获得自我提升;三要考虑主营业务价值链上的客户、供应商能从该项目的社会价值共同创造过程中获得的收益,为其设计参与环节;四要考虑受益人本身在项目中是否也能发挥其主观能动性,成为共创价值的合伙人。

11.4.4 创造

社会价值共创项目的目标应区别于一般支持特定情境下的阶段性生活改善的慈善活动,作为不低于一年期的社会改良项目,是希望目标受益人群能形成不可逆转的正向积极改善,如就业能力的提高等。如图 11-5 所示,从可持续发展角度看,项目成果在给目标人群相应方面带来改善的同时,给目标人群所在区域的社

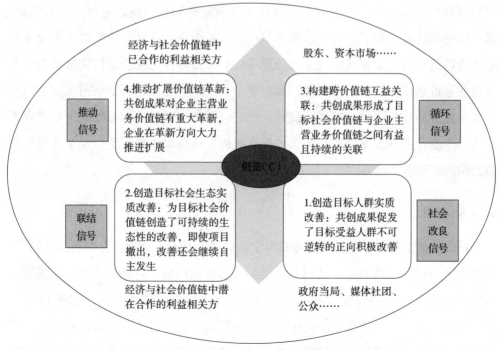

图 11-5 "创造"阶段的四项管理行动

会人文与环境生态带来的积极改善应该也是不可逆的、可以自主持续发生的，不会因为项目完成就衰减或停止。目标社会价值生态链的实现，不仅是企业凭借其独特的业务资源与技能特长在单个社会价值共创项目上的成功尝试，还应该构建企业主营业务价值链与该目标社会价值链中可以长期互益的关联行动，并推动这样的互益关联行动持续发生，从而改变企业对其主营业务价值链范畴的定义。这个阶段中，我们更多地讨论两种价值链的关系：一种是企业主营业务价值链（也称"经济活动价值链"），这个价值链分析是基于波特关于价值链的理论；另一种是社会价值链，是指实现社会价值共创这个目标社会绩效形成的社会价值供需网络关系与生态合作结构，也可称为"社会责任价值链"。比如，"创造目标人群实质改善"就是社会价值供需关系基础的实现，而"创造目标社会生态实质改善"则是社会价值链及其生态有效可持续的形成。在形成了有效的社会价值链这个基础上，再谈如何将社会价值链、企业主营业务价值链有效联合或整合在一起。这里提到的价值链关联与变革上的"创造"行为，与可持续营销策略讨论中的重构营销组合策略、重组企业、生产与消费过程的改革等类似，都是以推动价值链重构为途径来提升企业的社会与财务的综合绩效。

因此，在"创造"阶段，可以从企业释放的市场信号中关注其共创能力中的"跨价值链融通能力"。企业一般仅关注其主营业务的价值链，进行"社会创新"设计则是新挑战。为了达到经济效益与社会效益双赢，让社会价值链与企业主营业务价值链形成持续互益的关系，乃至可以互相整合，把社会价值链革新为企业主营业务价值链扩展后的一部分，成为整个企业主营业务创新发展的新动力与核心竞争优势所在。这种"模式"设计、构建、联结、革新的能力要求企业具有系统性、生态性的开放思维，有基于"三重底线"视角而不局限于企业个体组织利益的跨价值链思考格局。

11.4.5 转化

社会价值共创项目并非在跨界双方实现合作的社会价值创造目标后就结束了，从企业可持续发展视角看，共同"创造"后的资源内部"转化"才是价值实现可持续性的关键。企业转化共创的社会价值的方式与可能性是多样的，如图11-6所示。首先，企业在跨界合作中的中心地位的稳固。该项目实现社会价值创造的同时也让企业成为该领域合作的核心发起者，站到价值共创的社会网络核心节点的有利位置，成为组织间合作网络的旗舰企业，能持续发挥其社会网络优势。其次，分享项目经验与成果乃至把经验整理成员工培训体系的一部分，可以促进企业自有知识资本的转化，使社会价值创造深入企业文化之中，提升企业人力资本。再次，项目中与政府的合作和社会公众支持等形成的信任、声誉及影响力等资源可以转化为企业的"社会资本"，继续为企业创造社会价值服务，并提供合规性背书，积累企业的合法性。最后，可以在类似社会价值创造的迭代项目中继续沿用共创项目本身宣传时使用的子品牌，其项目品牌的关注力资源可以转化为企业品牌资本，为企业的美誉度服务。这里提到的"资源转化"能力，与核心能力理论一样基于"资源基础观"（RBV）的内部战略竞争优势积累视角，对关系网络、人才与知识、品牌与社会形象资本的"资源转化"都有所覆盖。

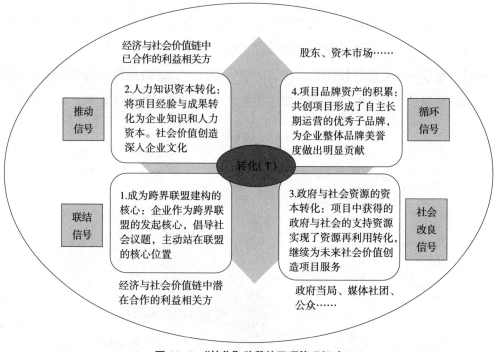

图 11-6　"转化"阶段的四项管理行动

还要特别指出的是，这个"转化"过程对企业自身的知识管理系统提出了巨大的考验与挑战。组织学习的过程包括知识获取、信息分配、信息解释与组织化记忆。组织化记忆类似知识管理中隐性知识与显性知识之间的信息交换过程，是组织学习能力的重要体现。

企业进入可持续发展战略阶段后，其知识管理的范围与体系面临更加巨大的挑战。企业进入新的社会性的学习模式，知识的管理与创新并行，在实践行动中，不断促进"资源"与"能力"之间的"转化"。

因此，"转化"阶段，可以从企业释放的市场信号中关注其共创能力中的"资源转化能力"。一方面，主导社会价值共创项目的部门本身需要有组织内外部的跨界知识吸收能力、资源整合能力。另一方面，社会价值共创项目所产生的资源模式是企业之前缺少解析与"转化"经验的，很多知识是项目践行过程中建构的隐性知识，所需要的知识存储与传承形式往往需要再设计、再创新。

11.4.6 溢出

全球广泛讨论的循环经济、低碳经济、绿色经济概念从本质来讲都是在恢复或创造一种良好的生态环境并以促进人类可持续发展为导向。绿色经济是总的目标方向，循环经济与低碳经济侧重于方式和过程指导。如图 11-7 所示，"循环经济视野"强调社会价值共创管理是持续"循环"的过程，企业核算社会价值共创项目的绩效时，不能仅使用企业传统的绩效考核方式，而是首先核算目标社会价值创造区域的生态或社会福利（如人类发展指数、地区幸福指数等）是否因为共

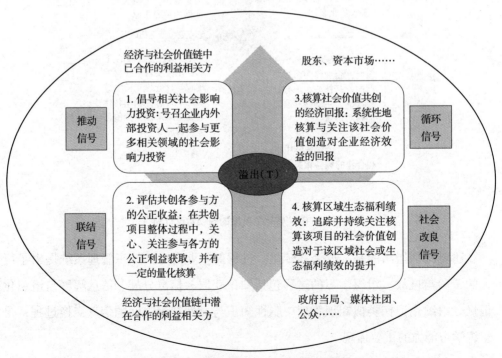

图 11-7 "溢出"阶段的四项管理行动

创项目的实施而提升。其次，需要核算项目共创合作的各方在整个项目中是否取得了公正收益，考量合作治理界面的有效性。再次，企业对因为采取社会价值共创项目行动而能"转化"为企业自身的可持续发展资源与资本也应该进行资本化核算，从为企业未来的经济与社会活动开展提前节省成本或创造收入的角度出发，量化本次企业价值共创项目价值循环中经济方面的"溢出"效益。因为绩效核算中涉及目标社会价值、合作各方价值、未来企业价值的多元整合"溢出"，企业有理由继续号召内外部投资人一起参与更多类似的社会价值共创项目的社会影响力投资，加强企业的整体社会影响力，让各种绩效之间形成更多交互性的关系。

因此，在"溢出"阶段，根据各类利益相关方及意图，划分了倡导相关社会影响力投资、评估共创各参与方的公正收益、核算社会价值共创的经济回报、核算区域生态福利绩效四个方面的管理行为，而促发这些管理行为的前提正是一种基本管理认知的改变，即打开"循环经济视野"。

11.5 习近平新时代中国特色社会主义经济思想对中国电商企业社会创新与创业的启示

党的十八大以来，面对复杂的国内外形势和我国经济发展进入新时代的新机遇新挑战新要求，以习近平同志为核心的党中央坚持马克思主义政治经济学基本原理，深刻总结国内外发展经验教训，对马克思主义政治经济学做出重大原创性贡献，从理论和实践的结合深入回答了在新的时代条件下如何完善社会主义生产关系、如何解放和发展社会主义生产力、如何让人民共享改革发展成果并逐步实现共同富裕等重大课题，全面丰富和系统发展了马克思主义政治经济学，构成了一个逻辑严密、系统完备的科学理论体系。

11.5.1 畅通国民经济循环要求增强社会创新活力

党的二十大报告提出，必须完整、准确、全面贯彻新发展理念，坚持社会主义市场经济改革方向，坚持高水平对外开放，加快构建以国内大循环为主体、国内国际双循环相互促进的新发展格局。这既为我国克服贸易保护主义等不利因素、实现国民经济的快速回暖注入"强心剂"，也为我国应对百年未有之大变局、实现中华民族的伟大复兴锚定了"方向标"。要形成"以国内大循环为主体"的新发展格局，就必须进一步激发市场活力，充分挖掘国内需求，这也向"放管服"改革提出了新问题和新要求。因此，必须增强社会创新活力。

（1）继续增加就业机会。要想创造更多的就业岗位，"放管服"改革应"坚持市场主导，搞活双创主体"，并且注重发挥市场对配置资源的决定性作用。

在具体措施上，应注重结合科技、教育和国有企业等改革，以放开市场、放活主体为目的，通过环境营造、制度设计、平台搭建等方式，聚焦新兴产业和创新型初创企业，努力增加就业机会，培育全社会创新创业的内生动力。

（2）高效推动产业转型升级。数字时代的到来使"数字化转型"几乎成为每个企业都亟须面对和解决的命题。虽然数字化转型具有乘数效应，能够使企业获得更高的效益，但能不能转、能否转得好是困扰中小微企业的问题。2020年5月，国家发展改革委联合有关部门和145家单位共同启动了"数字化转型伙伴行动（2020）"，紧密围绕解决中小微企业"不会转、不能转、不敢转"问题。各级政府应继续实施类似的技术帮扶和税收优惠等政策，帮助企业完成转型升级，提升企业的改革创新能力，鼓励企业攻克核心技术难题，向全球生产供应链的顶端迈进。

11.5.2　实施创新驱动发展战略，促进社会创新活力竞相迸发

科技创新是经济社会发展动力之源。要贯彻落实习近平总书记关于科技创新的重要论述，瞄准科技前沿，发挥优势特色，深入实施创新驱动发展战略，搭建高水平科技创新平台，优化科技创新资源配置，加大科技创新投入力度，改善科技创新生态，激发创新创造活力，用好用活各类人才，推动更多成果走出实验室、转化为现实生产力，促进全社会创新活力竞相迸发、创新源泉充分涌流，以高水平科技自立自强塑造振兴发展新优势。

11.5.3　社会创新需适应社会转型的需要

社会创新是一种参与权利。社会越发展，社会大众参与欲望越强。中国的经济积累从1978年至今已经有了质的变化。2021年，我国人均GDP超过8万元人民币，按年均汇率折算为12 551美元，而2021年世界人均GDP是1.21万美元左右。据此可以说，中国已经告别物质匮乏阶段，进入中上收入国家的行列。[1] 随着经济

---

[1] 经济总量114.4万亿元、超世界人均GDP水平……2021年中国经济亮点！[EB/OL].（2022-01-17）. http://www.gov.cn/xinwen/2022-01/17/content_5668815.htm.

发展和人们生活的改善，今天我国社会的主要矛盾已经发生历史性变化，不再是物质匮乏阶段物质消费需求与物质生产供给不足之间的矛盾，而是如十九大报告所说的，"社会主要矛盾已经转化为人民日益增长的美好生活需要和不平衡不充分的发展之间的矛盾"。人民不仅对物质文化生活提出了更高要求，而且在民主、法治、公平、正义、安全、环境等方面的要求日益增长。这个变化的重要结果，就是要求执政者调整理念，在不断提升经济发展和物质生活质量水平的同时，高度关注和全力改进与公共参与相关的民主、法治、公平、正义等权利层面的良好制度的供给，为社会组织、社会企业等公民主体参与社会创新创造良好环境，这对于纾解社会矛盾和构建和谐社会不可或缺。

11.5.4 社会创新需释放民间社会能量助力供给侧改革

《艾媒咨询 | 2022—2023 年全球养老产业发展及中国市场趋势研究报告》显示，2021 年，中国养老产业的市场规模达 8.8 万亿元。中国城镇地区老年人长期护理服务保障缺口约为 9 217 亿元。生态环保产业规模持续扩大，2021 年全国生态环保产业营业收入约 2.18 万亿元。从公益慈善服务的需求群体看，我国 65 岁以上老人 1.9 亿，各类残障人士 8 500 万、优抚对象 4 000 多万、毒瘾患者 148.6 万、孤儿 27.4 万、艾滋病患者 105 万。① 这些数据使我们看到了产业结构优化调整的必要性和社会服务供给的紧迫性。在这样的需求面前，仅仅靠政府肯定不行，一定要在传统做法基础上增加新的主体和新的机制，这就是社会创新。让社会创新释放民间社会的能量，通过在社会组织形式、社会参与机制、社会资源配置和社会服务方式方法等方面的创造性活动，提升社会力量在社会服务等"绿色产业"中的生产供给能力，这是供给侧改革的重要内容，不容忽视。

🔍 本章小结

本章主要对中国特色的电商企业社会创新与创业相关内容进行介绍，主要包括：中国社会企业四大标准，中国电商企业社会创新与创业的发展历程、现状及

---

① 2022 养老数据大盘点：产业规模将破 10 万亿 / 长护需求将达 3 万亿元，居家养老、医养结合已成风口 [EB/OL].（2022-12-22）. https://www.qianzhan.com/analyst/detail/329/221222-bb1bfa31.html；中国生态环保产业规模持续扩大 [EB/OL].（2022-08-24）. http://www.gov.cn/xinwen/2022-08/24/content_5706583.htm；中国艾滋病感染人数超 105 万 这两个群体值得关注！[EB/OL].（2021-12-01）. http://www.news.cn/local/2021-12/01/c_1128118369.htm.

问题,"四个全面"战略与中国电商企业社会创新与创业的探究,六步行动法则与社会价值共创的途径以及习近平新时代中国特色社会主义经济思想对中国电商企业社会创新与创业的启示五个方面。

关于中国社会企业的四大标准,首先概述了基于中国情境的中国社会企业判定性标准,并给出了社会企业较为明确的定义,即社会企业是以解决社会问题为组织使命,具有识别由政府和市场双重失灵带来的变革机会的能力,具有不同于传统公益慈善的创新的问题解决模式,并且具备行为或机制来保障对商业目标的追求不会损害社会使命的组织。其次,分别介绍中国社会企业的四大标准,包括:①社会导向的组织使命,是指一个组织用社会使命而非经济目标来指导组织决策与活动。②变革机会的识别能力,强调一个社会企业是否具有识别与解决政府和商业企业尚未有效解决的社会问题的能力。③社会问题解决模式的创新性,是指一个社会企业采用不同于在其工作的社会问题领域中传统公益慈善模式的解决方案,包括财务可持续性和新颖性两个维度。④社会使命的稳健性,是指一个社会企业具有明确的行为或机制保障社会使命不会发生漂移,或者说该组织的社会使命不会因为对商业目标的追求而受到损害。最后提出几点判定中国社会企业的注意点,如利润分配只是判断社会目标稳健的众多依据之一,最终判定要综合四条标准来确定。

关于中国电商企业社会创新与创业的发展历程、现状及问题,首先介绍了中国社会企业创新的三大历程,即起始阶段(2004—2008年)、发展阶段(2009—2015年)、创新阶段(2016年至今)。其次阐述了中国电商企业社会创新与创业发展的现状,分别分析了我国社会创新主体力量的发展现状与社会创新基本制度环境现状。最后,提出了中国电商企业社会创新与创业存在的主要问题,包括:①缺乏政府、市场、社会三部门协同创新。②资金短缺。③管理制度缺失。④特色服务缺失。⑤组织合作缺乏。⑥民营电商企业社会创新与创业项目发展不平衡,存在短板。

关于"四个全面"战略与中国电商企业社会创新与创业的探究,先介绍了"四个全面"战略的新内涵,包括全面建设社会主义现代化国家、全面深化改革、全面依法治国、全面从严治党。初步了解"四个全面"战略新内涵后,本章探讨四个战略新内涵对于中国电商企业社会创新与创业发展的启示,如紧跟时代要求、识别时代特征,站在协调推进"四个全面"战略布局的高度,结合建设现代化经济体系、实现经济高质量,系统构建电商企业社会创新与创业内涵及实践要求。

关于六步行动法则与社会价值共创，通过理论建构与案例研究，归纳了企业"社会价值共创"管理过程的六步行动法则——投入、协同、带动、创造、转化、溢出，系统地构建了电商企业社会创新与社会价值共创的途径。

关于习近平新时代中国特色社会主义经济思想对中国电商企业社会创新与创业的启示，包括以下五个方面：①畅通国民经济循环要求增强社会创新活力。②实施创新驱动发展战略，促进社会创新活力竞相迸发。③社会创新需适应社会转型的需要。④社会创新需释放民间社会能量助力供给侧改革。

 即测即练

复习思考题

1. 在中国情境下，界定区分中国社会企业四大标准。

2. 结合中国的实际企业创新或企业社会责任活动，阐述你对"中国社会企业"这一概念的理解。

3. 中国电商企业社会创新与创业的发展历程是怎样的？分为几阶段？

4. 结合实际，谈谈中国电商企业社会创新与创业的发展现状。

5. 在书中，中国电商企业社会创新与创业存在什么问题？除此之外，你认为还存在什么问题？

6. "四个全面"战略对中国电商企业社会创新与创业有何启示？

7. 六步行动法则与社会价值共创的途径有哪些？请结合实际企业案例进行分析。

8. 结合实际，阐述在习近平新时代中国特色社会主义经济思想指导下，中国电商企业社会创新与创业应该如何推进。

参 考 文 献

[1] ALHOUTI S, D'SOUZA G. Benefits of corporate social responsibility[J]. Journal of consumer marketing, 2018, 35（3）: 277-286.

[2] HAMROUNI A, BOUSSAADA R, TOUMI N B F. Corporate social responsibility disclosure and debt financing[J]. Journal of applied accounting research, 2019, 20（4）: 394-415.

[3] ANDRÉ R. Assessing the accountability of the benefit corporation: will this new gray sector organization enhance corporate social responsibility[J]. Journal of business ethics, 2012, 110（1）: 133-150.

[4] ESEN A, MADEN-EYIUSTA C. Delineating the concept of corporate social innovation: toward a multidimensional model[J]. International journal of entrepreneurship and innovation management, 2019, 23（1）: 23-45.

[5] CARROLL A B. The pyramid of corporate social responsibility: toward the moral management of organizational stakeholders[J]. Business horizons, 1991, 34（4）: 39-48.

[6] CLARKSON M E. A stakeholder framework for analyzing and evaluating corporate social performance[J]. Academy of management review, 1995, 20（1）: 92-117.

[7] CUPRIAK D, KUZIAK K, POPCZYK T. Risk management opportunities between socially responsible investments and selected commodities[J]. Sustainability, 2020, 12（5）: 1-20.

[8] FANG S, WANG A. Measurement of corporate social responsibility of automobile enterprises based on AHP-GRA model[J]. Journal of intelligent and fuzzy systems, 2020, 38（6）: 1-10.

[9] HSU F J, CHEN S H. Does corporate social responsibility drive better performance by adopting IFRS? Evidence from emerging market[J]. Journal of computational and applied mathematics, 2020, 371: 112631.

[10] GEVA A. Three models of corporate social responsibility: interrelationships between theory, research, and practice[J]. Business and society review, 2010, 113（1）: 1-41.

[11] HUBBARD G. Measuring organizational performance: beyond the triple bottom line[J]. Business strategy and the environment, 2010, 18（3）: 177-191.

[12] JIAN S, HONG Z, TIAN X, et al. Study on Chinese corporate social responsibility evaluation based on fuzzy c-means clustering[C]//2011 International Conference on Computer and Management, 2011.

[13] JIANG C H, JIANG P. Analysis on evaluation index system of enterprise environmental performance under circular economy[C]// International Conference on Management Science &

Engineering, 2012.

[14] KOTLER P. Marketing management: analysis, planning, implementation and control[M]. Engkwood Cliffs: Prentice Hall, 1988.

[15] KOTLER P, KEVIN K L, LU T H. Marketing management in China[M]. London: Person Education, 2008.

[16] DESENDER K A, et al. Corporate social responsibility and cost of financing—the importance of the international corporate governance system[J]. Corporate governance: an international review, 2020, 28（3）: 207-234.

[17] LI C P, ZU B H, LI Z X, et al. Corporate social responsibility and social responsibility needs of stakeholders[C]//2011 International Conference on Remote Sensing, Environment and Transportation Engineering, 2011.

[18] LIN T T, HUANG T C. The evaluation model for cooperate social responsibility from a management flexibility perspective[C]//2013 IEEE International Conference on Industrial Engineering and Engineering Management, 2013.

[19] LIU Y, XI B, WANG G. The impact of corporate environmental responsibility on financial performance—based on Chinese listed companies[J]. Environmental science and pollution research, 2021, 28（7）: 7840-7853.

[20] HERRERA M E B. Innovation for impact: business innovation for inclusive growth[J]. Journal of business research, 2016, 69（5）: 1725-1730.

[21] MATOS S, SILVESTRE B S. Managing stakeholder relations when developing sustainable business models: the case of the brazilian energy sector[J]. Journal of cleaner production, 2013, 45（2）: 61-73.

[22] MIRVIS P, HERRERA M E B, GOOGINS B, et al. Corporate social innovation: how firms learn to innovate for the greater good[J]. Journal of business research, 2016, 69（11）: 5014-5021.

[23] MERCEDES P M, ESTER G G, MANUEL S J J. Corporate social responsibility and its effect on earnings management: an empirical research on Spanish firms[J]. Total quality management & business excellence, 2021, 32（7-8）: 921-937.

[24] PIERCY N, MORGAN N. Internal marketing—the missing half of the marketing programme[J]. Long range planning, 1991, 24（2）: 82-93.

[25] POST J E, PRESTON L E, SACHS S. Managing the extended enterprise: the new stakeholder view[J]. California management review, 2002, 45（1）: 6-28.

[26] WANG Q Y. Corporate social responsibility and financing constraints[A]. Wuhan Zhicheng Times Cultural Development Co. Ltd.Proceedings of 2020 International Conference on Economic Development and Innovation, 2020: 12.

[27] ROWLEY T J. Moving beyond dyadic ties: a network theory of stakeholder influences[J].Academy of management review, 1997, 22（4）: 887-910.

[28] GUPTA S, KUMAR V, KARAM E. New age technologies-driven social innovation: what, how, where and why[J]. Industrial marketing management, 2019（9）: 9.

[29] SURROCA J, TRIBÓ J A, WADDOCK S. Corporate responsibility and financial performance: the role of intangible resources[J]. Strategic management journal, 2010, 31（5）: 463-490.

[30] SUN W, YANG S, XIE M. Financial evaluation of real estate corporate social responsibility[C]// 2011 International Conference on Information Management, Innovation Management and Industrial Engineering, 2011.

[31] TURKER D. Measuring corporate social responsibility: a scale development study[J]. Journal of business ethics, 2009, 85（4）: 411-427.

[32] VARADARAJAN R. Innovating for sustainability: a framework for sustainable innovations and a model of sustainable innovations orientation[J]. Journal of the academy of marketing science, 2017, 45（1）: 14-36.

[33] WIESEKE J, MICHAEL A, SON K L. The role of leaders in internal marketing[J]. Journal of marketing, 2009, 73（3）: 123-145.

[34] YUAN C M, WU F P. A performance evaluation model on corporate social responsibility based on ANP[C]//The 2nd International Conference on Information Science and Engineering, IEEE,Hangzhou, China, 2010.

[35] 吴绒, 叶锐. 企业社会创新: 演进、机理及路径选择[J]. 商业经济研究, 2019（11）: 111-115.

[36] 赖红波, 孟哲. 重大公共卫生事件背景下企业传统创新与社会创新融合及创新转型研究[J]. 科技进步与对策, 2020, 37（14）: 14-20.

[37] 段茹, 李华晶. 共益导向对数字创业企业社会创新的影响研究[J]. 中国科技论坛, 2020（8）: 98-109.

[38] 刘宝. 企业社会创新: 企业创新的一个新范式[J]. 科技进步与对策, 2011, 28（15）: 87-92.

[39] 肖红军, 阳镇, 焦豪. 共益企业: 研究述评与未来展望[J]. 外国经济与管理, 2019, 41（4）: 3-17, 30.

[40] 肖红军, 阳镇. 共益企业: 社会责任实践的合意性组织范式[J]. 中国工业经济, 2018（7）: 174-192.

[41] 肖红军, 阳镇. 可持续性商业模式创新: 研究回顾与展望[J]. 外国经济与管理, 2020, 42（9）: 3-18.

[42] 李华晶. 绿色创业生态系统的创新机理研究[J]. 东南学术, 2020（5）: 126-135.

[43] 陈晓平. 面对道德冲突: 功利与道义[J]. 学术研究, 2004（4）: 45-50.

[44] 程月明. 企业营销伦理问题及成因分析[J]. 江西社会科学, 2012, 32（5）: 228-231.

[45] 方毅. 功利论和道义论的对立及其超越[J]. 学术交流, 2008（8）: 20-23.

[46] 黄益方, 孙永波. 零售企业社会责任评价指标体系研究: 以苏宁电器为例[J]. 中国流通经

济，2015，29（1）：68-76.

[47] 胡瑜慧. 善因营销：企业承担社会责任的新方式[J]. 生产力研究，2009（20）：145-147.

[48] 吕荣胜，高蕾蕾. 营销伦理研究述评[J]. 经济纵横，2008（1）：70-72.

[49] 穆勒. 功用主义[M]. 北京：商务印书馆，1957.

[50] 谭智心. 企业社会责任评价体系的构建[J]. 重庆社会科学，2013（7）：92-98.

[51] 汪凤桂，戴朝旭. 企业社会责任与企业声誉关系研究综述[J]. 科技管理研究，2012，32（21）：237-241.

[52] 王小东，邓康一. 企业社会责任评价体系的构建[J]. 统计与决策，2019，35（10）：174-177.

[53] 吴志樵. 论功利主义与道义论[J]. 中共中央党校学报，2004（1）：23-26.

[54] 袁波. 显要义务理论的中小企业营销伦理建设[J]. 企业经济，2009（8）：87-89.

[55] 周玉泉. 基于中国传统儒家思想的现代市场营销伦理探讨[J]. 生产力研究，2010（4）：219-220，236.

[56] 赵越春，王怀明. 食品企业社会责任评价指标体系的构建及其应用：基于层次分析法[J]. 青海社会科学，2013（6）：47-53.

[57] 朱永明，李佳佳，姜红丙. 企业社会责任研究述评与展望：基于市场营销领域[J]. 财会月刊，2020（10）：94-101.

[58] 杨舒帆. 知识经济时代的国企人力资源管理创新与发展[J]. 知识经济，2021（7）：94-95.

[59] 卢继彦. 大数据视野下企业人力资源管理创新的思考[J]. 商业观察，2021（2）：79-80.

[60] 朱德胜，周晓珮. 股权制衡、高管持股与企业创新效率[J]. 南开管理评论，2016（3）：136-144.

[61] 周瑜胜，宋光辉. 公司控制权配置、行业竞争与研发投资强度[J]. 科研管理，2016（12）：122-131.

[62] 朱冰，张晓亮，郑晓佳. 多个大股东与企业创新[J]. 管理世界，2018（7）：151-165.

[63] 赵洪江，陈学华，夏晖. 公司自主创新投入与治理结构特征实证研究[J]. 中国软科学，2008（7）：145-149.

[64] 张其秀，冉毅，陈守明，等. 研发投入与公司绩效：股权制衡还是股权集中？：基于国有上市公司的实证研究[J]. 科学学与科学技术管理，2012（7）：126-132.

[65] 韩丽君，昝佳玲. 当代中国企业人力资源管理创新探究[J]. 中国金属通报，2021（5）：149-150.

[66] 张伟. 事业单位人力资源管理创新的管理理念探讨[J]. 现代经济信息，2021（1）：31，33.

[67] 杨建君，康博纬. 企业技术创新决策主体与投资主体间的沟通对创新绩效影响研究[J]. 科学管理研究，2007，25（5）：18-21.

[68] 王苏楠，刘婷婷. 大股东与小股东的委托代理问题对国有企业创新的影响[J]. 中国商论，2021（4）：127-129.

[69] 卿陶. 人力资本投入与企业创新：来自中国微观企业数据的证据[J]. 人口与经济，2021（3）：108-127.

[70] 杨洁.促进企业创新的支持性人力资源管理实践体系构建[J].现代管理科学,2013(11):100-101.

[71] 傅林旺.概述战略人力资源管理及企业文化对创新绩效的影响[J].科技与创新,2020(10):18-19.

[72] 张素珍.浅议企业现代人力资源管理的创新策略[J].经济师,2014(1):227-228.

[73] 钟华,张轶.人力资源管理对企业创新的重要影响研究[J].现代商贸工业,2019,40(27):73-75.

[74] 王淑蕊."互联网+"时代企业人力资源管理模式的转变与创新[J].福建质量管理,2016(5):28-29.

[75] 罗俊杰.企业环境保护社会责任指标体系构建及评价[J].中南林业科技大学学报(社会科学版),2021,15(1):24-30.

[76] 刘颖.企业社会责任理论和评价指标研究[J].现代营销(下旬刊),2021(1):148-149.

[77] 赵红,孙键,胡锋,等.基于行业内部的企业社会责任评价指标体系构建[J].同济大学学报(自然科学版),2012,40(4):650-656.

[78] 肖红军,许英杰.企业社会责任评价模式的反思与重构[J].经济管理,2014,36(9):67-78.

[79] 王康民,邢芳菲.社会责任观视角下国有文化企业社会效益评价体系要素研究[J].商业经济,2021(4):136-137,142.

[80] 何华.互联网零售企业社会责任的财务指标评价研究[J].科技经济导刊,2020,28(31):171-173.

[81] 孙建国,石继红,王嘉萱.区块链企业社会责任评价指标体系研究[J].智慧中国,2020(9):66-69.

[82] 刘艳秋,焦彩红,郝晓燕.乳制品供应链企业社会责任评价体系的研究[J].中国乳品工业,2015,43(5):46-50.

[83] 李永臣,曹希.供电企业社会责任评价指标体系研究[J].环境工程,2013,31(S1):677-680.

[84] 刘淑华,孙志梅.企业社会责任绩效评价模型构建[J].统计与决策,2013(12):182-185.

[85] 徐泓,董雪雁.企业社会责任绩效评价指标研究[J].甘肃社会科学,2013(3):187-190.

[86] 季健.基于企业价值评价标准的社会责任指标体系构建[J].中国流通经济,2013,27(2):74-79.

[87] 刘海龙,齐琪.基于文献分析的企业社会责任创新研究模型构建[J].财会月刊,2017(24):75-80.

[88] 陶秋燕,高腾飞.社会创新:源起、研究脉络与理论框架[J].外国经济与管理,2019,41(6):85-104.

[89] 孙艺文,张肃.基于扎根理论的高新技术企业社会创新驱动机理研究[J].商业研究,2018(9):129-134.

[90] 张兆国,刘晓霞,张庆.企业社会责任与财务管理变革:基于利益相关者理论的研究[J].

会计研究，2009（3）：54-59，95.

[91] 杨帆. 基于利益相关理论的企业财务管理变革分析 [J]. 学术交流，2013（S1）：115-117.

[92] 邓学衷，蔡萍. 企业社会责任、持续价值创造与财务治理 [J]. 科学经济社会，2010，28（1）：79-83.

[93] 程瑶. 融资结构与企业社会责任实证研究 [J]. 现代管理科学，2015（1）：72-74.

[94] 王倩，吴多文，陈倩玉. 企业社会责任与杠杆调整速度：基于中国上市公司的实证分析 [J]. 金融论坛，2019，24（8）：67-80.

[95] 田存志，彭刘灿. 企业社会责任信息披露与资本结构关系研究 [J]. 科学决策，2016（8）：1-19.

[96] 肖翔，赵天骄，贾丽桓. 社会责任信息披露与融资成本 [J]. 北京工商大学学报（社会科学版），2019，34（5）：69-80，103.

[97] 赵良玉，阮心怡，刘芬芬. 社会责任信息披露对企业融资成本的影响：基于我国上市公司的经验证据 [J]. 贵州财经大学学报，2017（6）：40-52.

[98] 何贤杰，肖土盛，陈信元. 企业社会责任信息披露与公司融资约束 [J]. 财经研究，2012，38（8）：60-71，83.

[99] 罗珊梅，李明辉. 社会责任信息披露、审计师选择与融资约束：来自A股市场的新证据 [J]. 山西财经大学学报，2015，37（2）：105-115.

[100] 尹开国. 企业社会责任视角下财务战略选择研究 [J]. 武汉大学学报（哲学社会科学版），2009，62（6）：805-809.

[101] 乔咏波，龙静云. 社会责任投资与企业伦理价值观的变革 [J]. 江汉论坛，2019（6）：35-39.

[102] 孙美，池祥麟，永田胜也. 社会责任投资的发展趋势和策略研究 [J]. 四川大学学报（哲学社会科学版），2017（6）：141-152.

[103] 朱忠明，祝健. 社会责任投资 [M]. 北京：中国发展出版社，2010.

[104] 刘丽珍. 中国社会责任投资的治理机制：基于政策网络的分析 [J]. 探索与争鸣，2011（8）：64-66.

[105] 叶恒，疏畅，何飞颖. 社会责任与市场竞争对盈余管理影响的实证研究 [J]. 西南大学学报（自然科学版），2017，39（12）：98-104.

[106] 唐伟，李晓琼. 盈余管理视角下的企业社会责任行为："道德论"抑或"工具论" [J]. 现代管理科学，2015（10）：115-117.

[107] 宋岩，滕萍萍，秦昌才. 企业社会责任与盈余管理：基于中国沪深股市A股制造业上市公司的实证研究 [J]. 中国管理科学，2017，25（5）：187-196.

[108] 范建昌，顾雨昕，洪定军，等. 基于企业社会责任与改进产品质量的零售商领导者两级供应链动态博弈模型研究 [J]. 供应链管理，2021，2（8）：58-68.

[109] 何义. 全面社会责任管理新的企业管理模式 [J]. 营销界，2021（4）：139-140.

[110] 董超. 社会责任视角下X食品企业全面质量管理研究 [D]. 济南：山东师范大学，2020.

[111] 张瑞军. 浅析"产品质量""创新驱动""社会责任"与企业的战略发展 [J]. 企业科技与发

展，2020（8）：197-198.

[112] 许钰清. 考虑企业社会责任与质量努力的闭环供应链决策研究 [D]. 大连：大连理工大学，2020.

[113] 臧嘉欣. 企业社会责任报告质量、产品市场势力与分析师盈利预测 [D]. 南宁：广西大学，2020.

[114] 杨琨. 考虑制造商企业社会责任的供应链产品和服务质量决策研究 [D]. 西安：长安大学，2020.

[115] 张传靖. 企业社会责任对新产品开发绩效的影响：内部能力、外部网络质量的中介及不正当竞争的调节 [D]. 厦门：厦门大学，2019.

[116] 杨紫锐. 供应商导向的企业社会责任对研发绩效的影响研究 [D]. 重庆：西南大学，2018.

[117] 罗津. 企业社会责任行为与企业创新的关系 [D]. 上海：上海交通大学，2017.

[118] 庞敏. 企业社会责任视角下的技术创新与新产品开发绩效关系探讨 [J]. 统计与决策，2015（8）：177-179.

[119] 刘宝. 社会责任产品开发研究：企业社会创新的视角 [J]. 科技管理研究，2014，34（22）：91-96.

[120] 朱锋. 科学运用结果导向实现企业经营目标 [J]. 经济师，2010（11）：253，255.

[121] 宋新宇. 管理者，是重结果还是重过程？ [N]. 中国煤炭报，2016-05-25（6）.

[122] 王雍君，刘幸幸. 寻求结果导向的核心运作一体化绩效框架：对 R-PBIMEM 模型的初步讨论 [J]. 财政监督，2022（4）：30-39.

[123] 高前善，何芹. 基于结果导向与过程导向的内部控制绩效评价指标体系 [J]. 中国注册会计师，2019（9）：104-106.

[124] 郭裕强. 结果导向与行为导向的渠道激励对经销商投机行为的影响：激励及时性和经销商依赖的调节作用 [D]. 大连：东北财经大学，2018.

[125] 蒋金伟，雷唯. 从结果导向到目标导向的绩效管理研究 [J]. 现代商业，2017（18）：72-73.

[126] 龙梅兰. 企业结果导向型绩效评价方法的创新与应用 [J]. 福建商业高等专科学校学报，2016（4）：27-33.

[127] 慈玉鹏. 党建+绿色金融 华夏银行结果导向型贷款模式显成效 [N]. 中国经营报，2021-07-05（B04）.

[128] 李昂. 绿色金融改革创新：建章立制更需结果导向 [J]. 中华环境，2018（10）：46-49.

[129] 于文思. 绩效管理考评阶段行为导向型与结果导向型的互补运用 [J]. 商场现代化，2015（23）：105.

[130] 张春利. 结果导向型绩效考核在乡镇劳动密集型企业中的运用与改进 [J]. 中外企业家，2014（35）：132.

[131] 张思达. 小议以结果为导向的企业价值观在战略中的作用 [J]. 科协论坛（下半月），2011（7）：141-142.

[132] 何增科. 社会创新的十大理论问题 [J]. 马克思主义与现实，2010（5）：99-112.

[133] 郑碎环. 企业社会责任理论研究综述 [J]. 商，2013（31）：364.

[134] 吴永慧. 浅谈社会企业与社会创新 [J]. 企业科技与发展，2018（9）：281-282.

[135] 卢勇. 企业社会责任目标初探 [J]. 学术论坛，2006（12）：80-82.

[136] 丁安娜. 企业社会责任对企业创新：促进或阻碍？[J]. 现代商贸工业，2020（15）：9-11.

[137] 钱为家. 社会创新：企业社会责任的基石 [J]. IT经理世界，2010（10）：99-101.

[138] 王灵杰. 企业社会创新研究综述 [J]. 现代商贸工业，2016，37（33）：101-102.

[139] 纪光欣，徐强. 企业社会责任：内涵阐释与观念演进 [J]. 唯实（现代管理），2016（9）：24-27.

[140] 纪光欣. 社会创新：为企业社会责任提供"正能量"[J]. 现代管理科学，2013（11）：67-69.

[141] 孙晓华，王林. 范式转换、新兴产业演化与市场生态位培育：以新能源汽车为例 [J]. 经济学家，2014（5）：54-62.

[142] 库恩. 科学革命的结构 [M]. 金吾伦，胡新和，译. 北京：北京大学出版社，2003.

[143] 吴毅. 扎根理论的起源、流派与应用方法述评：基于工作场所学习的案例分析 [J]. 远程教育杂志，2016（3）：32-41.

[144] 李文娟. 霍夫斯泰德文化维度与跨文化研究 [J]. 社会科学，2009（12）：126-129.

[145] 刘计含，王建琼. 基于社会网络视角的企业社会责任行为相似性研究 [J]. 中国管理科学，2016，24（9）：115-123.

[146] 赵天骄，肖翔，冰石. 利益相关者网络特征与民营企业社会责任绩效 [J]. 管理学报，2019（3）：397-407.

[147] 王馨，艾庆庆. 基于网络视角的企业社会责任战略选择研究 [J]. 科技进步与对策，2013，30（7）：97-100.

[148] 方行明，魏静，郭莉莉. 可持续发展理论的反思与重构 [J]. 经济学家，2017（3）：24-31.

[149] 张晓玲. 可持续发展理论：概念演变、维度与展望 [J]. 中国科学院院刊，2018（1）：10-19.

[150] 吕鹏，房莉杰. 寻找"座头鲸"：中国企业是如何进行社会创新的？[M]. 北京：社会科学文献出版社，2020.

[151] 蓝煜昕，李勇. 社会创新在中国：友成十年创新之旅 [M]. 北京：社会科学文献出版社，2019.

[152] 赵萌，郭欣楠. 中国社会企业的界定框架：从二元分析视角到元素组合视角 [J]. 研究与发展管理，2018，30（2）：136-147.

[153] 张强，胡雅萌，陆奇斌. 中国社会创新的阶段性特征：基于"政府—市场—社会"三元框架的实证分析 [J]. 经济社会体制比较，2013（4）：125-136.

[154] 陈健，杨培培，陈志. 我国促进社会创新的政策现状与问题分析 [J]. 全球科技经济瞭望，2021，36（2）：65-72.

[155] 张琼，齐源. 现代社会组织体制建设中社会组织研究：以社会创新为视角 [J]. 湖北社会科学，2013（7）：53-55.

[156] 中华人民共和国中央人民政府. 深刻把握"四个全面"战略布局新内涵 [EB/OL].（2020–11–02）[2021–06–12]. http://www.gov.cn/xinwen/2020-11/02/content_5556581.htm.

[157] 张伟, 蒋青云. 社会价值共创6步行动法则：企业社会责任战略前沿实践 [M]. 北京：社会科学文献出版社, 2017.

[158] 周红云. 社会创新在中国：现状、问题与出路 [J]. 中国社会组织，2015（4）：48–51.

[159] 林泽炎. 创新履行企业社会责任与社会企业发展 [J]. 中国发展观察，2020（Z6）：123–125.

[160] 王丛虎. 做好"放管服"推动构建新发展格局 [J]. 全球商业经典，2021（2）：132–133.